生活因阅读而精彩

生活因阅读而精彩

"新文风"系列丛书

掌握法律文书写作技巧的最佳参考书

最新适用版

即学即会
法律文书

范本

刘凤珍 高谋 ⊙ 主编

中国华侨出版社

图书在版编目(CIP)数据

即学即会法律文书范本 / 刘凤珍,高谋主编.—北京：中国华侨出版社,2012.6（2021.2重印）

("新文风"系列丛书)

ISBN 978-7-5113-2113-8

Ⅰ.①即⋯ Ⅱ.①刘⋯ ②高⋯ Ⅲ.①法律文书-写作-中国 Ⅳ.①D926.13

中国版本图书馆 CIP 数据核字(2012)第135959号

即学即会法律文书范本："新文风"系列丛书

| 主　　编 / 刘凤珍　高　谋 |
| 责任编辑 / 严晓慧 |
| 责任校对 / 孙　丽 |
| 经　　销 / 新华书店 |
| 开　　本 / 787×1092毫米　1/16开　印张/21　字数/330千字 |
| 印　　刷 / 三河市嵩川印刷有限公司 |
| 版　　次 / 2012年8月第1版　2021年2月第2次印刷 |
| 书　　号 / ISBN 978-7-5113-2113-8 |
| 定　　价 / 58.00元 |

中国华侨出版社　北京市朝阳区静安里26号通成达大厦3层　邮编:100028
法律顾问:陈鹰律师事务所
编辑部:(010)64443056　64443979
发行部:(010)64443051　传真:(010)64439708
网址:www.oveaschin.com
E-mail:oveaschin@sina.com

前言

公文写作技能,在我们实际生活和工作中占据着不可或缺的地位,具备较强的文字材料写作能力,不仅是职业文字工作人员必须具备的基础技能,也是每位身处职场的人员不可避免会遇到的一项工作任务,甚至在日常生活中我们也一样离不开它。

当前,社会经济飞速发展,社会生活也随之变得复杂化,人们之间的经济往来更是呈现出多样化和复杂化的趋势。此时,法律就成了维护社会经济秩序和个人合法权益的一项必要手段。各式各样的法律文书,作为一种能够长久留存的书面凭证,更是凸显了它的重要性。然而,对于大多数非法律专业的人来说,法律文书的正确书写模式,遇到什么问题该用什么样的方式进行诉讼,让人感到一脸茫然。鉴于此,我们精心编写了这本《即学即会法律文书范本》,相信它的出现,一定能够满足多数人对各种常用法律文书写作知识的需要。

与同类书籍相比,本书有以下几方面特点和优势:

第一,内容全面,实用性强。本书收录了各类常用的法律文书,包括民事诉讼状、刑事诉讼状、行政诉讼状、民事协议书、仲裁、法院裁判文书、公证法律文书等,涵盖了生活的各个方面。

第二,案例充分,直观生动。本书收录了各类法律文书的格式范本,并表明属于哪一类法律问题。与此同时,还将书写此类文书的技巧、格式做了概念性的描述。读者完全可以依照案例的模式和讲解,把生活中遇到的事项按照"举一反三"的方式来撰写,方便可行。

第三,文风优良,言之有物。本书力避华而不实的辞藻,公文主体阐述部分也避免了空话、套话、大话的问题。尽量用最少的字词,表达清楚主要的意思,注重实用性和可操作性。

因为时间有限,本书收录的法律文书范本尽管数量很多、很权威,但鉴于生活复杂多变,所以很可能与读者们遇到的现实问题存在些许出入,因此读者朋友在参考范本时,个别之处还需自行增删调整。另外需要说明的是,本书在编写过程中,参考了大量专家的研究成果以及部分书籍,在此对他们表示真诚的谢意。

最后,希望本书能够切实地给读者朋友带来一些实用的帮助,若有不足之处,敬请读者们批评指正!

第一章　民事诉讼状

第一节　民事起诉状
- ◆撰写要领 …… 2
- ◆经典范文 …… 3
  - 【范例1】房产继承起诉状
  - 【范例2】拖欠借款起诉状
  - 【范例3】离婚起诉状

第二节　民事答辩状 …… 7
- ◆撰写要领 …… 7
- ◆经典范文 …… 8
  - 【范例1】财产继承纠纷答辩状
  - 【范例2】货款偿还答辩状
  - 【范例3】学费纠纷答辩状

第三节　民事反诉状 …… 12
- ◆撰写要领 …… 12
- ◆经典范文 …… 14
  - 【范例1】购销合同反诉状
  - 【范例2】违约责任反诉状

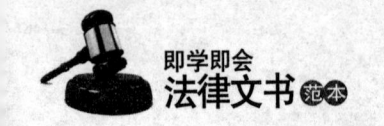

第四节　民事上诉状 ·· 17
- ◆ 撰写要领 ·· 17
- ◆ 经典范文 ·· 19
  - 【范例1】 离婚判决上诉状
  - 【范例2】 劳动争议上诉状
  - 【范例3】 借贷纠纷上诉状

第五节　民事上诉答辩状 ·· 24
- ◆ 撰写要领 ·· 24
- ◆ 经典范文 ·· 25
  - 【范例1】 市场交易上诉答辩状

第六节　民事申诉状 ·· 26
- ◆ 撰写要领 ·· 26
- ◆ 经典范文 ·· 28
  - 【范例1】 遗嘱纠纷申诉状

第七节　民事诉讼授权委托书 ·· 31
- ◆ 撰写要领 ·· 31
- ◆ 经典范文 ·· 32
  - 【范例1】 遗产诉讼授权委托书
  - 【范例2】 合同纠纷诉讼授权委托书

第八节　民事诉讼代理词 ·· 33
- ◆ 撰写要领 ·· 33
- ◆ 经典范文 ·· 34
  - 【范例1】 意外事故赔偿诉讼代理词
  - 【范例2】 借贷关系诉讼代理词

第二章　各类民事诉讼申请书

第一节　管辖权异议申请书 ………………………………… 40
- ◆ 撰写要领 ……………………………………………………… 40
- ◆ 经典范文 ……………………………………………………… 41
  - 【范例1】遗产所在地管辖权异议申请书
  - 【范例2】合同纠纷管辖权异议申请书

第二节　财产保全申请书 …………………………………… 44
- ◆ 撰写要领 ……………………………………………………… 44
- ◆ 经典范文 ……………………………………………………… 45
  - 【范例1】诉前财产保全申请书
  - 【范例2】诉讼财产保全申请书

第三节　调查证据申请书 …………………………………… 48
- ◆ 撰写要领 ……………………………………………………… 48
- ◆ 经典范文 ……………………………………………………… 49
  - 【范例1】医院病历调取申请书
  - 【范例2】银行存款调查申请书

第四节　证据保全申请书 …………………………………… 51
- ◆ 撰写要领 ……………………………………………………… 51
- ◆ 经典范文 ……………………………………………………… 52
  - 【范例1】合同质量证据保全申请书
  - 【范例2】迅速采取证据保全申请书

第五节　回避申请书 ………………………………………… 54
- ◆ 撰写要领 ……………………………………………………… 54
- ◆ 经典范文 ……………………………………………………… 55
  - 【范例1】审判员回避申请书

第六节　不公开审理申请书 …… 56
◆ 撰写要领 …… 56
◆ 经典范文 …… 57
【范例1】离婚不公开审理申请书

第七节　支付令申请书 …… 58
◆ 撰写要领 …… 58
◆ 经典范文 …… 59
【范例1】货款支付令申请书
【范例2】借款支付令申请书

第八节　执行申请书 …… 61
◆ 撰写要领 …… 61
◆ 经典范文 …… 62
【范例1】强制执行申请书

第九节　先予执行申请书 …… 63
◆ 撰写要领 …… 63
◆ 经典范文 …… 64
【范例1】资金周转先予执行申请书
【范例2】医疗费用先予执行申请书

第十节　民事撤诉申请书 …… 66
◆ 撰写要领 …… 66
◆ 经典范文 …… 67
【范例1】离婚撤诉申请书
【范例2】债务拖欠撤诉申请书

第十一节　公示催告申请书 …… 69
◆ 撰写要领 …… 69
◆ 经典范文 …… 70
【范例1】盗窃公示催告申请书

第十二节 宣告失踪、死亡申请书 …… 71
- ◆ 撰写要领 …… 71
- ◆ 经典范文 …… 73
  - 【范例1】 宣告失踪申请书
  - 【范例2】 宣告死亡申请书

第十三节 破产申请书 …… 74
- ◆ 撰写要领 …… 74
- ◆ 经典范文 …… 76
  - 【范例1】 债务人破产申请书
  - 【范例2】 债权人破产申请书

第十四节 缓交(或者减交、免交)诉讼费申请书 …… 78
- ◆ 撰写要领 …… 78
- ◆ 经典范文 …… 80
  - 【范例1】 缓(免)交诉讼费申请书

第三章 刑事诉讼状

第一节 刑事自诉状 …… 82
- ◆ 撰写要领 …… 82
- ◆ 经典范文 …… 83
  - 【范例1】 非法行医罪起诉状
  - 【范例2】 拾物匿藏罪起诉状
  - 【范例3】 重婚罪起诉状

第二节 刑事上诉状 …… 88
- ◆ 撰写要领 …… 88
- ◆ 经典范文 …… 90
  - 【范例1】 贪污罪上诉状
  - 【范例2】 故意杀人罪上诉状

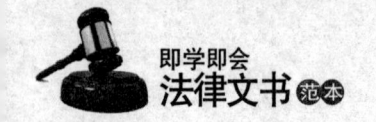

第三节　刑事申诉状 ··· 93
　　◆ 撰写要领 ··· 93
　　◆ 经典范文 ··· 95
　　　【范例1】　致人死亡罪申诉状

第四节　刑事附带民事自诉状 ····································· 96
　　◆ 撰写要领 ··· 96
　　◆ 经典范文 ··· 98
　　　【范例1】　故意伤害罪刑事附带民事自诉状

第五节　刑事附带民事起诉状 ···································· 100
　　◆ 撰写要领 ·· 100
　　◆ 经典范文 ·· 101
　　　【范例1】　抢劫杀人罪刑事附带民事起诉状

第六节　刑事反诉状 ·· 103
　　◆ 撰写要领 ·· 103
　　◆ 经典范文 ·· 104
　　　【范例1】　诽谤婚外恋罪反诉状
　　　【范例2】　诽谤勒索罪反诉状

第七节　刑事答辩状 ·· 107
　　◆ 撰写要领 ·· 107
　　◆ 经典范文 ·· 109
　　　【范例1】　故意伤害罪答辩状

第八节　刑事辩护词 ·· 111
　　◆ 撰写要领 ·· 111
　　◆ 经典范文 ·· 112
　　　【范例1】　玩忽职守罪辩护词
　　　【范例2】　故意伤害罪辩护词

第九节　检举信 ·· 118
　　◆ 撰写要领 ·· 118

◆ 经典范文 ·· 119

【范例1】 敲诈勒索检举信

第四章 各类刑事诉讼申请书

第一节 刑事撤诉申请书 ·································· 122
◆ 撰写要领 ·· 122
◆ 经典范文 ·· 123

【范例1】 赔偿撤诉申请书

第二节 刑事回避申请书 ·································· 124
◆ 撰写要领 ·· 124
◆ 经典范文 ·· 125

【范例1】 审判长回避申请书

第三节 取保候审申请书 ·································· 126
◆ 撰写要领 ·· 126
◆ 经典范文 ·· 128

【范例1】 盗窃罪取保候审申请书

第四节 刑事赔偿申请书 ·································· 129
◆ 撰写要领 ·· 129
◆ 经典范文 ·· 131

【范例1】 误判故意杀人罪赔偿申请书

第五节 解除强制措施申请书 ····························· 132
◆ 撰写要领 ·· 132
◆ 经典范文 ·· 134

【范例1】 解除受贿强制措施申请书

第六节 重新鉴定申请书 ·································· 135
◆ 撰写要领 ·· 135
◆ 经典范文 ·· 136

【范例1】 伤残重新鉴定申请书

7

第七节　减刑、假释申请书 …………………………………… 137
　　◆ 撰写要领 ……………………………………………………… 137
　　◆ 经典范文 ……………………………………………………… 138
　　　　【范例1】 减刑申请书
　　　　【范例2】 假释申请书

第五章　行政诉讼状

第一节　行政起诉状 …………………………………………… 142
　　◆ 撰写要领 ……………………………………………………… 142
　　◆ 经典范文 ……………………………………………………… 144
　　　　【范例1】 强占土地起诉状
　　　　【范例2】 婚姻登记机构违法起诉状

第二节　行政上诉状 …………………………………………… 148
　　◆ 撰写要领 ……………………………………………………… 148
　　◆ 经典范文 ……………………………………………………… 149
　　　　【范例1】 商标侵权赔偿上诉状
　　　　【范例2】 施工不当上诉状

第三节　行政申诉状 …………………………………………… 154
　　◆ 撰写要领 ……………………………………………………… 154
　　◆ 经典范文 ……………………………………………………… 155
　　　　【范例1】 有意堵塞交通申诉状

第四节　行政答辩状 …………………………………………… 157
　　◆ 撰写要领 ……………………………………………………… 157
　　◆ 经典范文 ……………………………………………………… 158
　　　　【范例1】 治安处罚裁决书违法答辩诉状
　　　　【范例2】 土地产权答辩诉状

第五节　行政复议答辩状 ……………………………………… 163
　　◆ 撰写要领 ……………………………………………………… 163

◆经典范文 …………………………………………………… 164
　　　　【范例1】 聚众赌博复议答辩诉状
　　　　【范例2】 林木林地所有权复议答辩诉状
　第六节　行政赔偿请求书 …………………………………………… 166
　　◆撰写要领 …………………………………………………… 166
　　◆经典范文 …………………………………………………… 167
　　　　【范例1】 经济损失赔偿请求书
　第七节　行政诉讼代理书 …………………………………………… 169
　　◆撰写要领 …………………………………………………… 169
　　◆经典范文 …………………………………………………… 171
　　　　【范例1】 管理处罚诉讼代理词

第六章　各类行政诉讼申请书

　第一节　行政复议申请书 …………………………………………… 174
　　◆撰写要领 …………………………………………………… 174
　　◆经典范文 …………………………………………………… 175
　　　　【范例1】 故意伤人行政复议申请书
　　　　【范例2】 设立非法教育机构行政复议申请书
　第二节　行政撤诉申请书 …………………………………………… 181
　　◆撰写要领 …………………………………………………… 181
　　◆经典范文 …………………………………………………… 182
　　　　【范例1】 建房证纠纷撤诉申请书
　第三节　撤回行政复议申请书 ……………………………………… 183
　　◆撰写要领 …………………………………………………… 183
　　◆经典范文 …………………………………………………… 184
　　　　【范例1】 营业执照撤回行政复议申请书
　第四节　停止执行行政行为申请书 ………………………………… 185
　　◆撰写要领 …………………………………………………… 185

9

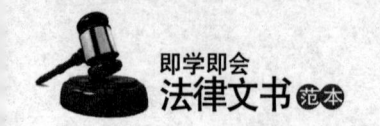

◆ 经典范文 ·· 186
【范例1】 停止执行私房建筑行政行为申请书

第七章　法院裁判文书篇

第一节　第一审刑事判决书 ·· 190
◆ 撰写要领 ·· 190
◆ 经典范文 ·· 192
【范例1】 索赔债务判决书

第二节　人民法院民事裁判书 ·· 194
◆ 撰写要领 ·· 194
◆ 经典范文 ·· 197
【范例1】 侵权损害赔偿判决书

第三节　民事裁定书 ·· 199
◆ 撰写要领 ·· 199
◆ 经典范文 ·· 201
【范例1】 不予受理民事起诉裁定书
【范例2】 管辖权异议民事裁定书

第四节　民事调解书 ·· 203
◆ 撰写要领 ·· 203
◆ 经典范文 ·· 207
【范例1】 买卖合同纠纷调解书
【范例2】 人身损害赔偿调解书

第五节　第二审民事判决书 ·· 210
◆ 撰写要领 ·· 210
◆ 经典范文 ·· 214
【范例1】 土地承包纠纷判决书

第六节　再审民事判决书 ·· 215
◆ 撰写要领 ·· 215

◆ 经典范文 …… 219
　　【范例1】 再审借贷债务判决书

第七节　第一审行政判决书 …… 221
◆ 撰写要领 …… 221
◆ 经典范文 …… 225
　　【范例1】 第一审土地承包判决书

第八节　第二审行政判决书 …… 228
◆ 撰写要领 …… 228
◆ 经典范文 …… 230
　　【范例1】 第二审故意伤害罪判决书

第九节　行政裁定书 …… 234
◆ 撰写要领 …… 234
◆ 经典范文 …… 235
　　【范例1】 交通职权越权行政裁定书

第八章　民事协议书篇

第一节　婚前、婚后财产协议书 …… 238
◆ 撰写要领 …… 238
◆ 经典范文 …… 239
　　【范例1】 婚前财产协议书

第二节　离婚协议书 …… 240
◆ 撰写要领 …… 240
◆ 经典范文 …… 241
　　【范例1】 离婚登记申请书
　　【范例2】 离婚协议书

第三节　遗赠扶养协议书 …… 244
◆ 撰写要领 …… 244

◆ 经典范文 ·· 245
　　【范例1】 产权遗赠扶养协议书
　　【范例2】 不动产遗赠扶养协议书

第四节　收养协议书 ·· 247
◆ 撰写要领 ·· 247
◆ 经典范文 ·· 249
　　【范例1】 收养赡养协议书
　　【范例2】 收养义务协议书

第五节　解除收养协议书 ·· 251
◆ 撰写要领 ·· 251
◆ 经典范文 ·· 252
　　【范例1】 解除收养子女协议书

第六节　遗嘱 ·· 253
◆ 撰写要领 ·· 253
◆ 经典范文 ·· 254
　　【范例1】 财产分配遗嘱
　　【范例2】 不动产遗嘱

第七节　合伙协议书 ·· 255
◆ 撰写要领 ·· 255
◆ 经典范文 ·· 257
　　【范例1】 合伙经营协议书

第八节　和解协议书 ·· 258
◆ 撰写要领 ·· 258
◆ 经典范文 ·· 259
　　【范例1】 合同纠纷和解协议书

第九节　代理协议书 ·· 261
◆ 撰写要领 ·· 261

◆ 经典范文 ·· 262

【范例1】 委托代理协议

第九章　仲裁篇

第一节　仲裁协议书 ·· 264
◆ 撰写要领 ·· 264
◆ 经典范文 ·· 264

【范例1】 联营业务仲裁协议书

第二节　仲裁申请书 ·· 265
◆ 撰写要领 ·· 265
◆ 经典范文 ·· 267

【范例1】 购销合同纠纷仲裁申请书
【范例2】 买卖合同纠纷仲裁申请书

第三节　仲裁调解书 ·· 270
◆ 撰写要领 ·· 270
◆ 经典范文 ·· 272

【范例1】 购销合同纠纷仲裁调解书

第四节　仲裁裁决书 ·· 273
◆ 撰写要领 ·· 273
◆ 经典范文 ·· 274

【范例1】 经济补偿金争议仲裁裁决书

第五节　仲裁答辩书 ·· 276
◆ 撰写要领 ·· 276
◆ 经典范文 ·· 277

【范例1】 工程合同纠纷仲裁答辩书
【范例2】 拒付货款仲裁答辩书

第六节　仲裁反请求书 …………………………………… 281
　　◆撰写要领 …………………………………………… 281
　　◆经典范文 …………………………………………… 282
　　　　【范例1】 经济损失仲裁反请求书
第七节　劳动仲裁申请书 ………………………………… 284
　　◆撰写要领 …………………………………………… 284
　　◆经典范文 …………………………………………… 285
　　　　【范例1】 劳动仲裁申请书
第八节　撤销仲裁裁决申请书 …………………………… 286
　　◆撰写要领 …………………………………………… 286
　　◆经典范文 …………………………………………… 287
　　　　【范例1】 撤销仲裁裁决申请书

第十章　公证法律文书篇

第一节　学历公证书 ……………………………………… 290
　　◆撰写要领 …………………………………………… 290
　　◆经典范文 …………………………………………… 291
　　　　【范例1】 大学学历公证书
第二节　遗嘱公证书 ……………………………………… 292
　　◆撰写要领 …………………………………………… 292
　　◆经典范文 …………………………………………… 294
　　　　【范例1】 财产遗嘱公证书
第三节　拍卖公证书 ……………………………………… 295
　　◆撰写要领 …………………………………………… 295
　　◆经典范文 …………………………………………… 297
　　　　【范例1】 自行拍卖公证书
　　　　【范例2】 委托拍卖公证书

第四节 招标公证书 …… 298
- ◆ 撰写要领 …… 298
- ◆ 经典范文 …… 299
  - 【范例1】 项目招标公证书

第五节 有奖活动公证书 …… 300
- ◆ 撰写要领 …… 300
- ◆ 经典范文 …… 303
  - 【范例1】 参赛有奖活动公证书

第六节 收养公证书 …… 304
- ◆ 撰写要领 …… 304
- ◆ 经典范文 …… 305
  - 【范例1】 收养子女公证书

第七节 继承公证书 …… 306
- ◆ 撰写要领 …… 306
- ◆ 经典范文 …… 307
  - 【范例1】 遗产继承公证书

第八节 提存公证书 …… 308
- ◆ 撰写要领 …… 308
- ◆ 经典范文 …… 309
  - 【范例1】 债务提存公证书

参考文献 …… 310

第一章
民事诉讼状

第一节　民事起诉状

撰写要领

民事起诉状,是指公民、法人或其他组织,在认为自己的合法权益受到侵害或者与他人发生争议时或者需要确权时,向人民法院提交的请求人民法院依法裁判的法律文书。

起诉,可以说是民事权利主体所享有的最重要的诉讼权利。民事起诉状,是引起民事诉讼程序关键的法律文书,经人民法院审查并决定受理后,将直接启动民事诉讼程序。

民事起诉状由首部、正文和尾部组成。

1.首部

(1)标题。应当居中写明"民事起诉状",比正文字体大一号。

(2)当事人基本情况。当事人是自然人的,应写明其姓名、性别、年龄、民族、籍贯、工作单位和住址。如果当事人不具备民事诉讼能力,应当写明法定代理人的基本情况,并注明其与当事人的关系。当事人是法人或者其他组织的,写明其全称、地址、法定代表人姓名、职务、电话、企业性质、工商登记核准号、经营范围和方式、开户银行及账号等项内容。

如有第三人,依前述情况写明。当事人委托了诉讼代理人,应在各自委托人后写明姓名及所在律师事务所名称或其职业。

2.诉讼请求

诉讼请求是民事纠纷当事人通过人民法院向对方当事人所主张的具体权利,应当明确具体,合理合法,切忌含糊、笼统,更不可无视法律和事实提出无理或非法要求。

3.事实和理由

这是民事起诉状的核心部分,是请求人民法院裁决当事人之间权益纠纷和争议的重要依据。着重写明原、被告人之间民事法律关系存在的事实以及权益发生争议的基本情况,并就双方发生争议的权益性质、危害后果以及被告应当承担的民事责任加以阐述和论证,主旨在于说明原告人所提出的诉讼请求的真实性、合理性和合法性。

4.尾部

事实和理由写完后,要写明"此致××人民法院",分两行写,具体格式同写信一样。最后由具状人(原告、自诉人)在右下方签名盖章,并注明年月日。

5.附项

应该要写明下列事项:

(1)本诉状副本××份;

(2)证物××件;

(3)书证××件。

经典范文

范例 1　房产继承起诉状

民事起诉状

原告:×××,男,××岁,×族,××省××县人,××市×××店员工,住××省××市××街××号,联系电话:××××××××。

被告:×××,男,××岁,汉族,××省××县人,××市××厂工人,住××省××市××街××号,联系电话:××××××××。

诉讼请求:

一、请求法院依法判决，将被告出卖父母遗产的×间砖房所得房款××元由原、被告平均继承。

二、请求法院判决由被告承担本案的一切诉讼费用。

事实和理由：

被告和我是同胞兄弟，无其他兄弟姐妹。在20××年××月份期间，被告和我先后自立家庭，同父母分居。20××年××月××日，父母在××市××街××号自盖×间砖房居住。20××年××月被告一家因住房倒塌的缘故，同时也为了方便照顾老人，就搬到父母那儿一起生活，直到20××年××月二老相继去世。当时考虑到被告一家的实际困难，我就没好意思提出分割父母遗产的问题。

可是，20××年××月，被告×××在没有征求我同意的情况下，竟擅自把父母遗留下的×间砖房给卖了，共卖得房款××元，全部据为己有。对于这一剥夺我继承权的行为，我决定向被告提出交涉，可是被告一口咬定他比我尽的义务要多，不但负担了老人的生活费，还在生活上侍候老人，并且还维修过房屋，因此拒绝与我共同继承父母遗产。

被告的行为很过分，我认为他独占遗产的理由是完全不成立的，可以说我和被告对老人所尽的赡养义务是大体相当的。

1.关于负担老人生活费问题。从20××年××月到20××年××月父母去世这段时间里，我在外地坚持每月寄500元生活费供养二老。这一事实，父母的邻居×××可以证明。根据当时××市居民的一般生活水平，父母每月需要生活费800元左右，我每月寄去500元，再加上父母的一些零星收入，被告每月也不过负担200元左右。再说，二老去世时，我和被告共同承担了安葬费。这一事实，××市××街××组的组长×××能够为我证明。

2.关于侍候老人问题。首先，被告一家在生活上侍候老人，这是事实，可是二老在世时一直帮助被告操持家务，这也是事实。况且，我在外地工作，无法直接照料老人，因此，被告对老人尽一些侍候的义务是理所当然的。其次，关于维修房屋的问题。父母去世后，被告长期占用着父母遗留下的×间房子，这实际上是长期无偿地占用了其中应由我继承的那一份遗产，因此，被告对住房进行维修是完全应该的。

综上所述,被告×××不顾事实,不念手足之情,独吞父母遗产,既悖常理,又违法律。我国《婚姻法》第二十四条第二款规定:"父母和子女有相互继承遗产的权利。"我国《继承法》第十三条第一款规定:"同一顺序继承人继承遗产的份额,一般应当均等。"第二十五条第一款规定:"继承开始后,继承人放弃继承的,应当在遗产处理前,作出放弃继承的表示。没有表示的,视为接受继承。"

根据上述事实和法律,我认为自己不但有权利继承父母遗产,而且有权利与被告平均继承父母遗产,即应得房款××元。请法院秉公而断,保护我的合法权益不受侵犯。

此致
××市×××人民法院

起诉人:×××
20××年××月××日

附:1.民事起诉状副本×份;
  2.书证×份。

范例 2　拖欠借款起诉状

民事起诉状

原告:×××,男,19××年××月××日出生,现住××市××区××街道××组××号。
被告:×××,男,19××年××月××日出生,现住××市××区××街道××组××号。
诉讼请求:
1.×××返还×××欠款××元人民币;
2.诉讼费××元由×××承担。
事实与理由:
20××年××月××日,被告×××因经营资金紧张向原告借款××元用于周转,写下借条并约定10个月后一次还清欠款,利息按照当时银行利息支付。可是到期后,×××却以没钱为由拒绝归还,这严重损害了原告的合法债权,现诉

至贵院,请求法院判如所请。

证据和证据来源:

1.×××所写欠条一张。

2.见证人×××,××市××区××街道司法所长。

此致

×××人民法院

起诉人:×××
20××年××月××日

附:本诉状副本×份。

范例 3 离婚起诉状

民事起诉状

原告:×××,女,汉族,19××年××月××日出生,工作单位:××市××有限公司××,现住××市××区××街道××组××号。

被告:×××,男,汉族,19××年××月××日出生,工作单位:××市××有限公司××,现住××市××区××街道××组××号。

诉讼请求:

1.判令原、被告离婚;

2.儿子×××由原告抚养,被告支付抚养费;

3.依法分割夫妻共同财产;

4.被告承担诉讼费用。

事实与理由:

20××年××月原告经人介绍与被告认识,20××年××月××日与被告结婚,在婚后双方生育一子,现年××岁。

被告从20××年××月开始一直没有工作,基本没有任何收入,整日游手好闲,不务正业,生活一直依靠原告的辛苦工作。并且被告的脾气还十分暴躁，稍有不顺就大打出手，经常无故对原告和儿子打骂，原告深受其害。20××年××月原告曾提出离婚，可是法院当时认为原告应本着慎重对待婚姻的原则，再给被告一次改过的机会，双方以不离婚为宜，判决驳回原告诉讼请求。可是时至今日，被告一点儿也没有改变，原告心灰意冷，觉得无法再与其共同生活，请求法院依法支持原告的诉讼请求，判决原告与被告离婚。

此致
×××人民法院

起诉人：×××
20××年××月××日

第二节 民事答辩状

撰写要领

民事答辩状，是指在民事诉讼案件审理过程中处于应诉地位的被告、被上诉人、被申请（诉）人针对起诉状、上诉状、再审申请书或申诉书的诉讼请求，根据事实和法律进行回答和驳辩的法律文书。

民事答辩状在民事起诉中被应诉方广泛使用。当然，答辩状与起诉状、上诉状等"兴讼"类法律文书的最大区别是并不推动诉讼的进程，也就是说，如果没有人提交起诉状，民事诉讼不会发生；但是被告不提交答辩状，不会影响诉讼的进程，不影响法院对原告起诉的案件进行审理。

1. 首部

（1）标题。标题为"民事答辩状"，不要写成"答辩词"，也不必写成"民事上诉（或申诉）答辩状"等。

（2）答辩人的基本情况。应该写明答辩人的姓名、性别、年龄、民族、籍贯、职业、住址。答辩人如属法人或是其他组织，则应当写明单位全称和所在

地址,法人代表的姓名、职务。

(3)答辩案由。要写明对何人起诉或上诉的何案进行答辩。具体写法为:"答辩人因××××一案,提出答辩如下:……"

2.答辩理由和答辩意见

写明答辩理由或意见,应针对起诉状、上诉状、再审申请书或申请状的内容进行回答。态度应当实事求是,确有侵权行为的予以承认,无侵权行为予以辩驳。

(1)针对事实不实进行反驳,提出自己认为符合客观真实的事实。

(2)针对理由和适用法律不当进行反驳,指出无理的诉讼请求在说理过程中存在语言逻辑混乱、观点材料矛盾、违背人情常理等问题。

(3)可以针对原告的错误诉讼请求向人民法院提出请求,要求人民法院驳回起诉、不予受理或者要求人民法院否定原告请求事项的一部分或全部。

3.尾部及附项

内容包括致送法院名称、附该答辩状副本份数(与对方当事人人数相等)、证据、答辩人签署等。

经典范文

范例 1　财产继承纠纷答辩状

民事答辩状

答辩人李乙,男,××岁,×族,住××县××镇××街××号。

因原告李×诉我继承纠纷一案,现提出答辩如下:

答辩理由:

1.原告李×与被继承人李甲之间无收养关系。原告自称其过继给李×做养子,无任何书面凭证,而法律也不承认新中国成立前嗣子的合法性。原告虽然于20××年×月李甲去世时自称为养子并参加了葬礼,但事实上,40多年来,原告未与被继承人共同生活过,且李甲晚年时,李×也未尽过任何赡养义务,被继承人也不承认有这个养子。

2.被告是唯一合法的继承人,理应继承李甲的全部遗产。被告是被继承人依法经公证收养的养子,19年来一直承担着对被继承人的赡养义务。被继承人父母早已去世,又终生未娶,被继承人没有其他合法继承人,其遗产应该由被告全部继承。

请人民法院依据案件事实,并根据我国继承法律的有关规定,对我的继承权加以确认和保护,并驳回原告的无理要求。

此致

××××人民法院

答辩人:李乙
20××年×月×日

附:1.本诉状副本×份

2.李甲收养李乙的公证书及附协议书复印件×份。

范例 2 货款偿还答辩状

民事答辩状

答辩人:×××,男,19××年××月××日出生,×族,农民,住××县××镇××区××路。

被答辩人:×××,男,19××年××月××日出生,×族,农民,住××县××镇××村。

××县人民法院的应诉通知书及×××的民事起诉状已经收悉,答辩人认为无须偿还××县锻压铸造厂的货款及利息。

答辩理由:

1.××县锻压铸造厂的债权已超过诉讼时效。

答辩人于20××年××月××日在××县锻压铸造厂购钢××吨。同年××月××日又购钢球××吨,两次买卖答辩人应支付××元给××县锻压铸造厂,但由于货物存在严重质量问题,其间发生了纠纷,尚欠××县锻压铸造厂货款×××元。但××县锻压铸造厂从20××年至现在,一直没有向答辩人主张债权,也从来没有要求答辩人偿还货款,被答辩人在起诉状中提到多次催促,其没有任何证据证明。根据《中华人民共和国民法通则》第一百二十五条规定,向人民法院请求保护民事权利的诉讼时效期间为两年。从20××年至20××年这××年之间,并没有诉讼时效中断理由。其偿还货款的最后期限在20××年××月,因此,民事权利受保护的诉讼时效早在20××年××月以后,即不受法律保护。所以,答辩人无须偿还××锻压铸造厂货款及利息。

2.被答辩人不是适合的原告。

答辩人于20××年与××县锻压铸造厂之间存在买卖关系,由于该厂提供的货物存在严重质量问题,而该厂是一个依法成立的具有独立法人资格的企业,根据《中华人民共和国公司法》的规定,××县锻压铸造厂是以其自己的资产独立对外承担债务,享有债权。而该厂早已在××年前就依《中华人民共和国公司法》的有关规定,宣告破产。其债权债务已撤销。因此,该厂与答辩人之间已经没有任何债权债务,而且被答辩人并不是该厂,就更不可能与答辩人存在债权债务关系。由此可知,答辩与被答辩人之间不存在任何利害关系,依据《中华人民共和国民事诉讼法》的规定,被答辩人不符合起诉的条件,不能成为本案的原告,所以请求法院驳回被答辩人的诉讼请求。

3.答辩人对被答辩人提供的证据存在异议,答辩人将会在开庭之后,法庭质证阶段进行质证。

综上所述。被答辩人不是本案适合的原告,与答辩人之间不存在利害关系,并且答辩人与××县锻压铸造厂之间的债权债务关系因该厂的破产而消失。而且该厂的债权超过诉讼时效,已不受法律保护。因此,请求贵院依法驳回被答辩人的诉讼请求,维护答辩人的合法权益。

此致

××县人民法院

答辩人:×××
20××年××月××日

范例 3　学费纠纷答辩状

民事答辩状

答辩人：××美容美发有限公司，住址：××市××路××号。

法定代表人：王××，职务：董事长。

委托代理人：高××，××市××律师事务所律师。

被答辩人（原告）：韩××。

20××年××月××日，答辩人收到××市××区人民法院送达的原告韩××诉答辩人返还学费纠纷案件的民事起诉状副本，经认真阅读，答辩人认为，原告并没有将案件之全部事实向法院陈述，诉状中多有不实之词。为澄清案件事实，使人民法院能够公正审理本案，答辩人提出答辩如下：

答辩理由：

1.答辩人所办的××美容美发学校，系为专业培训美容、美发人才之目的而设立的。按照我公司与××某美容机构方面达成的合作协议，只要学员在我公司完成该机构学习计划所规定的全部课程，成绩合格，可以授予该机构颁发的高级美容硕士文凭。关于这一点，我公司和学校从未对学员有过虚假的意思表示，符合诚实信用的原则。

2.原告诉称答辩人所设立的学校是做美容，不是做美发的，但是原告在入学前应当注意并了解两者的差距，从其未尽注意义务这一点上看，原告存在明显的失误。

3.依据意思自治的原则，答辩人与原告方签订学习合同时，均有明确的合同指向，双方权利与义务明确，且签订合同时，双方意思表示真实。在合同的履行期间，答辩人一直认真积极履行合同义务，没有合同欺诈行为。按照法律规定，依法订立的合同，受法律保护。现在原告一方为了撕毁合同，反咬一口，这是原告缺乏诚实信用原则的表现。

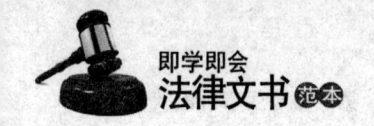

4.从答辩人的广告内容和安排的学习内容可以清楚地看出,不管原告在答辩人处学习的性质如何确定,其学习的本质是职业技能训练,原告对此是深知的。并且原告只具有高中文化程度,没有接受过高等教育,又怎么可能越过本科阶段直接进入硕士阶段的学习呢?所以,原告称不知文凭是否能够得到国家承认是假,想在学习基本结束后,借口不付学费、获得不当得利是真。

综上,答辩人认为,原告提出的诉讼请求,纯属无理无据之谈,答辩人不能接受。因此,请求人民法院查明事实,分清责任,驳回原告的诉讼请求。

此致
××市××区人民法院

答辩人:××美容美发有限公司
法定代表人:王××
20××年××月××日

第三节　民事反诉状

撰写要领

民事反诉状,是指被告人为了维护自身的合法权益,以与本诉直接相关的事实、理由和请求,向同一人民法院对本诉的原告或刑事自诉案件的自诉人提起"反起诉"的法律文书。

反诉状是一种形似"应诉"而实为"起诉"的法律文书,古今中外皆有应用。根据我国有关民事诉讼法和刑事诉讼法的有关规定,反诉只适用于民事案件和刑事自诉案件,而不适用于行政案件和刑事公诉案件,并且反诉只适用于一审民事案件和某些一审刑事自诉案件。

民事反诉状的基本写作方法与民事起诉状相似。但是，由于反诉状是"后起诉"的诉状，有自身的特点，写作时需要特别注意以下几个问题：

第一，应写明反诉缘由。可以在首部当事人之后另起一段概括说明。如"被反诉人起诉反诉人（或采用第一人称'我'）……（案由名称）一案，因其……（概括起诉状的主要错误，如'不合事实'、'证据不实'等）现提出反诉如下："

第二，反诉请求应当明确、具体。如"请依法判决被反诉人（本诉原告）偿还拖欠反诉人货款×万元，以抵消反诉人欠其相应货物的数额。"

第三，先摆事实后论理由。叙述事实，应把握争议的焦点，重在写明事实真相，叙述案情的来龙去脉要简明清晰（起因、时间、地点、经过、被侵权结果情况）。不妨夹叙夹议，也可边叙边举出证据，使之具有驳辩色彩。

第四，列写有关证据。证据必须确凿，名称规范。证据内容包括：物证、书证（尽量提供原件或其公证资料）；证人证言及证人姓名、住址。在当事人不能通过合法途径取得证据的情况下，可以请求法院采取证据保全措施。

第五，应注意言辞文明，使用法言法语，语意要明确，以事以理服人。同时，由于反诉是因为本诉所引起，反诉人更要注意克制情感，力求平实陈述，切忌气盛刻薄，强词夺理。

1.首部

要用"民事反诉状"或"反诉状"作为标题。

写清反诉人和被反诉人的基本资料，包括：姓名、性别、年龄、民族、籍贯、职业及住址，如果反诉人如属法人或其他组织，则应写明单位全称和所在地址及邮政编码，法人代表的姓名、职务和电话号码。

2.反诉请求

简明扼要地写明反诉的目的和要求。如民事反诉状可写成"现反诉本诉原告赔偿反诉人财物修理费××元，请求依法与本诉合并处理"；或如"请求法院判决被反诉人（原审原告）赔偿我××元的经济损失"等。

3.事实和理由

提出反诉所依据的事实，特别要注意提出与本诉所据事实相反的事实。

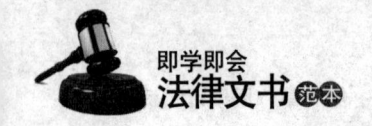

4.提出证明反诉事实的证据

要使反诉成立,必须有充分的事实根据,并且要从证据的客观性、关联性及合法性几个方面,充分论证反诉方所述证据的价值及其可信程度,以实现本方的反诉目的。

5.尾部及附项

(1)写明致送的人民法院的名称;

(2)写明反诉人的姓名以及提出反诉的时间;

(3)列明材料的内容以及份数,并标号分项。份数根据被反诉人的人数提交,被反诉人的人数为几人就提交几份反诉状副本;

(4)如果反诉人是法人或其他组织的,要写明法人或其他组织的全称并加盖单位公章。

经典范文

范例1 购销合同反诉状

民事反诉状

反诉人(本诉被告):××市××厂,地址:××市××区××大街××号。

法定代表人:赵××,职务:厂长。

委托代表人:何××,××律师事务所律师。

被反诉人(本诉原告):××省××县玻璃钢风机厂,地址:××省××县××大街××号。

法定代表人:吴××,职务:厂长。

反诉人就被反诉人诉反诉人购销合同纠纷一案,对被反诉人提起反诉。

反诉请求:

1.驳回被反诉人给付货款之诉;

2.判令被反诉人拉回冷却水塔,并赔偿反诉人的经济损失;

3.被反诉人承担本案的全部诉讼费用。

事实与理由:

20××年××月××日,反诉人与被反诉人订立购销合同。合同规定:被反诉人向反诉人供应××型冷却水塔,并负责于20××年××月××日前安装调试完毕,反诉人于20××年××月××日前支付定金×万元,在安装调试后正常使用的×个月内,将剩余货款×万元给付被反诉人。合同订立后,反诉人当即将定金交付被反诉人。然而,该冷却水塔安装后经使用,发现存在设计不合格、冷却效果差、运转不正常等多方面的质量问题,以后经反诉人多次交涉,被反诉人派人前来修复并多次更换零部件,仍然不能达到正常使用的要求,由此给反诉人造成重大经济损失。

20××年××月,反诉人将该冷却水塔拆卸存放,并于当月××日函告被反诉人速派人前来协商处理相关事宜,但被反诉人除××日来电话答复派人来外,一直无人露面。接贵院应诉通知后,反诉人甚感意外,认为本纠纷的责任应由被反诉人承担,却将反诉人推上被告席。对此,特向你院提出反诉请求,请查明本案事实,依法公正判决。

证据和证据来源、证人姓名和住所:

1.冷却水塔购销合同(双方共同订立);

2.冷却水塔使用说明书(被反诉人提供);

3.冷却水塔使用资料(我厂技术设备科技术人员提供);

4.冷却水塔使用说明书中数据与使用资料记载数据对表(我厂技术设备科技术人员提供);

5.冷却水塔修理记录及零配件购置单据(我厂技术设备科技术人员提供);

6.双方往来函件。

此致

××市××区人民法院

反诉人:××市××厂

20××年××月××日
(公章)

附件：1.本反诉状副本×份；
2.证据材料×份。

范例 2 违约责任反诉状

民事反诉状

反诉人(本诉被告)：××省××市××食品厂，地址：××市××街××号。

法定代表人：×××，男，××岁，×族，××省××市人，××食品厂经理；

被反诉人(本诉原告)：××省××市××食品有限公司，地址：××省××市××街××号。

法定代表人：×××，男，××岁，×族，××食品有限公司经理。

反诉请求：

1.被反诉人应承担本合同纠纷的违约责任，处以违约金×××元。

2.被反诉人应承担其调走货物由反诉人支付的保管费、运输费、卸车费共计×××元。

事实与理由：

反诉人与被反诉人于20××年××月××日、××月××日分别签订了两份食品购销合同。合同约定：由被反诉人向反诉人提供××公斤××系列的食品添加剂，货款共计××万元。收到货物后，反诉人发现所运货物与合同中约定的类型不符；包装标准也不符合合同规定；在对部分货物进行化验后，发现混浊体严重，并有强烈异味，纯属伪劣产品，基于此，反诉人20××年××月××日与被反诉人交涉，双方达成了由××食品有限公司将全部货物的96%自行调走，反诉人承付已售出的4%货物货款的协议。

20××年××月××日××食品有限公司委派销售员×××来催要货款，反诉人方法人代表×××当即表示，货款一定偿付，但是由于暂时资金紧张，想宽容几天,当场还认定货款额为×××元,其实这已远远超过了售出4%货物的款额。可是没过多长时间,被反诉人却又突然起诉,要求返还拖欠款×××元,致使本应自行协商解决的问题更复杂了。

反诉人认为:购销合同合法有效,合同约定反诉人有给付货款的义务,但上述货款未能及时兑付的原因却是由被反诉人先行违约造成的,货物种类与合同约定不符,包装标准也与合同规定不符,加之质量低劣,已属严重违约。

为了顾全大局,反诉人始终未采用法律手段,但被反诉人却径先起诉。基于上述事实,特依照《中华人民共和国民事诉讼法》第×条的规定,提出反诉,请法院依法公正判决,以维护反诉人的合法权益。

此致

×××区人民法院

反诉人:××食品添加剂应用技术推广站

20××年×月×日

附:本反诉状副本×份。

第四节　民事上诉状

撰写要领

民事上诉状,是指当事人因不服人民法院一审民事判决或裁定而向上一级人民法院提起上诉,要求上一级人民法院对案件进行审理的法律文书。提起上诉的当事人为上诉人。上诉人提起上诉的目的是请求上一级人民法院撤销或者变更一审人民法院所作的不利于自己的判决或裁定。

1.首部

(1)标题。无论是公民提出上诉,还是法人或其他组织提出上诉,也不论

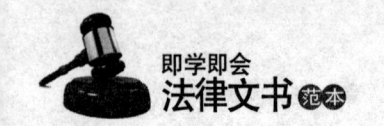

是普通民事案件,还是经济纠纷案件,上诉状一律写作"民事上诉状"。

(2)当事人情况。当事人包括上诉人和被上诉人。公民提出上诉的,上诉人、被上诉人栏均应写明姓名、性别、出生年月日、民族、籍贯、职业或工作单位和职务、住址等;被上诉人是法人或其他组织的,应写明其名称、地址、法定代表人或代表人的姓名。

(3)上诉事由。这是一段过渡段,按格式要求应写作:如"上诉人因××一案,不服××人民法院于20××年××月××日(××)××字第××号民事判决(裁定),现提出上诉"。

2.上诉请求

主要写明请求第二审人民法院撤销或变更原审的判决、裁定,或请求重新审理。应根据原裁判的错误,简要指出原裁判认定的事实、证据、适用的法律或诉讼程序不合法之处。

3.上诉理由

上诉人在收到一审判决书之后,应该对判决书进行仔细的分析,找出其中错误之处。写理由时,主要是针对裁判中的错误之处进行分析反驳,证明原判决的错误及上诉请求的合法性和合理性。对于原审判决书中的个别不恰当的提法,不必斤斤计较,只需要抓住影响到判决结果的错误之处进行分析即可。

4.尾部及附项

包括致送法院、附项(说明上诉状副本份数)、上诉人落款并注明日期。

经典范文

范例 1　离婚判决上诉状

民事上诉状

上诉人（原审被告）：×××，女，××岁，××省××市人，住本市××区××路××号。

被上诉人（原审原告）：×××，男，××岁，××省××市人，住本市××区××路××号。

上诉人因离婚一案不服××市××区人民法院于20××年××月××日作出的（××××）民字第××号民事判决，现提出上诉。

上诉请求：

请求撤销原判，不准予我们离婚。

上诉理由：

原判决认为：双方婚姻由父母包办，并无感情基础。婚后不久，双方因家庭琐事，不断争吵。近年来，女方毫无根据地怀疑男方心有别恋，经常到男方工作单位吵闹，影响工作，双方感情日益破裂。男方搬往单位宿舍，分居已两年。现男方提出离婚，调解无效。经调查，证实双方感情已完全破裂，无法和好，因此判准离婚。

上诉人认为原判认定的事实和理由是不正确的。上诉人认为自己与被上诉人的婚姻，虽然是由双方父母做主，但是订婚后不断约见，彼此印象甚好，结婚时，被上诉人欢天喜地，绝无异议，有众多亲友可以作证。所以上诉人认为这不能说是没有感情基础。上诉人与被上诉人结婚已有××年，生了两个孩子，家庭一直很和睦。只是由于近几年来被上诉人在经济上和生活上对上诉人和子女照顾不够，因此双方有了一些争吵。但就争吵的内容来说，毕竟都是家庭琐事。原审判决因为琐事而判决离婚，这是于法无据的。

至于上诉人去对方单位反映情况，在方式上的确是有些欠妥，但是最终

19

目的还是为了能够从根本上解决问题,为了能和好如初,原审据此作为判决离婚的理由,未免太过于武断。至于上诉人认为被上诉人心有别恋,也不是原判中所说的"毫无根据"。早在××年前,上诉人已发现被上诉人与×××关系很暧昧,后经过多方了解,并由周围同事及邻居证实,他们的关系确已超出正常关系的范围,特别是被上诉人对我的态度日益恶劣,用心显见。去单位反映,既是为了家庭,也是为了被上诉人不至于越陷越深,铸成大错。原审不查究竟,就得出了错误的判断。

只要被上诉人放弃错误思想,改善夫妻关系,上诉人觉得彼此的感情还是完全可以恢复和好的。上诉人有什么缺点,自己也十分愿意改正。

综上所述,特向法院上诉,请求依法撤销原判决,不准予离婚。

此致

×××人民法院

上诉人:×××

20××年××月××日

范例 2 劳动争议上诉状

民事上诉状

上诉人:×××,性别×

身份证号码:××××××××××××××××

住所:××市××区××街××号

电话:××××××××

被上诉人:×××厂(一审被告一),住所地:××市××区××街××号

电话:××××××××

负责人:×××,系该厂厂长

上诉人因劳动争议一案,不服××区人民法院20××年××月××日(××××)×法民劳初字第××号民事判决,现提起上诉。

上诉请求：

上诉人请求撤销××市××区人民法院20××年××月××日（××××）×法民劳初字第××号民事判决，依法改判由被上诉人支付给上诉人医疗补助费×××元，并为上诉人补办养老保险和失业保险，由被上诉人承担仲裁费×××元。

上诉理由：

一审判决认定事实不清，适用法律不当，这主要表现在以下几个方面：

1. 一审判决认定本案上诉人无证据证实其在劳动合同期满前已患病，这种认定根本就不符合逻辑。上诉人与被上诉人之间签订的劳动合同于20××年××月××日到期，由于上诉人从事×××工作，此工作完全属于接触职业病危害的工作岗位。按照有关法律规定，被上诉人应当组织上诉人进行离岗时的职业健康检查，否则不得终止劳动合同。

被上诉人于20××年××月××日合同到期时单方面终止劳动合同，违反了法律法规的强制性规定。上诉人于20××年××月××日自行到××市××医院检查，当日就查出患有×××病，对于这一事实可由上诉人提交的医疗证明书证实。×××是属于一种慢性病，怎么可能在上诉人合同到期后一夜内就得此病呢？如果被上诉人按照法律的规定在上诉人离岗前对其进行职业健康检查，那么同样可以查出上诉人患有此病，在这种情况下，上诉人就处在医疗期内，被上诉人就更不能终止劳动合同。上诉人的病没有被及时发现，都是由于被上诉人没有按照法律规定检查而造成的，应当认定上诉人在劳动合同期内患有×××病。所以，一审法院的认定不符合事实。

2. 由于上诉人长期从事×××工作，经常接触×××、×××等有毒有害因素，根据《职业健康监护管理办法》（卫生部令第23号）第九条规定：用人单位应当组织接触职业病危害因素的劳动者进行离岗时的职业健康检查。用人单位对未进行离岗时职业健康检查的劳动者，不得解除或终止与其订立的劳动合同。

因此，被上诉人由于合同到期前没有给原告进行离岗时的职业健康检查，不得终止与上诉人订立的劳动合同；被上诉人终止劳动合同的行为显然违法。

3. 上诉人在被上诉人处工作了××年，在劳动合同期内患有严重的×××病，

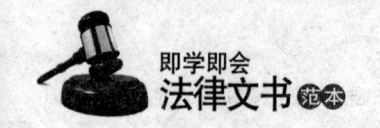

属于重病。上诉人经××市劳动能力鉴定委员会专家鉴定,已经完全丧失劳动能力,上诉人于20××年××月××日领取了该鉴定。因客观原因,鉴定结果在一审开庭前无法取得,上诉人现已取得新的证据。被上诉人违法终止劳动合同,应支付相当于××个月工资的医疗补助费,并应当为上诉人补办养老保险和失业保险。

综上所述,被上诉人违法终止劳动合同,应当支付给上诉人医疗补助费。
此致
××市中级人民法院

上诉人:×××
20××年××月××日

范例3 借贷纠纷上诉状

民事上诉状

上诉人(原审原告):×××,性别×,×族,19××年××月××日出生

身份证号:××××××××××××××××

住所:××县××镇××村××号

电话:××××××××

被上诉人(原审被告一):×××,性别×,×族,19××年××月××日出生

身份证号:××××××××××××××××

住所:××县××镇××村××号,系王××之女

被上诉人(原审被告二):×××,性别×,×族,19××年××月××日出生

身份证号:××××××××××××××××

住所:××县××镇××村××号,系吕××之子

上诉人因民间借贷纠纷一案,不服××县人民法院(××××)××民初字第××号判决书第二项判决,现提出上诉。

上诉请求:

1.请求撤销原审判决,依法驳回被上诉人的诉讼请求。
2.判令由被上诉人承担本案全部诉讼费用。

上诉理由:

20xx年xx月xx日上诉人向xxx借了xx元钱,给xxx写了一张欠条。20xx年xx月xx日一次性归还给了xxx。xxx于20xx年xx月因突发疾病死亡,系两位被上诉人之父,两位被上诉人是xxx的法定继承人。两位被上诉人起诉上诉人,让归还欠王xx的钱,一审法院判决认定的事实错误。

1.原审判决认定上诉人欠被上诉人借款本金xx元及利息缺乏事实和法律依据。

上诉人向xxx借钱属实,但不是借了xx元,而是只借了xx元,并且已经于20xx年xx月xx日全部归还。一审中,上诉人提交了xxx于20xx年xx月xx日向上诉人出具的收据一份,证明上诉人已在借款到期时如数归还了xxx的借款本息,而且上诉人还提交了证人xxx的证言,证明上诉人还款时,要回给xxx打的借条,但xxx当时借条找不到了,给上诉人出具了一张收条的事实。因此,上诉人并不欠xxx任何款项。

2.两位被上诉人所持借条系其涂改形成的,不能作为定案依据。

xxx于20xx年xx月因突发疾病死亡,两位被上诉人作为xxx的法定继承人,找到了xxx当时所收的借条,借条属实,但是借款数额系两位被上诉人篡改后的。上诉人只向xxx借款xx元,而且出具的也是"xx元"的借条,两位被上诉人所持的"xx元"借条系其涂改后形成的,后面的"0"是两位被上诉人后加上的,不是上诉人的笔迹。根据法律规定,涂改后的证据不具备证据"真实性"的特性,不能作为定案依据。

基于上述事实和理由,一审法院不顾事实,在上诉人有足够证据能证明其从xxx处借款仅为xx元,且已全部归还的情况下,对上诉人的辩解不予支持,而对两位被上诉人提交的涂改过的"借据"予以采纳,严重侵害了上诉人的合法权益。为此,上诉人根据《中华人民共和国民事诉讼法》的相关规定,特向贵院提起上诉,请求二审法院在查明事实的基础下,撤销原审判决,依法驳回被上诉人的诉讼请求。

此致

××市中级人民法院

上诉人：×××
20××年××月××日

附：本上诉状副本×份。

第五节　民事上诉答辩状

撰写要领

民事上诉答辩状，是指民事案件的被上诉人，在收到上诉人的上诉状副本后，在法定期限内，向第二审人民法院提出对上诉状内容进行答复和辩驳的书状。它通常是由民事上诉案件的被上诉人提起的，被上诉人，可能是一审中的原告，也可能是一审中的被告。被上诉人必须针对上诉状的内容有针对性地进行答辩，对上诉状中未提及的事项，无须答辩。

1.首部

（1）标题写明"民事上诉答辩状"。

（2）写明答辩人的基本情况，包括姓名、性别、出生年月日、民族、籍贯、职业或工作单位和职务、住所等。若答辩人是法人或其他组织的，写明答辩人的名称、住所、法定代表人或代表人的姓名、职务、电话、企业性质、工商核准登记号、经营范围和方式、开户银行、账号。有委托代理人的，写明委托代理人的姓名、工作单位。

（3）答辩事由一般写"对上诉人×××因（案由）一案提起上诉，现提出如下答辩：……"

2.答辩的论点和论据

在论证事实和适用法律方面的写法要求与一审民事答辩状相同。另外，要特别注意以下几个方面的问题：

（1）注意答辩的针对性，要维护一审裁判。上诉主要是不服一审的判决或裁定，要求予以变更或撤销一审判决或裁定而提出，故答辩时要运用充分的理由和证据证明一审判决或裁定在认定事实和适用法律上的正确性。答辩不能脱离一审裁判，但对上诉人未上诉的部分，一般不必论及。

（2）如果在一审判决或裁定之后，双方均提出上诉，那么双方要针对对方的上诉内容进行答辩。

（3）如一审裁判所依据的事实充分，适用法律恰当，答辩人又提不出新的证据和理由时，答辩状中只需说明一审裁判正确即可。

（4）最后提出请求二审法院维持原判或裁定，即说明自己的答辩主张。

3.尾部及附项

包括致送机关名称、答辩人（或单位）、具状日期，附项要写明本诉状副本份数，书证、物证份数。

经典范文

范例 1　市场交易上诉答辩状

民事上诉答辩状

答辩人：×××，男，××年××月××日出生，×族，××省××市人

地址：××市××街××号

答辩人于20××年××月××日收到上诉人××公司的上诉状副本，现提出答辩如下：

1.上诉人没有提出任何新的事实和理由。一审法院认定事实清楚，适用法律正确。上诉状中的上诉理由一是说明双方系自愿签订的合约；二是下单已经进入美国市场，亏损应当自负。实际上，答辩人与其所签合约是在上诉

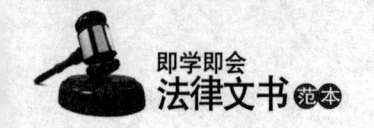

人以高额利润、高额回报的诱导下所签,至于上诉中所说的"公证",只不过是"签名、印章属实"。上诉人所谓客户的下单指令进入美国市场的话纯属谎言。答辩人在下单时为了验证其所谓进入美国市场的真实性,曾多次在同一时间下两份相反的买单和卖单,令人不解的是屡屡本应赚钱的下单没有成交,而另一份赔钱的单子却成交了,这说明实际上是上诉人在背后搞鬼的结果。熟悉美国期货市场的人都知道,上诉人××公司是无资格入场的,这一点,一审法庭在庭审调查中已经十分清楚。

2.上诉人是在根本不具备从事期货交易资格及代理资格的前提下,通过大量虚假、不实的宣传诱使本人和其他客户签订合同,依法律规定,该合同应属无效经济合同,上诉人由此获得巨额不义之财,而使答辩人遭受巨大经济损失。为了维护本方的合法权益,请求二审法院依法驳回其上诉,并对其非法从事期货交易的代理活动予以处置。

此致
××市中级人民法院

答辩人:×××
20××年××月××日

附:本答辩状副本×份。

第六节　民事申诉状

撰写要领

民事申诉状,是指诉讼当事人及法定代理人,刑事被害人及其家属或其他公民,不服已经生效的裁决,向人民法院或人民检察院提出的要求重新审理案件的书状。此外,再审申请书是专供民事案件的人在裁决发生法律效力后两年内提出再审申请用。

1. 首部

(1)标题。以"民事申诉状"或以"申诉状"作为标题。

(2)民事申诉人和对方当事人的基本情况。写清民事申诉人与对方当事人的姓名、性别、年龄、民族、籍贯、职业、住址等。法人或其他组织应写明单位名称、地址、法人代表姓名及职务。

(3)案件来源。写明申诉人不服的判决或裁定的案件来源。如："申诉人因(案由)纠纷一案,不服××人民法院于20××年××月××日作出的(××)××字第××号民事判决(裁定),现提出申诉。"

2. 申诉请求

申诉请求要求明确、具体。主要写明请求法院重新审理。

3. 申诉理由

这是申诉状中的核心部分,要求在说明事实真相的基础上,充分阐述提出申诉的理由,实际上是对原生效的裁判提出反驳。但必须做到事实有据可证,无可辩驳,理由有法可依,无懈可击。通常从原判决或裁定认定的事实、引用法律和诉讼程序是否合法等方面进行辩驳,并写明请求再审的法律依据。

4. 尾部

写明提交机关,如"此致××人民法院";申诉人署名或盖章;具状的年、月、日。

5. 附项

写明"本状副本××份、物证××件、书证××件"。

经典范文

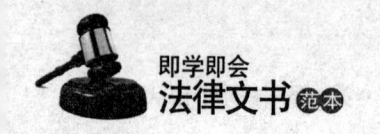

范例 1　遗嘱纠纷申诉状

民事申诉状

申诉人：(一审被告，二审上诉人)××，男，19××年××月××日出生，汉族，无业人员，住××市××小区×号楼×单元×室。

被申诉人：(一审原告；二审被上诉人)×××，女，19××年××月××日出生，汉族，××市×××厂退休职工，住××市××小区×号楼×单元×室。

×××与×××遗嘱继承纠纷一案，不服××市××区法院(20××)×民初字20××号民事判决书；××市中级人民法院于20××年××月××日作出的(20××)×民五终字第×××号民事判决和××高级人民法院(20××)×民申字第×××号民事裁定书，特向贵院申诉。

申诉请求：

撤销××市××区人民法院(20××)×民初字第20××号及中级法院的(20××)×民五终字第×××号民事判决和××高级人民法院(20××)×民申字第×××号民事裁定书，依法重审。

具体事实与理由：

我父亲×××20××年离休前曾任××日报副总编辑、纪委书记等职。20××年××月××日通过婚姻介绍所与被申请人×××相识并办理了结婚登记。

20××年××月我父亲因胃癌开始住院治疗无效于20××年××月××日去世。我父亲住院期间，被申请人×××拒绝到医院陪护，却趁我们在医院里日夜陪护父亲的机会，把我父母名下上百万元的动产非法转移占为己有后逃之夭夭，连追悼会也未敢露面。继而，又起诉要求分割我父母留下的房产。结果是：××市×区法院(20××)×民初字20××号判决书在使用证据时有误，造成应当属于申诉人的继承权利丧失。在上诉、申请再审无果的情况下,现依法提出申诉,请最高法院依法受理此案,以维护申诉人的合法继承权利。申诉理由如下:

再审理由一:原判决、裁定认定的基本事实缺乏证据证明的。

原审判决的依据是原告提供的所谓我父亲的代书遗嘱、《见证书》以及司法笔迹鉴定。但是,这三个判决依据不具备证明力如下:

1.代书遗嘱只有一个代书人,而没有见证人,不符合《继承法》"代书遗嘱应当有两个以上见证人在场见证"的规定。因没有对被继承人身份进行验证,且舍近求远的事实令人怀疑,还有找律师事务所的熟人和利用替身制作假代书遗嘱的嫌疑,不具备真实性。

2.《见证书》不但没有当事人的签字属于无效见证,而且所见证的××月××日的遗嘱根本就不存在!与本案认定的遗嘱日期没有关联性、真实性。有拉见证人凑数的嫌疑。针对以上两个疑点,在我们的口头和书面法庭发言中都有"我很想询问一下×××手里那份律师见证遗嘱中的那两位律师的问题是:去做见证遗嘱的当事人是否符合我父亲的体貌特征"的要求,但是,没有被法庭许可。

3.司法笔迹鉴定采用的"样本"是来源渠道非法,即原告提供的所谓我父亲写给我大姐××的一封私人书信。而"检材"也是原告提供的只有一个代书人的代书遗嘱——这种鉴定结果只能证明是同一个人的签名,却不能证明是我父亲的签名。这就类似我只要以张三的名义和签名给张三的父亲写一封信,再以张三的名义写一张欠我一百万元的欠条,在司法笔迹鉴定肯定是同一个人签名的情况下,法庭就可以以此判决张三确实欠我一百万元一样荒唐——对此鉴定结果,本申请人根据《最高人民法院关于民事诉讼证据的若干规定》第二十七条和第六十八条提出了异议,但原审法庭并不理会。

4.在原告提供的所谓我父亲的自书遗嘱中,既有手印也有签名。对此,在我的书面法庭发言中提出了四点质疑。于是,原审法庭就不对这份伪造嫌疑很大的自书遗嘱进行司法鉴定,而对上述只有一个代书人的代书遗嘱仅作签名的笔迹鉴定并以此判决。

再审理由二:原判决、裁定适用法律确有错误的。

适用法律错误一:在听说房产的继承过户比赠与过户多交过户费用后,我父亲生前与我们签订了两份房产赠与合同并有××市××区公证处的《询问笔录》为佐证。临终前一个月还给我们留下了符合法律规定的代书遗嘱。根据《最高人民法院关于民事诉讼证据的若干规定》第七十条,一方当事人提出下列证据,对方当事人提出异议但没有足以反驳的相反证据的,人民法院应当确认其证明力:书证原件或者与书证原件核对无误的复印件、照片、副本、节录本的规定,原审法庭应该对我们提供的以上书证予以确认。但是,原审法庭却以各种理由,甚至以不传唤见证人出庭作证等于没有见证人的办法,在判决书中写下了"对于被告提供的20××年××月××日由×××代书的遗嘱,因代书人×××及见证人×××均未出庭作证"的理由不予确认。

适用法律错误二:30年前,我父母就腾出一套房子,作为给弟弟××的结婚用房。房改时,由××缴清了购房款。父亲生前也与××签订了房产赠与合同。按照最高人民法院《关于贯彻执行〈民法通则〉若干问题的意见(试行)》第一百二十八条"赠与房屋,如果根据书面赠与合同办理了过户手续的,应当认定赠与成立;未办理过户手续的,但赠与人根据书面赠与合同已将产权证书交受赠人,受赠人根据赠与合同已占有、使用该房产的,可以认定赠与有效,但应令其补办过户手续"的规定,且不说××已经占有使用了该房产近30年,即便只占有使用一天,按照以上法律规定,也只存在一个"可以认定赠与有效,但应令其补办过户手续"的问题!但是,原审判决书却把法律"令其补办过户手续"的规定,说成是"××市××区××路××号×号楼×单元×室住房的房产证由被告××保管"并分割给原告一份!

适用法律错误三:"我们的委托代理人×××和××市××区人民法院(20××)×民初字第20××号民事裁定书"都能证明我大姐××是被告。但是,原审判决书却为了其他目的而把我大姐××说成是"原告"了。

适用法律错误四:对于同一事实,出现了两种相反的证据,法庭可以按证据证明力大小作出确认。但是,在本案中出现被继承人先后两次立遗嘱即两个事实的情况下,原审判决仍然按证明力大小只确认一个事实而否定另一个事实的发生,显然违背了《继承法》的有关规定。

再审理由三:对审理案件需要的证据,当事人因客观原因不能自行收集,书面申请人民法院调查收集,人民法院未调查收集的。

因为银行不许任何自然人查其他私人存款的客观原因,我们向法庭提交了书面的《证据保全申请》,但法庭没有依法调查,致使我们无法按反诉数额缴纳反诉费用。于是,原审判决书仅仅对被继承人的房产进行了分割,而我亲生父母辛劳一生积累的上百万元的动产至今下落不明。

综上所诉,一、二审和高级法院认定事实确有错误,在没有查清被继承人立遗嘱的事实和动产数额的情况下,仅仅对被继承人的房产进行分割,致使申诉人在无业和生活极度困苦情况下,承担着"被神经病"的风险过着到处上访的生活……

现依法申诉,望贵院在查明本案全部事实的基础上,依法支持申诉人的申诉请求。

此致

最高人民法院

申诉人:×××

20××年××月××日

第七节　民事诉讼授权委托书

撰写要领

民事诉讼授权委托书在诉讼中是指委托代理人取得诉讼代理资格,为被代理人进行诉讼的证明文书,其记载的内容主要包括委托事项和代理权限,并由委托人签名或盖章。在其他民事法律行为中,授权他人代替自己做某事。

1.首部

(1)标题,写上"诉讼委托书"或者"民事诉讼授权委托书"。

(2)委托方和被委托方的姓名、性别、年龄、民族、籍贯、职业、工作单位和住址。

2.正文

(1)委托事项:写明委托人在何纠纷中委托代理律师代为参加民事诉讼活动。

(2)具体的授权范围。

3.尾部

(1)委托人签名或盖章。

(2)委托日期。

经典范文

范例 1 遗产诉讼授权委托书

民事诉讼授权委托书

委托人:×××,男,×族,19××年××月××日出生,××省××市人,××市××公司职工,住××市××路××号,电话:××××××××

受委托人:××律师,××市××律师事务所,地址:××市××区××街××市××号,电话:××××××××

现委托××律师在我与×××遗产纠纷一案中,作为我的诉讼代理人。

委托权限为:起诉、出庭、承认、变更、放弃诉讼请求,参加调解,进行和解,直至本案审理终结时止。

委托人:×××

20××年××月××日

范例 2 合同纠纷诉讼授权委托书

民事诉讼授权委托书

委托人：×××，男，××岁，住址：××市××县××镇××村××号，电话：×××××××

受委托人：×××律师，××市××律师事务所，地址：××市××区××街××市××号，电话：×××××××

×××律师，××市××律师事务所，地址：××市××区××街××市××号，电话：×××××××

现委托上列受托人在我与××市××公司因××合同纠纷一案中，作为我的一审诉讼代理人。

代理权限为：变更或者放弃诉讼请求；代为起诉，承认、放弃、变更诉讼请求，进行和解，提起反诉或者上诉，签署、送达、接受法律文书。

委托人：×××

受托人：×××

×××

20××年××月××日

第八节　民事诉讼代理词

撰写要领

代理词是指在民事诉讼中，民事诉讼当事人委托的诉讼代理人在法庭辩论阶段，为了维护被代理人的合法权益而作的综合性发言。

1.首部

(1)标题。标题直接写明"代理词",或"×××案代理词"。

(2)称谓。对审判人员的称谓,"审判长、陪审员(或者人民陪审员)";适用简易程序的称"审判员"。

2.序言

序言写明如下几项内容:

(1)引用有关法律条文,说明代理人参加诉讼出庭的合法性。

(2)叙述代理人为履行职责开展的工作。

(3)提出代理的基本观点。

(4)代理意见。代理人应该在代理权限的范围内,根据事实和法律,明确地阐明自己的观点,客观公正地维护被代理人的合法权益。原告方的代理词应着重论证原告诉讼请求的合理性和合法性;被告方的代理词则要论证原告诉讼请求的不合理或不合法性,并提出自己的意见;二审上诉方或者被上诉方的代理词则应论证原裁判中的错误,从而说明被代理人诉讼请求的正确性。

3.结论

结论总结归纳代理意见,提出代理观点或主张,提请法庭采纳。

4.尾部

代理人签名并注明日期。

经典范文

范例1 意外事故赔偿诉讼代理词

代理词

审判长、审判员:

根据《中华人民共和国民事诉讼法》第五十八条规定,××省××律师事务所接受××燃器具总厂的委托,指派我们担任××燃器具总厂的诉讼代理人。接受委托后,我们查阅、研究了本案材料,走访了省技术监督局、省法医研究中心、省消费者协会等单位,对证人郑××、梁××进行了调查,并听取了刚才的法庭调查,在此,发表如下代理意见,供合议庭参考:

1.××医学院的法医鉴定不具有排他性

起诉状称:"××医学院法医鉴定,确认死者李×系使用热水器时吸入过量一氧化碳所致。"那么,××医学的法医鉴定是如何说的呢?鉴定书称:"尸检中见死者尸斑呈潮红色,说明 CO 的吸入而使血液失去携氧能力,以致造成急性缺氧症而导致死亡。"我们认为,××医学院的法医鉴定缺乏科学性,不能排除有其他致死原因。对迅速死亡的中毒者,法医鉴定的常规应当是提取死者的血液(其次是肌肉)为检验物,通过测定血液中的碳气血红蛋白含量来确认其是否为一氧化碳中毒而死。但××医学院的法医鉴定违反检验规程,不提取死者血液进行化验,仅从尸斑是潮红色就认定李×是一氧化碳中毒死亡,这显然缺乏科学性依据。因为法医学常识表明,氰化物中毒等死者的尸斑颜色与一氧化碳中毒死者的尸斑一样,都是呈鲜红色或樱红色的。更何况,××医学院在尸检时也没有留下彩色照片,尸斑究竟是什么颜色我们无法查明。另外,值得注意的是,××医学院的法医鉴定时对尸表反应的多种现象未作出合理的说明,例如,法医在尸体检验中发现"左侧尸体皮肤表皮里呈紫红色"、"口鼻腔见有血性液体流出"、"左上臂见有大面积表皮剥脱"等,但这些尸现象的原因是什么,法医鉴定未加论证。法医鉴定只对双膝下表皮剥脱作了论证,但这个论证与实际情形存在矛盾。鉴定认为,双膝下表皮剥脱是"死者在洗澡过程中已感觉到 CO 中毒侵害,由于体内毒性作用,身体失去平衡,在站立中两膝盖磕碰浴池所致"。但据省消费者协会调查记载,发现死者的证人陈述"李×仰躺在浴盆中,腰部以上在水里,腰部以下在浴盆外,手里握着一条毛巾",可见这种仰躺在水中的现场情况与法医鉴定是矛盾的。

2.我们认为,即使李×是死于一氧化碳中毒,也是与被告生产的热水器本身无关的。

(1)如果是因热水器不合格造成 CO 中毒死亡,那么必然是在按规定的方法正确使用的,热水器的气密性和一氧化碳排放量如何呢?李×死亡后,省消协根据其兄李×投诉,组织了有关方面的专家,使用直排式CO测定仪,在李×哥哥的参加厂方对李×室内的热水器进行了现场测试,连续×次测试结果表明,该热水器的气密性、燃烧的烟气中的一氧化碳排放量等各项指标均符合国家标准。因此,完全可以排除热水器本身有漏气现象或燃烧中CO排放过量的情况。

(2)原告及其代理人称热水器存在多种不安全因素,没有安装"熄火保护装置"和"缺氧保护装置"。不错,这台热水器确实没有安装这两种装置,但李×的死亡是否是因为没有安装这两种装置造成的呢?只要我们了解它们的工作原理和作用,就会得到否定的回答。"熄火保护装置",是由电磁阀和热电偶两大部分组成,在热水器使用时,明火点着,热电偶受热产生一个微弱的热电势,产生吸合电流,吸上电磁阀,使燃气顺利通过。一旦明火被意外吹火时,弱电势消失,电磁阀气阀自然关闭,切断气源,避免燃气漏出产生危险。"熄火保护装置"发生作用的条件必须是带明火熄灭。"缺氧保护装置"(日本标准称"防止不完全燃烧装置"),其工作原理与"熄火保护装置"相似,热电偶受热产生一个微弱的热电势,产生吸合电流,吸上电磁阀,使气阀关闭,切断气源。根据这一原理,当供氧充足时,"缺氧保护装置"是不会发生作用的。

从省消协和法院的调查看,最早发现并进入李×死亡现场的证人证实,他们是20××年××月××日上午×时许发现李×死亡的,进入现场时,热水器仍在正常燃烧,排出热水,所以,即使这台热水器安装了"熄火保护装置"和"缺氧保护装置",它们也不会启动而发生作用的。因此,李×的死亡与热水器没有安装"熄火保护装置"和"缺氧保护装置"无关。

3.即使是一氧化碳中毒死亡,也是李×使用不当造成的直排式燃气热水器工作时,其燃烧所需的氧气取自室内,燃烧时产生的废气中的一氧化碳是对人体有害的,过量吸入就会造成死亡。一台合格的热水器所排出的废气量相当于五台普通民用煤球炉排出的废气量,因此,使用热水器不仅要求有合格的产品,而且必须做到隔室安装,室内通风。

从李×的情况看,热水器是安装在浴室北门外的过道上,符合隔室安装的要求。但其在使用时,浴室的门开着,而过道通往外界的所有门窗都是关闭的,这样一看,就和热水器同室安装没有什么两样,只不过稍稍扩大了浴室的空间罢了。在这样一个有限的密闭空间里,即使用煤炉也会发生危险,何况是使用热水器,长时间地洗衣服、洗澡,造成死亡是不可避免的,造成死亡,责任自负。

4.关于损害赔偿的因果关系问题。众所周知,利于损害赔偿案件,必须是原因事实和损害结果之间存在因果关系才能引起赔偿。原告代理人混淆了两种不同的起诉,在庭审中,原告代理人用了大量篇幅来谈被告生产的××牌热水器的质量问题,好像只要证明××牌热水器存在质量问题,厂方就应对李×的死亡负赔偿责任,其实不然,因为我们参加的是损害赔偿的诉讼,而非产品质量的诉讼。如果是产品质量之诉,原告只要证明热水器质量有问题,厂方就应负责,但损害赔偿之诉,原告不仅要证明李×家的那台热水器存在质量问题,而且必须证明这种质量问题是导致李×死亡的原因。而省消协及有关技术部门的现场检测已充分证明,被告生产的这台热水器不存在质量问题,也就不可能因为质量问题导致李×的死亡。

综上所述,我们认为,被告在本案中没有过错,不应承担任何赔偿责任,请驳回原告的诉讼请求。

××省××律师事务所律师任××

洪××

20××年××月××日

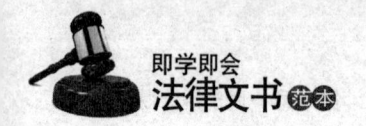

范例 2　借贷关系诉讼代理词

代理词

审判长、审判员：

依照法律规定，受原告刘某的委托，我担任原告刘某的诉讼代理人，参与本案诉讼活动。开庭前，我听取了被代理人的陈述，查阅了本案案卷材料，进行了必要的调查。现发表如下代理意见：

第一，本案中被告从原告处借款的事实十分清楚，借贷关系合法有效。

20××年××月××日，被告人因做生意从原告处借款××万元人民币，并写下欠条，欠条上有还款日期。还款日期届满时，原告向被告主张还款，被告称其现在资金紧张，再过一年后一定还，于是过了一年，在原告的催促之下被告又迟迟不予还款。现原告有欠条为据，足以证明被告欠其人民币××万元。

第二，本案不超过诉讼时效，原告的权利应当得到保护。

当还款期限届满之时，原告向被告进行了催要，被告称一年以后奉还，因此本案的诉讼时效由于原告的催要而产生了中断，不存在超过诉讼时效的问题。本案中被告否认原告曾向其催款，那么，即使款项借出后，原告一直未催要。单从欠条约定的还款日期来看，到原告起诉时止，也未超过法定的 2 年诉讼时效。所以，本案中被告称原告的债权已过诉讼时效，是不符合法律规定的，原告的债权应当得到保护。

因此，本案借款事实十分清楚，借贷关系合法有效，且未超过法定诉讼时效，因此被告应当承担偿还责任。

以上代理意见，请合议庭合议时予以充分考虑！

代理人：×××
20××年××月××日

第二章

各类民事诉讼申请书

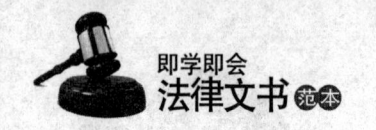

第一节 管辖权异议申请书

撰写要领

管辖权异议申请书,是指人民法院受理案件后,案件当事人认为受诉法院对该案无管辖权时,向受诉法院提交的,说明其不服管辖的意见并请求法院将案件移送至有管辖权法院审理的法律文书。

管辖异议权是当事人享有的重要的诉讼权利,当事人向人民法院提交管辖异议申请书是其行使管辖异议权的书面意思表示。

提出管辖权异议的主体必须是本案的当事人,通常是被告。但是在特殊情况下,原告也可以提出管辖权异议,如原告发现其误向无管辖权的法院起诉;诉讼开始后被追加的共同原告认为受诉法院无管辖权;受诉法院认为被告提出的管辖异议成立,或者认为自己无管辖权依照职权将案件移送到其他法院,原告对法院的移送裁定有异议等情况下,原告有权提出管辖权异议。

1.首部

(1)标题。以"管辖权异议申请书"作为标题。

(2)申请人和对方申请人的基本情况。写明申请人及对方申请人的姓名、性别、年龄、民族、籍贯、职业、住址等。法人或其他组织应写明单位名称、地址、法定代表人或主要领导的姓名及职务。

2.请求事项

明确、清楚地写出申请人请求人民法院驳回对方当事人的诉讼请求或将本案移送至有管辖权的法院审理的主张。

3.事实和理由

结合本案案情,阐述申请人对本案管辖提出异议的理由。首先简明扼要地说明案情,然后着重阐述申请人对本案管辖权的异议,本案不应由受诉人民法院管辖的理由,确定本案管辖的关键事实及决定因素。综合所述事实并根据法律有关规定,提出对本案管辖进行审查的请求。

4.尾部

写明致送机关名称,如"此致××人民法院";署名申请人(单位)名称;申请的年、月、日。

经典范文

范例 1　遗产所在地管辖权异议申请书

管辖权异议申请书

申请人:×××,女,19××年××月××日出生,住址为××县××乡××村××号院,工作单位:××县××乡××水利站,身份证号:××××××××××××。

申请人因原告×××诉申请人遗产继承一案,依法向贵院提出管辖权异议。

申请事项:

请求贵院将本案移交××县人民法院审理。

事实与理由:

申请人与原告系被继承人×××之女,被继承人生前一直在××县××乡××村××号居住生活,退休后才到×××处生活。被继承人在退休后只是把生活部分的财产转移到了原告处××市××区,其主要财产房产仍在××县××乡××村。被继承人死亡地也不是在原告处。

我国《民事诉讼法》第三十四条第三款规定:"因继承遗产纠纷提起的诉

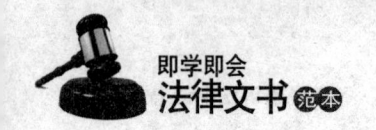

讼,由被继承人死亡时住所地或者主要遗产所在地人民法院管辖。"依据上述事实和理由,申请人认为本案应由主要遗产所在地人民法院管辖。根据我国《民事诉讼法》第三十八条的规定,在答辩期内向贵院提出管辖权异议,请求你院将本案依法移送有管辖权的××县人民法院审理,请贵院就此依法作出公正裁定。

此致

××市××区人民法院

申请人:×××

20××年××月××日

范例 2　合同纠纷管辖权异议申请书

管辖权异议申请书

申请人:××××有限公司

法定代表人:×××职务:总经理

住所地:××市××县

申请人因××××有限公司诉申请人合同纠纷一案,依法向贵院提出管辖权异议。

申请事项:

将本案移送至××市人民法院进行审理。

事实与理由:

申请人于20××年××月××日收到贵院已受理××××有限公司诉申请人合同纠纷一案的应诉通知书。现就管辖问题,提出异议,申请人认为本案应由××××市人民法院管辖。理由如下:

首先,××××有限公司向贵院起诉的依据是一份签订时间为20××年××月××日的所谓《合同书》,该合同书约定:解决合同纠纷的方式,由双方协商解决,协商不成诉至原告方所在地人民法院解决。

××××有限公司向贵院提供的这份《合同书》，实际上是申请人于20××年××月××日交给××××有限公司，用于《××供应合同书》内部结算用的协议草案。该《合同书》不仅被××××有限公司篡改了时间，而且并未经过买卖双方授权代表签字，所以并未生效。

因此，对于上述解决合同纠纷的方式的条款因合同未生效而依法不具有法律效力。

对于申请人与××××有限公司的纠纷应当适用双方于20××年××月××日签订的《××××供应合同》中争端解决的条款。

其次，申请人与××××有限公司签订的《××××供应合同》第8条约定：合同实施或与合同有关的一切争端应通过双方协商解决。如果协商开始后60天还不能解决，向当地人民法院提起诉讼。

由上述约定可以看出，双方只是约定应当向人民法院提起诉讼，但未对具体的管辖法院做出约定。

再次，根据《中华人民共和国民事诉讼法》第24条规定："因合同纠纷提起的诉讼，由被告住所地或者合同履行地人民法院管辖。"

最高人民法院关于适用《中华人民共和国民事诉讼法》若干问题的意见第19条规定："购销合同的双方当事人在合同中对交货地点有约定的，以约定的交货地点为合同履行地；没有约定的，依交货方式确定合同履行地；采用送货方式的，以货物送达地为合同履行地；采用自提方式的，以提货地为合同履行地；代办托运或按木材、煤炭送货办法送货的，以货物发运地为合同履行地。购销合同的实际履行地点与合同中约定的交货地点不一致的，以实际履行地点为合同履行地。"

本案中，双方签订的《××××供应合同》第3条约定：卖方负责办理运输，将货物运抵现场。有关运输和保险的一切费用由卖方承担。

该条实际上确定了双方签订的《××××供应合同》采用的是送货方式，依据法律规定合同履行地应当是货物送达地，也即申请人工程现场所在地，而非原告××××有限公司所在地。

因此，××××人民法院对该案并无管辖权。

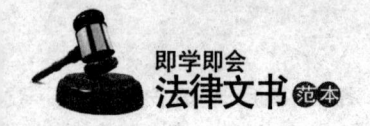

综上，申请人按照《民事诉讼法》之相关规定，特请求贵院将本案依法移送管辖，交由申请人所在地××人民法院。请予准许。

此致

××××人民法院

申请人：××××有限公司

法定代表人：×××

20××年××月××日

第二节　财产保全申请书

撰写要领

财产保全申请书，又称诉讼保全申请书，它是民事诉讼中重要的文书。是指人民法院在案件审理前或者诉讼过程中，对当事人的财产或者争议标的物所采取的一种强制措施。

财产保全包括诉前保全和诉讼保全两种。凡是在起诉以前向法院申请保全的是诉前保全，在诉讼过程申请保全的是诉讼保全。

申请财产保全，必须依照法律规定进行，不能随心所欲任意提出。双方当事人的任何一方都可以向受诉人法院申请财产保全，递交财产保全申请书。申请合理合法的，将引起人民法院采取财产保全措施。

1.首部

(1)标题。可以以"申请书"、"财产保全申请书"或"诉讼保全申请书"直接作为标题。

(2)财产保全申请人和对方当事人的基本情况。要写明双方的姓名、性别、年龄、民族、籍贯、职业、住址等。申请人为法人或其他组织的，应写明单位名称、地址、法定代表人或主要领导的姓名及职务。

2.请求事项

简要写明请求人民法院采取的具体保全措施。如依法冻结被申请人账户(存款)、查封其财产等。

3.事实和理由

在撰写事实和理由时要写明以下几个方面的内容：

(1)与被申请人发生民事争议的起因和性质。

(2)写明请求人民法院采取保全措施的原因和目的,要举出证据说明。

(3)请求财产保全的标的必须具体而又明确。如请求法院查封或冻结、扣押被申请人的财产,同时,请求保全财产的名称、数量、价值及财产范围。要详细列明,以便法院可以进行具体操作,采取保全措施。

4.尾部及附项

写明提交机关,如"此致××××人民法院";署名申请人(单位)名称;申请的年月日。附项写明要求查封、扣押的财产地点,要求冻结的资金的开户银行及银行账号等。

经典范文

范例 1　诉前财产保全申请书

财产保全申请书

申请人:×××,男,19××年××月××日出生,农民,住所地:××县××乡××村××号。电话:××××××××。

被申请人:×××,男,19××年××月××日出生,个体工商户,住所地:××县××镇××路××号×幢×××房。电话:××××××××。

请求事项:

请求查封被申请人×××一辆×××面包车和××万元的银行存款。

事实和理由：

被申请人于20××年××月××日，以生意经营资金困难为由，向我借取××万元，并约定于20××年××月××日前还清。后被申请人逾期没有偿还借款，经我多次催讨，被申请人均以资金周转不开为由不予偿还。朋友×××告知说被申请人要找人转让其生意，为防止被申请人转移或隐匿财产，便于和保证裁判文书的执行，因此我向法院申请财产保全，请求法院依法查封被申请人车牌号为××××的××牌面包车一辆，价值××万元，以及在中国建设银行××支行××万元的银行存款，被申请人×××的银行存款账号：中国建设银行××支行，NO.××××××××××××。

申请人愿以自有坐落于××县××路×号×幢×××房一套作申请财产保全担保。

此致

××县人民法院

申请人：×××
20××年××月××日

范例 2　诉讼财产保全申请书

申请人：中国××建筑公司工程局第×公司，地址：北京市××区××大街××号。

法定代表人：赵××，职务：总经理。

被申请人：××市××房地产开发有限公司，地址：北京市××区××街××号。

法定代表人：朱××，职务：董事长。

申请人与被申请人因建筑工程施工合同纠纷，于20××年××月××日向你院提起诉讼。由于被申请人有转移财产的可能，特申请采取财产保全强制措施。

请求事项：

1.立即查封被申请人银行账号，冻结账户上的存款（被申请人开户行为中国工商银行×××分理处;账号:×××××××)。

2.如果以上账户存款不足,请求扣押被申请人财产"××"轿车1部(××××型,黑色;车牌号:××××××)。

事实与理由:

20××年××月××日,申请人与被申请人之间订立建筑工程施工合同,约定申请人承建被申请人发包的住宅楼×栋,工期×年,工程总造价×××万元人民币,被申请人分三次将工程款给付申请人。合同订立后,申请人依约按质按期完工,该住宅楼已于20××年××月投入使用。然而,被申请人都以款项紧缺为由,曾分×次给付工程款×××万元,但至今所欠申请人××万元工程款没有付清,为此,申请人向人民法院提起诉讼,请求依法判决被申请人立即给付拖欠的工程款,并赔偿因其欠款给申请人造成的经济损失。

以上事实,有申请人向人民法院提交的建筑工程施工合同、双方款项往来票据等证据材料为证。

为确保申请人诉讼请求真实,并承担因申请财产保全措施不当给被申请人造成的经济损失,中国××建筑工程局同时向你院提出财产保全担保书,为申请人提供担保。

此致

××市××区人民法院

申请人:中国××建筑工程局第××公司
20××年××月××日

附:1.申请人与被申请人签订的建筑工程施工合同×份;

2.双方款项往来票据×份。

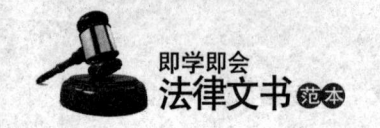

第三节　调查证据申请书

撰写要领

调查证据申请书,是指民事诉讼中当事人及其诉讼代理人因客观原因不能自行收集证据时,向人民法院提交的请求人民法院依职权调查收集证据的法律文书。

1.首部

(1)标题。可以以"申请书"或者"调查证据申请书"直接作为标题。

(2)申请人和对方当事人的基本情况。要写明双方的姓名、性别、年龄、民族、籍贯、职业、住址等。申请人为法人或其他组织的,应写明单位名称、地址、法定代表人或主要领导的姓名及职务。

2.请求事项

简要写明请求人民法院要采取的具体调查办法。

3.事实和理由

这是申请要求成立的依据。应该简明扼要地写明为什么要申请调查的原因。

4.尾部

写明提交机关,如"此致××××人民法院";署名申请人(单位)名称;申请的年月日。

经典范文

范例1 医院病历调取申请书

调查证据申请书

申请人：×××，男，××岁，×族，××省××县人，××市××公司职员，现住××市××区××街×号。

申请事项：

请求人民法院依职权调取本案原告×××在××县人民医院的病历。

事实和理由：

申请人与×××人身伤害赔偿纠纷一案贵院已依法受理，现正在审理过程中。20××年××月××日申请人的车撞伤了×××，×××在法庭上出示的医疗费用的票据过高，与事实和平时所见的表现均不相符。×××治疗的病历，申请人请求县医院出示遭到拒绝。申请人由于客观原因无法取得该证据，现证据保存于县医院，该证据对确定本案应赔付医疗费用有关键作用。为了维护申请人的合法权益，根据《最高人民法院关于民事诉讼证据的若干规定》第十七条第三款之规定，特申请人民法院依职权调取该证据。

此致

××县人民法院

申请人：×××
20××年××月××日

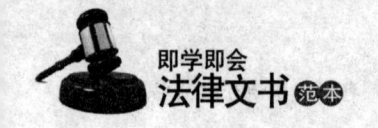

范例 ② 银行存款调查申请书

调查证据申请书

申请人：×××，女，××岁，×族，××省××市人，××市××研究所技术员，现住××市××区××街××号。

请求事项：

请求人民法院依职权查询本案原告×××在中国工商银行的银行存款数额。

事实和理由：

申请人与×××离婚纠纷一案已诉诸人民法院，现正在审理过程中。申请人与×××共同生活期间，经济上完全由徐××管理。现×××声称，共同生活期间，没有留下任何存款，而事实上，申请人的工资、奖金及其他一些科技研究奖金都交与×××，不可能没有任何存款。申请人在家中曾见过中国工商银行的存折，但并未看过具体内容。基于所述事实，根据《中华人民共和国婚姻法》和《中华人民共和国民事诉讼法》之规定，为维护申请人对家庭财产的合法权益，特向人民法院申请查询×××在中国工商银行的存款情况。

此致

××市××区人民法院

申请人：×××

20××年××月×日

第四节　证据保全申请书

撰写要领

证据保全申请书,是指人民法院受理案件后,在证据可能灭失或者以后都难以取得的情况下,申请人民法院对证据予以保全的法律文书。我国《民事诉讼法》第七十四条规定:"在证据可能灭失或者以后难以取得的情况下,诉讼参加人可以向人民法院申请保全证据,人民法院也可以主动采取保全措施。"

保全的证据可以是与案件有关的现场情况、痕迹、物品的特征和证人证言等,要采取笔录、勘验、拍照、录音、录像、绘图等形式予以保存下来。

1.首部

(1)标题。写明"财产保全申请书"或"证据保全申请书"。

(2)当事人基本情况。写明申请人情况,如当事人系法人或非法人团体,则写明单位全称、地址、法人代表姓名、性别、职务等情况。如委托代理人,则写明其姓名、性别、年龄、工作单位等情况。

(3)案由。写明案件的性质,如,合同纠纷、侵权纠纷、遗产纠纷,等等。

2.事实与理由

该部分主要是陈述为何要进行保全,简要阐述证据保全背后所依托的案件事实以及难以取证的原因。其中,事实和理由都要写清楚、透彻。

3.尾部

致送人民法院名称;申请人签名;注明申请日期;如需有附项,则附上相关证据及材料。

经典范文

范例 1　合同质量证据保全申请书

证据保全申请书

申请人：××××有限公司，地址：××市××路×号，电话：×××××××。

法定代表人：×××，男，××岁，经理。

委托代理人：×××，男，××岁，副经理。

被申请人：××××股份公司，地址：××市××路××号，电话：×××××××。

法定代表人：×××，男，××岁，董事长。

申请事项：

因申请人与被申请人购销合同质量纠纷一案，申请诉讼证据保全。

申请理由：

因可以作为申请人与被申请人购销合同质量纠纷一案证据的购销合同供货样品有可能被藏匿，该证据现存放在被申请人处。为此，特申请法院对上述证据实施保全。

此致

××市××区人民法院

申请人：××××有限公司
法定代表人：×××
20××年××月××日

范例 2　迅速采取证据保全申请书

申请人：××省××市××贸易公司，地址：××市××街××号。

法定代理人：张×，职务：经理。

请求事项：

请求人民法院迅速采取证据保全措施，向证人王×调查取证。

事实与理由：

申请人××市××贸易公司诉刘×委托合同纠纷一案，已于20××年××月××日诉诸贵院并已立案审理。申请人与被申请人刘×签订委托合同，并预付×万元人民币劳务费，而被告只承认收取了×××元人民币。故诉诸贵院。王×是唯一能证明被告收取申请人×万元人民币劳务费的见证人。

现王×已办好自费出国留学手续，马上要飞往加拿大，无法出庭作证。如果得不到王×证言的印证，将使本案事实的认定出现困难。

根据以上事实和理由，依照《中华人民共和国民事诉讼法》第七十四条之规定，特请求人民法院采取证据保全措施，尽快向证人王×调取证言。

此致

××市××区人民法院

申请人：××市××贸易公司
法定代理人：张×
20××年××月××日

附：证人王×，现住××市××区××路××号。

第五节　回避申请书

撰写要领

回避申请书，是指在人民法院审理民事案件过程中，因执行审判任务的审判人员或其他有关人员与案件具有一定利害关系，遇有法律规定的情形时，当事人及其诉讼代理人向人民法院提交的，请求有关人员退出本庭诉讼活动的法律文书。

回避申请书适用于审判人员、书记员、翻译人员、鉴定人以及勘验人等。

1.首部

(1)标题。以"回避申请书"作为标题。

(2)申请人与被申请人的基本情况。申请人应写明其身份基本情况或法人、其他组织的名称、地址、法定代表人姓名、职务，而被申请人要写明其姓名、性别、工作单位及职务以及参与本案工作的职务。

2.请求事项及理由

该部分主要阐明当事人请求被申请人回避的事实根据，被申请人具有法律规定应当回避的具体情形以及有何事实材料予以证明。最后可基于所述事实和《民事诉讼法》有关规定，提出被申请人回避的要求。

3.尾部

写明提交机关，如"此致××××人民法院"；署名申请人(单位)名称；申请的年月日。

4.附项

可以证明被申请人具有法律规定应当回避情形的证据材料。

经典范文

范例1 审判员回避申请书

审判员回避申请书

申请人：××市××公司，地址：××市××区××街××号。

法定代表人：×××，职务：经理。

被申请人：×××，女，××市××区人民法院民事审判庭助理案判员，在审理申请人诉××市××公司债务纠纷一案中担任审判员。

请求事项及理由：

据悉，被申请人×××与本案被告××市××公司的委托代理人×××是堂兄妹关系。为避免本案不公正审理，根据《中华人民共和国民事诉讼法》第四十五条第一款第一项规定，审判人员是本案当事人或者当事人、诉讼代理人的近亲属，必须回避，现申请×××回避。请人民法院审查，更换审判员审理本案。

此致

××市××区人民法院

申请人：××市××公司（加盖公章）

法定代表人：×××

20××年××月××日

55

第六节　不公开审理申请书

撰写要领

《中华人民共和国民事诉讼法》第一百二十条规定:"人民法院审理民事案件,除涉及国家秘密、个人隐私或者法律另有规定的以外,应当公开进行。离婚案件、涉及商业秘密的密件,当事人申请不公开审理的,可以不公开审理。"

离婚案件通常都涉及当事人个人的生活情况,为了尊重当事人的隐私权,法律规定当事人可以申请不公开审理。商业秘密通常是指涉及企业发展方面的技术诀窍等,这类案件如果公开审理,有可能对企业的发展产生不利的影响,所以,法律规定当事人可以申请不公开审理。

但是,离婚案件、涉及商业秘密的案件不公开审理,必须有案件当事人的申请,否则仍应公开审判。

1.首部

标题写明文书名称"不公开审理申请书"。

2.正文

(1)抬头,写明致送文书的机关名称,即"××××人民法院"。

(2)案由。"你院受理××一案",应填写双方当事人姓名或者名称和案由。

(3)提出不公开审理的请求和要求不公开审理的理由,即本案中涉及某种难以明言的隐私问题,或涉及商业秘密,如公开审理将导致不良影响,以及可能影响法庭的调查审理。可表述为:"我要求不公开审理,理由如下:……"

(4)写明依据的法律条款项。表述为:"为此,根据《中华人民共和国民事诉讼法》第一百二十条第二款的规定,特向你院提出不公开审理的申请,请予审查批准。"

3.尾部

写明申请人的名称,申请的年月日。申请人是法人或其他组织的,写明单位名称。法定代表人或主要负责人亦应签名或盖章。

经典范文

范例 1　离婚不公开审理申请书

不公开审理申请书

××市××区人民法院:

贵院受理的我诉×××离婚一案,我请求人民法院不公开审理。其理由如下:

第一,本案涉及某种难以明言的隐私问题;

第二,我在当地亲朋较多,张扬出去未免难堪;

第三,双方父母均不同意离婚,公开审理难免影响法庭正常审理秩序。

为此,依据《中华人民共和国民事诉讼法》第一百二十条第二款的规定,特向贵院提出不公开审理的申请,希望审查批准。

申请人:×××
20××年××月××日

第七节　支付令申请书

撰写要领

支付令申请书是债权人就债务人给付金钱、有价证券等申请人民法院对债务人下发支付令,催促偿还债务的活动。

申请支付令应当具备:第一,债权债务事实清楚,没有其他纠纷,比如有质量纠纷的不宜申请支付令。第二,支付令能够送达债务人。

债权人申请支付令,必须提供债权凭证,对人民法院发布的支付令,债务人在收到后15天内不提出异议,支付令即发生法律效力,可以申请法院强制执行。

1.首部

以"支付令申请书"直接作为标题。

2.当事人的基本情况

申请人:是法人的,只写法人名称。是公民个人的要写明姓名、性别、年龄、民族、籍贯、职业或职务、单位或住址。

法定代表人:姓名、性别、年龄、民族、籍贯、职务或职业(单位是法人的写,是个人的不写此项)。

委托代理人:姓名、性别、年龄、民族、籍贯、职业或职务、单位或住址。(如委托律师代理,不写律师的基本情况,只写"委托代理人:姓名,××律师事务所律师")

被申请人:写明姓名、性别、年龄、民族、籍贯、职业或职务

3.请求事项

写明申请支付令的具体要求和请求。一般的请求是要求法院发出支付

令,让被申请人偿还债务。

4.事实和理由

事实和理由部分要写明债权原因、种类、事实和证据、是否到期、有无其他纠纷、债权数额等。

5.尾部

(1)致送人民法院名称。

(2)申请人签名。申请人如果是法人或其他组织,则不仅需要写明单位名称,加盖公章,而且还应有法定代表人签名。

(3)申请日期。

经典范文

范例 1　货款支付令申请书

支付令申请书

申请人:××市××食品厂。

法定代表人:×××,××食品该厂厂长。

委托代理人:×××,男,××岁,××食品业务员。

被申请人:×××,男,××岁,×族,××××有限公司经理。

请求事项:向被申请人下发支付令,督促被申请人返还购物款××元。

事实与理由:

20××年××月××日,申请人委托被申请人购买物资,并交给被申请人一张金额为××元的转账支票。后因被申请人提供的食用油与双方原先商定的质量不符,申请人没有提货,20××年××月××日,申请人与被申请人达成归还购油款协议,双方约定:被申请人应于20××年××月底归还申请人购油款,但被申请人至今未按协议还款。

根据以上事实及《中华人民共和国民事诉讼法》》第一百八十九条的规

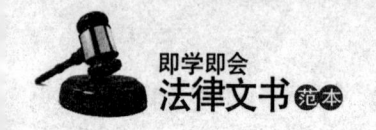

定，请求人民法院依法向被申请人发出支付令，督促其立即支付申请人购油款××元整。

此致

××市××区人民法院

申请人：××××（公章）

法定代表人：×××（签名）

20××年××月××日

附：1.支付令申请书×份；

2.债权文书复印件×份。

范例2 借款支付令申请书

支付令申请书

申请人：×××，男，19××年××月××日出生，××省××市人，个体经商户，现住××市××区××胡同××号。

被申请人：×××，男，19××年出生于××省××市，个体经商户，现住××市××商城××号。

请求事项：

发出支付令，督促被申请人×××立即偿还申请人人民币××元及利息××元。

事实与理由：

20××年××月××日，被申请人因需钱进货，向申请人借款人民币××万元，并立借款字据，约定还款期限为20××年××月××日，月息××。然而到期后，虽经申请人多次索要，被申请人仍不给付。为督促被申请人履行债务，特向人民法院提出支付令申请。

此致

××省××市××区人民法院

申请人：×××

20××年××月××日

附：1.被申请人借款字据×份；

2.其他证据材料×份。

第八节　执行申请书

撰写要领

执行申请书，是指对已经发生法律效力的民事判决书、裁定书、调解书以及法律规定的由人民法院执行的其他法律文书，败诉或负有义务的当事人不履行或拒绝履行法律文书规定的义务时，对方当事人按照法律规定，向人民法院提出申请执行的文书。

1.首部

(1)标题。以"执行申请书"作为标题，也可用事由加字作为标题，如"经济案件执行申请书"。

(2)执行申请人和被申请执行人基本情况。

申请执行人基本情况：写明申请人的姓名、性别、年龄、民族、籍贯、职业、住址等。法人或其他组织应写明单位名称、地址、法人代表人或主要领导的姓名及职务。

被申请执行人基本情况：同申请执行人。

2.申请理由与要求

这是执行申请书的主体，应写明以下几点：

(1)案由，即申请执行人与被申请执行人发生纠纷的情况。

(2)案件的审理解决情况：经何法院、仲裁机构、公证单位于何时作出何

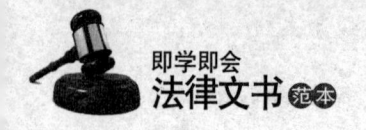

种具有给付性质的判决（裁定）、裁决或决定。

（3）简述被申请执行人的基本情况和拒不执行判决、裁定及其他法律文书的情况以及经济状况、偿还能力和财产所在地。

（4）要求执行的具体请求的执行方法。如冻结财产、强行拍卖、钱款强行从银行划拨等。

3.尾部

写明致送机关名称，如"此致××××人民法院"；署名申请人（单位）名称；申请的年月日。

经典范文

范例1 强制执行申请书

执行申请书

申请人：×××，×族，19××年××月××日出生，住所：××××

被申请人：×××，×族，19××年××月××日出生，住所：××××

申请执行依据：××省××市××区人民法院（××××）××号民事调解书

申请请求：

1.强制执行被申请人×××还款××××元及其利息××元（自20××年××月××日至20××年××月××日止按银行同期贷款利率计算的利息）及加倍支付迟延履行期间的债务利息。

2.本案执行费由被申请人承担。

事实与理由：

申请人与被申请人于20××年××月××日，在法院调解下达成调解协议，由法院依据调解协议制作的调解书已经双方签收而生效结案。调解书约定被申请人应于20××年××月××日前支付申请人××元。被告于20××年××月××日已支付××元,尚有××元未支付。被告于20××年××月××日又要求原告再次签订协议书并注明已收过其已支付的赔偿费用,且延迟之前规定的最后日期。但如今被告并未在约定期限内支付完剩下的赔偿费用××元。故申请人请求法院强制执行被申请人赔偿款××元及其利息××元（自20××年××月××日至20××年××月××日止按银行同期贷款利率计算的利息）及加倍支付迟延履行期间的债务利息。

此致
××市××人民法院

申请执行人:×××
20××年××月××日

附:1.××公司开户银行账号:×××××××;
  2.××公司地址:××××路××号。

第九节　先予执行申请书

撰写要领

先予执行,是指人民法院在终审判决之前,为解决权利人生活或生产经营的急需,依法裁定义务人预先履行一定数额的金钱或者财物等措施的制度。

先予执行的着眼点是满足权利人的迫切需要。例如,原告因高度危险作业而遭受严重的身体伤害,急需住院治疗,原告无力负担医疗费用,而与负有承担医疗费用义务的被告不能协商解决,原告诉诸人民法院,请求法院判决。民事案件从起诉到作出生效判决,需要经过较长的时间,如不先予执行,必然使原告的治疗耽误时间,或者造成严重后果。在这样的案件中,如不先

予执行,等人民法院作出生效判决后再由义务人履行义务,就会使权利人不能得到及时治疗。人民法院依法裁定先予执行,就可以解决这个问题。

1.首部

(1)标题,写上"先予执行申请书"。

(2)申请人和对方申请人的基本情况。写明申请人及对方申请人的姓名、性别、年龄、民族、籍贯、职业、住址等。法人或其他组织应写明单位名称、地址、法定代表人或主要领导的姓名及职务。

2.请求事项

3.事实和理由

4.尾部

写明提交机关,如"此致××××人民法院";署名申请人(单位)名称;申请的年月日。

经典范文

范例1 资金周转先予执行申请书

先予执行申请书

申请人:×××,地址:××市××路××号,联系电话:××××××××

法定代表人:×××,职务:总经理

被申请人:×××,地址:××市××路××号,联系电话:××××××××

法定代表人:×××,职务:××矿董事长

申请事项:

请求对被申请人的款项××万元整采取先予执行措施并先行给付申请人。

申请理由:

申请人诉被申请人××纠纷一案,已经贵院受理。因本案事实清楚,权利义务关系明确,且经申请人申请后,已对被申请人的××万元存款采取了诉讼保全措施。

因被申请人不按合同约定结算工程款,致使申请人无力支付工程施工工人的工资报酬。目前,参加公路施工的民工已多次向申请人单位要求支付其报酬,申请人急需款项支付民工工资报酬。

另外,根据申请人与被申请人之间的合同约定,申请人已支付给被申请人××万元的合同保证金,该款应由被申请人在工程验收后退还给申请人,但申请人完成施工任务后,被申请人至今未退给××万元保证金。

因上述原因,现根据《民事诉讼法》的第九十七、九十八条及《民事诉讼法司法解释》第一百零六、一百零七条等有关规定,特向贵院申请先予执行。请贵院予以依法核准。

此致

××市××区人民法院

申请人:××××公司
法定代表人:×××
20××年××月××日

范例2 医疗费用先予执行申请书

先予执行申请书

申请人:×××,男,×族,19××年××月××日,住址××市××镇××村××号。

被申请人(一):×××,男,×族,19××年××月××日出生,住址××市××镇××村人,系肇事车辆××××驾驶人和所有人。

被申请人(二):××××财产保险股份有限公司××支公司。××××车辆保险人,保单号:××××××××,电话:××××××××。

请求事项:

依法先予执行医疗费用××元。

事实与理由：

20××年××月××日××时××分许,被告×××驾驶××××号车辆沿××路行驶至×××村时,将骑自行车的原告×××撞伤。经××市公安局认定,被告负本次交通事故的全部责任,原告无责任。

原告受伤后,转至××市人民医院抢救治疗,做了开颅手术,花费了××××元医疗费用,原告家人及交警多次向被告×××索要医疗费用,其以各种理由推脱。原告家人无奈四处筹钱抢救原告,医院现在又通知原告继续交费,并已停药和治疗。目前,原告刚过危险期,还需要大量医疗费,原告及家人经济困难,至今连基本的住房都没有,更无力承担巨额继续治疗费用,严重影响申请人的生命和健康。

无奈之下,原告依据《机动车交通事故责任强制保险条例》和《中华人民共和国民事诉讼法》第九十七条规定,依法向贵院提出申请,恳请裁定先予执行医疗费××元。维护申请人合法权益,保证其生命健康安全。

此致
××市人民法院

申请人：×××
20××年××月××日

第十节　民事撤诉申请书

撰写要领

民事撤诉申请书,是指民事诉讼的当事人在依法提起诉讼之后,人民法院作出判决之前,向人民法院递交的,请求撤回诉讼的诉讼法律文书。

撤诉是当事人对自己的诉讼权利的一种处分行为,是当事人的重要诉讼权利。根据《民事诉讼法》第十三条规定,在民事诉讼中,当事人有权在法律规定范围内处分自己的民事权利和诉讼权利。当事人对自己提出的起诉、反诉和上诉都可以申请撤回,申请撤诉时应提交撤诉申请书。

1.首部

(1)首页正上方注明文书名称。

(2)申请人和被申请人基本情况:申请人和被申请人是公民,应写明其姓名、性别、年龄、民族、籍贯、职业、住址等基本身份事项。申请人和被申请人是法人或其他组织的,应写明其全称、地址及法定代表人姓名、职务。

(3)案由:写明申请人撤诉申请所指向的原诉讼的案由、时间。

2.请求与理由

制作时应首先阐明申请人撤诉的原因,当事人撤诉原因有很多,如,双方经协商达成和解、对方当事人主动履行义务、上诉人愿意服从原裁判等。然后提出撤诉的请求。

3.尾部

(1)致送法院名称。

(2)申请人签名,申请人是法人或其他组织的,应加盖单位公章。

(3)申请日期。

经典范文

范例 1 离婚撤诉申请书

民事撤诉申请书

申请人:×××,女,出生于19××年××月××日,×族,现住××市××路××号楼,电话:××××××××

被申请人:×××,男,出生于19××年××月××日,×族,现住××市××路××号楼,电话:××××××××

申请人与被申请人离婚纠纷一案,贵院已于20××年××月××日受理。

现申请人与被申请人已就离婚事宜(包括子女抚养、财产分割等问题)达成离婚协议。

故申请人依照《中华人民共和国民事诉讼法》第一百三十一条的规定,特申请撤回对被申请人的起诉,请予准许。

此致
××市人民法院

申请人:×××
20××年××月××日

范例2 债务拖欠撤诉申请书

民事撤诉申请书

申请人:××××银行××市××区办事处。

法定代表人:×××,男,××岁,主任。

我单位诉××××银行××办事处拖欠工程垫款人民币××元的纠纷一案,已由你院立案受理。

在此期间,××行××区办事处要求××市××区人民政府进行调解。

20××年××月××日,由区政府邀集××行××区办事处主任×××同志、副主任×××、×××同志就上述拖欠工程垫款问题进行了协商,最后双方达成协议,并形成了20××年××月××日会议纪要(见附件),清结了上述拖欠建筑工程垫款人民币××元。

根据《中华人民共和国民事诉讼法》第一百二十七条的规定,特向你院申请撤诉,请予批准。

此致
×××市××区人民法院

申请人：×××银行××市××区办事处（盖章）

法定代表人：×××

20××年××月××日

附：会议纪要×份。

第十一节　公示催告申请书

撰写要领

公示催告申请书，是指票据持有人在票据被盗、遗失和灭失的情况下，为使票据上所标示的权利与实体权利相分离，保护自己的实体权利不受侵害，而依法向票据支付地的人民法院申请作出公示催告的文书。

公示催告程序只有申请人，没有对方当事人。其只能是最后持有票据并可以依据主张权利的。申请公示催告的人持有的票据包括汇票、本票、支票，但必须是可以背书转让的。无论是经背书，还是尚未背书，也无论是被盗、被以背书转让的。无论是经背书，还是尚未背书，也无论是被盗窃、被诈骗、自己遗失，还是灭失，只要不是因票据持有人本人的意思而丧失票据的，都可以申请公示催告。其书催告申请书，递交票据支付地基层人民法院。

1.首部

（1）标题写明"公示催告申请书"。

（2）当事人栏写明申请人的姓名、性别、出生年月日、民族、籍贯、职业或工作单位和职务、住所等。如申请人是法人或其他组织的，写明其名称、住所、法定代表人或代表人的姓名、职务、电话。

2.请求事项

简要说明何种票据、张数、票面总金额、何时被盗或遗失，请求公示催

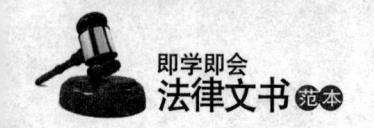

告,并通知票据支付人停止支付。可表述为"申请人遗失(或被盗)本票(或汇票或支票)××张,票面总金额××元,请求予以公示催告"。

3.事实和理由

(1)写明申请人原持有票据的基本情况,包括申请人原持有何种票据,票据张数,票面金额总计多少元,原发票人和持票人是谁,背书转让过几次,背书人和被背书人分别是哪些人。

(2)写明票据在何时何地被盗、遗失或灭失及曾经采取了何种补救措施。

(3)写明上述事实所依据的证据和理由,提供证据及证据来源,有证人的写明证人的姓名和住所。

4.尾部

(1)写明致送的人民法院。

(2)写明申请人姓名及申请时间。如申请人是法人或其他组织的,写明名称并加盖单位公章。

经典范文

范例 1 盗窃公示催告申请书

公示催告申请书

申请人:××市××化工厂,位于××市××区××路××号。

法定代表人:×××,职务:厂长,电话:××××××××。

请求事项:

申请人持有的票面金额××元的银行汇票一张被盗,请求予以公示催告。

事实和理由:

申请人持有的××银行汇票一张,票面金额为人民币××元整。该票是××市××厂于20××年××月××日通过××银行××市支行汇给××市××××厂的购货款,指定在××市××银行兑付。后××市××××厂因向申请人购买液化气××吨,遂将这张汇票背书转让给申请人,作为给付申请人的购买液化气的款项。20××年××月××日,该汇票在申请人财务室被盗。这张汇票,申请人是合法持有人,背书转让人××市××厂可以作证。申请人也未再行转让。因此,不会有其他利害关系人主张权利。

现请求你院迅速通知××银行××市支行对此张汇票停止支付;同时请求发出公告,限期催促利害关系人申报权利,并在公示催告期满后,作出判决,宣告被盗的汇票无效,公告判决,申请人届时持判决书向××市××银行如数支取被盗的汇票票面金额。

以上事实有证人×××作证。

此致

××市××区人民法院

申请人:××市××化工厂(单位公章)
20××年××月××日

第十二节　宣告失踪、死亡申请书

撰写要领

宣告失踪(或死亡)是指经利害关系人申请,由人民法院对下落不明满一定期间的人宣告为失踪人(或死亡人)的制度。

我国《民事诉讼法》关于宣告失踪、死亡的相关规定有:

第一百六十六条公民下落不明满二年,利害关系人申请宣告其失踪的,向下落不明人住所地基层人民法院提出。

申请书应当写明失踪的事实、时间和请求,并附有公安机关或者其他有关机关关于该公民下落不明的书面证明。

第一百六十七条公民下落不明满四年,或者因意外事故下落不明满二年,或者因意外事故下落不明,经有关机关证明该公民不可能生存,利害关系人申请宣告其死亡的,向下落不明人住所地基层人民法院提出。

申请书应当写明下落不明的事实、时间和请求,并附有公安机关或者其他有关机关关于该公民下落不明的书面证明。

第一百六十八条人民法院受理宣告失踪、宣告死亡案件后,应当发出寻找下落不明人的公告。宣告失踪的公告期间为三个月,宣告死亡的公告期间为一年。因意外事故下落不明,经有关机关证明该公民不可能生存的,宣告死亡的公告期间为三个月。公告期间届满,人民法院应当根据被宣告失踪、宣告死亡的事实是否得到确认,作出宣告失踪、宣告死亡的判决或者驳回申请的判决。

第一百六十九条被宣告失踪、宣告死亡的公民重新出现,经本人或者利害关系人申请,人民法院应当作出新判决,撤销原判决。

1.首部

(1)标题。写"宣告失踪(或死亡)申请书"。

(2)申请人基本情况。申请人基本情况这一部分主要是申请人和被申请人的基本情况。申请人是公民的,应当写明姓名、性别、出生年月日、民族、籍贯、职业(或工作单位和职务)、住址;申请人是法人、其他组织的,应写明其名称、所在地址、法定代表人(或代表人)的姓名、职务和联系电话。

在范例1中,申请人在写申请时,应该写明自己与其丈夫的姓名、性别、年龄、民族、工作单位和住所等情况。

2.申请事项

请求人民法院宣告——(失踪人姓名)失踪(或死亡)。

比如在范例1中,申请人要宣告其丈夫为失踪人,就写:请求人民法院宣告××失踪。

3.事实与理由

该部分主要是陈述为何要宣告某人失踪或死亡,写明失踪的事实、时间,并指出已经符合法定的宣告条件。

在范例1中，申请人要将××失踪的时间、经过，以及杳无音信已满两年的事实写清楚。

4.尾部及附项

致送人民法院名称；申请人签名，申请人为法人或其他组织的，应加盖单位公章，并由其法定代表人签名；注明申请日期；有附项的附上相关证据及材料，如公安机关或者其他有关机关关于该公民下落不明的书面证明。

经典范文

范例 1　宣告失踪申请书

宣告失踪申请书

申请人：×××，男，19××年××月××日出生，×族，住所地：××市××县×路×号，电话：××××××××

被申请人：×××，女，19××年××月××日出生，×族，住所地：××市××县×路×号，电话：××××××××

申请事由：请求人民法院宣告×××（被申请人）失踪。

事实和理由：

申请人×××与被申请人×××系夫妻关系，被申请人×××因与申请人×××吵架外出，出门前未告知任何人其去向，后被申请人多日未归，申请人以及被申请人的亲戚朋友多方寻找，也未寻得×××下落。至今已下落不明满两年。

根据《中华人民共和国民法通则》之规定，特向贵院提出申请，请求宣告×××为失踪人。

此致

××××人民法院

申请人：×××

20××年××月××日

附：××公安机关关于被申请人×××下落不明的书面证明。

范例2 宣告死亡申请书

宣告死亡申请书

申请人：×××，男，××岁，××职业，现住于××。

申请事由：请求人民法院宣告×××（死亡人姓名）死亡。

事实和理由：

被申请人×××，女，××岁，××职业，原住于××。申请人×××与被申请人×××系×××（写明双方的关系，是夫妻，还是父子、母子等）关系，因其××××（写明原因），至今已下落不明满二年。根据《中华人民共和国民法通则》之规定，特向贵院提出申请，请求宣告×××为死亡。

此致

××××人民法院

申请人：×××（签名或者盖章）

20××年××月××日

第十三节 破产申请书

撰写要领

破产申请书，是指当债务人的全部资产不能清偿到期债务时，债权人或债务人依法向人民法院递交的请求法院宣告债务人破产的法律文书。

破产申请,因申请主题的不同,一般有两种类型:一种是债务人破产申请书;另一种是债权人破产申请书。现将两种申请书的写作内容和方法分别介绍如下:

一、债务人破产申请书

1.首部

应写明债务人的名称、性质、住所以及法定代表人。

2.正文

应写明企业法人亏损不能清偿债务的情况、原因及法律依据。这是申请企业破产还债的事实根据和理由。

《中华人民共和国企业破产法》第八条规定:"债务人申请时,应当提交破产申请书和有关证据,还应当向人民法院提交财产状况说明、债务清册、债权清册、有关财务会计报告、职工安置预算以及职工工资的支付和社会保险费用的缴纳情况。"根据上述的规定,债务人在书写破产申请书时,其正文的具体内容可分为4个层次:

第一层,概括写明企业面貌和亏损过程,包括生产经营项目、资金数额、职工人数、业务范围和亏损始末及面临破产境地等内容。

第二层,概述亏损情况,包括写明当前亏欠职工工资、劳动保险费用、税款、债权人人数和债款数额,并写明有无债权和债权、债务比例状况。

第三层,写明亏损的根本原因、整顿经过以及企业已经不可能扭转亏损的趋势,并经本企业上级主管部门同意申请破产还债。

第四层,写明申请破产还债的理由和法律依据。

3.尾部

依次写明受理法院名称、债务清册、申请人签署等。

二、债权人破产申请书

其内容和写法与债务人申请书相似,但侧重点和具体事项有所区别。

1.首部

写明债权人(申请人)和债务人(被申请人)的身份事项。

2.正文

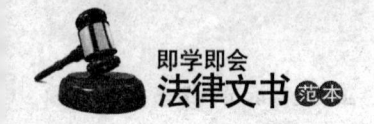

正文写明事实和理由以及法律依据。具体应当写明债权的种类、数额（货币债权，应写明货币名称、数额；实物债权，应写明实物名称、数量、质量与价值等）、性质（有无财产担保）和申请破产还债的法律依据。

事实和理由的表述，一般可分为三个层次：

第一层，写明当事人双方债权债务关系发生及追偿的过程（包括发生的根据、时间、地点、债权数额、有无担保及担保方式、履行期限、被申请人如何承诺、承诺到期或过期）。

第二层，写明被申请人经营亏损、确已无力清偿到期债务的事实根据（包括估算债权人人数及债权数额、被申请人拖欠本单位职工工资和国家税款等数额）。这一层可以采取一边说明、一边举证的写法。

第三层，简要写明申请理由和法律依据。

3.尾部

应当写明受理法院名称、债权证明材料以及债务人不清偿债务的证明材料以及申请人签署等。

经典范文

范例1　债务人破产申请书

债务人破产申请书

申请人（债务人）：××××有限公司。

法定代表人：×××，男，董事长。

地址：××市××区。

委托代理人：×××，××律师。

请求事项：

申请宣告××××公司破产还债。

事实和理由：

xxxx有限公司于20xx年xx月xx日经北京市政府海淀(xx)区第xx号文批准成立，同日经北京市工商局登记注册，注册号为：工商外企合京字第xx号。注册资金为人民币xx万元；共有四家股东，公司经营范围是瓷介电容、电子元器件及来料加工业务。公司成立至今，由于经营管理不善，连年亏损，产品不能适销对路，市场占有率低，致使资金周转不灵。加上机器设备老化，无法更新产品。同时，许多货物发出后，货款也收不回来，目前已停产停业近半年之久。

根据公司财务部门向公司第六届董事会提交的财务报告显示，目前，公司固定资产账面值为xx万元，流动资金xx万元，应收款xx万元等，资产总计人民币xx万元；而该公司负债情况是：银行借款xx万元，应付利息xx万元，应付材料款xx万元，应付员工工资xx万元等，总计为人民币xx万元，资产负债率为xx万元，实属资不抵债。按公司章程第十章第三十三条的规定，经公司第六届二次董事会研究决定，鉴于公司目前状况，无力继续经营，并根据《中华人民共和国企业破产法》第七条第一款的规定，特向贵院申请破产还债。

此致

xx市xx区人民法院

申请人：xxxx有限公司

20xx年xx月xx日

范例2 债权人破产申请书

债权人破产申请书

申请人(债权人)：xx农电局，位于xx省xx市xx号；电话：xxxxxxxx

法定代表人：xxx，局长。

委托代理人：xx，xx律师，电话：xxxxxx

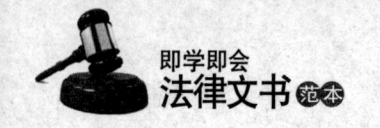

被申请人(债务人):××有限公司,位于××市××路永宾大厦。

法定代表人:×××

事实和理由:

被申请人于20××年××月××日向我局借款××万元用于发放工人工资、组织生产,约定两个月后还清。在20××年××月,该公司又因工人工资及春节往返车费没钱发放,向我局借款××万元,约定同年××月底前还清。但时至今日仍未归还这两笔借款。据了解,被申请人目前已长期停业,并且拖欠其他债务达××万元。

而被申请人目前的资产仅为××多万元,不能清偿到期债务已呈连续状态。为避免国有资产继续流失,根据《中华人民共和国企业破产法》第七条第二款之规定,特向贵院申请债务人破产还债,并申报债权计人民币××万元。

此致

××市中级人民法院

申请人:××农电局
20××年××月××日

第十四节
缓交(或者减交、免交)诉讼费申请书

撰写要领

缓、减、免交诉讼费申请书,是指诉讼当事人对交纳诉讼费用确有困难,依法向人民法院提出缓交、减交或者免交申请时所制作的文书。

《中华人民共和国民事诉讼法》第一百零七条规定:"当事人进行民事诉讼,应当按照规定交纳案件受理费。财产案件除交纳案件受理费外,并按照规定交纳其他诉讼费用。当事人交纳诉讼费用确有困难的,可以按照规定向人民法院申请缓交、减交或者免交。"

1.首部

(1)标题。写成"缓交(或者减交、免交)诉讼费申请书"。

(2)申请人的基本状况。申请人是自然人的,写明其姓名、性别、年龄、民族、职业或者工作单位和职务、住所。申请人是法人的,写明法人名称和住所,并另起一行写明法定代表人及其姓名和职务。有委托代理人的,应列项写明姓名、性别、职业或工作单位和职务、住所,如果委托人系律师,只写明其姓名、工作单位和职务。

2.案由和要求

这部分因申请人在案例中的地位不同而有区别。如系起诉方提出申请,案由部分则省略,如系败诉方提出申请,应写明在何案件中,人民法院决定诉讼费用由自己负担,因经济方面确有困难,要求缓交、减交、免交。

3.申请理由

应具体、全面地把交纳诉讼费用确有困难的事实情况写出来。要围绕经济上"确有困难"这个法定条件来写。

写申请理由一定要合法,不能把因赌博造成的经济困难、非法经营蚀本造成的经济困难等作为理由提出来,这就是说,交纳诉讼费用是否"确有困难"要经人民法院审查决定。

4.尾部

所致法院的名称和申请人签名,申请人是法人或其他组织的,写明单位全称并加盖公章,法定代表人或主要负责人签名或盖章,有委托代理的,委托代理人应签名或盖章。

经典范文

范例 1 缓(免)交诉讼费申请书

缓(免)交诉讼费申请书

申请人：×××，男，19××年××月××日生，××族，住××省××市××县。

案由和要求：

申请人身体残疾，生活困难，向××市××县人民法院起诉，现请求缓(免)交诉讼费用。

申请理由：

申请人因××一案，已将诉讼状及相关证据送至贵院。按照规定，申请人应当自接到人民法院预交诉讼费用通知的次日起七日内预交；但由于申请人身体残疾，目前生活极度困难，实在无力支付有关的诉讼费用。现申请人根据《民事诉讼法》的规定起诉××，但申请人实在无法筹集预交的诉讼费，现请求贵院准许申请人免交案件受理费。

此致

××市××县人民法院

申请人：×××
20××年××月××日

第三章 刑事诉讼状

最新适用版

第一节 刑事自诉状

撰写要领

被害人或其法定代理人直接向人民法院起诉,要求追究被告人的刑事责任或者附带民事责任,其诉讼书状就叫刑事起诉状,也称刑事诉状。刑事起诉状限于侮辱、诽谤、暴力干涉婚姻自由、虐待等诉讼处理的案件,以及其他不需要侦查的轻微刑事案件。

1.首部

(1)标题。写诉状的名称,应标明"刑事起诉状"。

(2)原告和被告的基本情况。应写明原告和被告的姓名、性别、年龄、民族、籍贯、职业、工作单位和住址。自诉人:写明自诉人的姓名、性别、出生年月日、民族、籍贯、职业、住址和联系方式。自诉人如系被害人法定代理人或者近亲属的,还需注明与被害人的关系和被害人不能亲自告诉有原因。自诉人不止一个人,按从主到次的顺序依次列出。

被告人:写明被告人的姓名、性别、出生年月日、民族、籍贯、职业、住址和联系方式,其中,对被告人的出生年月日确实不知的,可写其年龄。被告人不止一个人,按从主到次的顺序依次列出。

2.请求事项

主要写明控告被告人侵犯自身权益的犯罪行为的罪名,要求人民法院依法判决。因请求事项相当于案由,所以写时包括对被告人犯罪的罪名,应写得具体、明确、简短、符合法律规定。

3.事实和理由

可以分事实和理由两个段落写。

第一个段落写自诉人指控的被告人的具体犯罪行为，应按照被告人实施犯罪行为的先后顺序写明起因、经过和结果，并注意写出犯罪行为实施的时间、地点、犯罪的手段、情节、危害结果等事实的基本要素。鉴于刑事自诉案件的发生一般有双方纠纷在先，被告人犯罪在后的特点，在叙述事实时，也可以按照纠纷发生的先后顺序写。

事实部分，除了要写出事实的基本要素外，还要注意写出能够证明案由的罪状，即刑法分则相关条款所列举的构成该罪的犯罪特征，不要将事实写成一份流水账。

4.尾部

写明刑事诉状所提交的人民法院名称，具状人签名并盖章，具状的年月日。

5.附项

应分别写明本诉状副本××份、物证××件、书证××件。

刑事自诉状，是指被害人及其法定代理人或者近亲属为追究被告人的刑事责任，直接向人民法院提起诉讼所使用的法律文书。

经典范文

范例 1　非法行医罪起诉状

刑事起诉状

××字[××××]第××号

被告人×××，男，××岁，20××年××月××日出生于××省××县××镇××村，身份证号码：××××××××××××××××××，××族，农民，住××县××镇××村。20××年××月××日因涉嫌非法行医罪，经××县人民检察院决定，由××县公安局执行逮捕，现羁押于××县××看守所。

辩护人：×××，××律师事务所律师。

被告人×××非法行医一案，由××县公安局侦查终结向本院移送审查起诉。经依法审理查明：

被告人×××曾在县中医院学习过中医。20××年年初，被告人×××在未取得行医资格证和执业许可证的情况下，在××县××镇××村私开一家个体诊所。被告人×××虽在县中医院学习，有一定行医实践和经验，但没有参加医师资格考试，未取得医师资格，其私自行医行为违反了《中华人民共和国执业医师法》的规定，属非法行医。

20××年××月××日晚，该村妇女×××因患类风湿病到被告人处就诊。被告人给被害人配制了一服含乌梅12克、川芎10克、赤芍10克、川乌、草乌各9克、甘草10克、木香10克的中药，嘱×××用半斤白糖和1斤白酒兑泡7日服用。×××将中药带回后当天晚上兑泡，第二天上午即服用，导致"乌头碱"中毒，经被告人抢救无效，于20××年××月××日下午死亡。经法医鉴定被害人×××死于药物即被告人为被害人所配川乌、草乌中毒，临床医学表明，川乌、草乌所含毒性成分乌头碱毒性极强，其毒性随炮制方法及煎煮时间的不同而差别很大，是医学上的慎用药品。被告人作为一名从医人员，理应知道其所开药物中含有剧毒物"乌头碱"，在使用时应慎之又慎，严格按照医疗常识进行配药、炮制。然而被告人却对被害人超量使用川乌、草乌，并将配制药酒这一医学要求相当严格的行为交给并不了解医学常识的被害人去完成，对被害人也仅仅是简单交代"泡7天后服用"，而没有将药酒所含的毒性及副作用等有关情况告知被害人，使被害人在不知情的情况下误服尚未炮制好的含有极强毒性的药酒中毒身亡。根据以上分析，可以得出这样一个结论，被害人×××之死是由于被告人×××的疏忽大意使被害人提前服用了没有炮制好的药酒造成的，即被告人的非法行医行为与被害人×××之死有直接因果关系。被告人应对其非法行医行为造成被害人之死的后果承担相应的刑事责任。

以上犯罪事实清楚，证据确凿、充分，足以认定。

本院认为，被告人×××在没有行医资格证和执业资格证的情况下，私开诊所,非法行医,在行医过程中造成了就诊人死亡的严重后果,其行为触犯了《中华人民共和国刑法》第三百三十六条之规定,已构成非法行医罪。根据《中华人民共和国刑事诉讼法》第一百四十一条之规定,特提起公诉,请依法惩处。

此致
××县人民法院

检察员:××××
20××年××月××日(院印)

附:1.主要证据复印件×份。
2.证据目录×份。
3.证人名单×份。

范例 2　拾物匿藏罪起诉状

刑事起诉状

自诉人:×××,男,19××年××月××日生,×族,××县人,××县××乡政府干部,家住该县××乡××村。

被告人:×××,女,19××年××月××日生,×族,××县人。××县××市场××餐馆业主,家住该县××镇××村。

案由和诉讼请求:

侵占案。被告人×××犯侵占罪,请依法追究其刑事责任。

事实和理由:

自诉人系被告人所开××餐馆之顾客。20××年××月××日下午××时许,自诉人和同事×××、×××三人在被告人开办的××餐馆吃饭,不慎将内装××元现金和几张单据的黑皮包遗忘在饭店餐桌上。被告人在收拾餐桌时,发现该包内有现金,即将该包藏匿。约一个小时后,自诉人发现丢失皮包,回忆起遗忘在被告人的餐馆里,即和同事三人一同返回餐馆询问,被告人矢口否认拾到

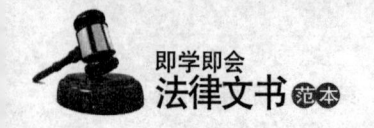

皮包的事实。自诉人当面表示，如交出皮包，愿意重谢，被告人仍不承认拾到皮包。当晚，自诉人又托与被告人丈夫熟悉的×××前去说和。被告人再次否认，自诉人无奈，遂向××县公安局报案，经公安局传讯，被告人还是否认拾到皮包之事。直到第三天公安人员向被告人的家人询问此事并对被告人进行教育时，被告人不得已交代了自己拾包及企图占有的事实，公安机关将皮包及××元现金等物提取并发还给了自诉人。

自诉人认为，被告人拾得自诉人财物后将其隐匿企图占为己有，并且在自诉人和公安人员追索时百般抵赖，拒不交出，其行为触犯了《中华人民共和国刑法》第二百七十条第二款之规定，已构成侵占罪。自诉人为了维护自身的合法权益，特向贵院提起诉讼，请依法判处。

证据和证据来源，证人姓名和住址：

1.证人×××、×××，系自诉人同事，各书写一份证明材料，证明被告人非法侵占财物属实。×××住××县××乡××村，×××住××县××乡××村。

2.××县公安局讯问笔录一份，证明被告人非法侵占自诉人财物属实。

此致

××县人民法院

自诉人：×××

20××年×月×日

附：本自诉状副本×份。

范例3 重婚罪起诉状

刑事起诉状

自诉人：×××，女，19××年××月××日出生，×族，××省××县人，××××厂工人，住××县××厂宿舍××号。

被告人：×××，男，19××年××月××日出生，×族，××省××县人，××××市××局干部，住××市××局集体宿舍××房间。

案由和诉讼请求：

被告人×××犯重婚罪。请求人民法院依照《中华人民共和国刑法》第一百八十条之规定追究×××的刑事责任。

事实与理由：

我与被告自幼相识，20××年建立恋爱关系，并于20××年春天结婚，婚后感情较好，20××年××月生一女。

20××年××月，被告被调到市××局工作，不久即隐瞒已有妻女的事实，与该局干部×××恋爱。为了达到与×××结婚的目的，被告多次在他的来信中编造谎言欺骗我，说"离了婚，就可以在局里分配到职工住房，等分到房后就复婚"，"局里选拔培养后备干部，必须是未婚的，我们离婚只是为了应付局里，等这事过去再复婚"，等等。20××年××月，我到×××找被告协商，恰好被告被局里派到××出差，经向其同事了解，证实被告所说纯系谎言。

同年××月××日，被告回来休假，我对其编造谎言进行欺骗一事给予批评，被告见我识破其诡计，竟然恼羞成怒，对我拳打脚踢，致使我全身上下多处受伤，后被邻居拉开。第二天早上，被告在家中再次对我进行殴打，然后离家。此后，被告不再来信，也不付给女儿的抚养费用。

据了解，被告于20××年××月骗得单位结婚登记介绍信，并与××在××市××区××街道办事处正式办理了结婚登记手续。

综上所述，被告人为了达到与他人结婚的目的，先用谎言进行欺骗，被识破后又不择手段，骗取单位结婚登记介绍信，与×××登记结婚。其行为已经触犯了《中华人民共和国刑法》第一百八十条的规定，构成重婚罪，应当依法追究其刑事责任。为此，特向贵院起诉，请依法判处。

证据和证据来源、证人姓名和住所：

1. 被告信件××封；
2. ××市××区××街道办事处婚姻登记办公室证明材料××份；
3. 证人××，市××局办公室干部；
4. 证人×××、×××，住××县××厂宿舍××号。

此致

××省××市××区人民法院

　　　　　　　　　　　　　　　　　自诉人：×××（签、印）
　　　　　　　　　　　　　　　　　　20××年××月××日

附：本诉状副本×份；证据材料×份。

第二节　刑事上诉状

撰写要领

　　刑事上诉状，是指刑事案件的被告人、自诉人和他们的法定代理人，不服地方各级人民法院第一审的判决、裁定，在法定期限内向上一级法院提起上诉，要求撤销、变更原判决、原裁定而制作的法律文书。

　　刑事上诉状分为刑事自诉案件的上诉状和刑事公诉案件的上诉状，两者的写法基本相同，不同的是写作主体不同。刑事公诉案件中只有被告人才能提起上诉，但在刑事自诉案件中，自诉人和被告人任何一方不服一审人民法院的判决都可以提起上诉。

　　1.首部

　　(1)标题。以"刑事上诉状"作为标题。

　　(2)当事人的基本情况。写明上诉人的姓名、性别、出生年月日、民族、出生地、文化程度、职业或者工作单位和职务、住址等。上诉人是原审被告人或者自诉人的，用括号加以说明。如果是被告人的辩护人、近亲属经被告人同意提出上诉的，还应当写明提出上诉的人与被告人的关系，并应当以被告人作为上诉人。特别需要注意的是，刑事上诉状中只写上诉人，不写被上诉人。

　　(3)案由。应当写为"上诉人因……(案由)一案，于20××年××月××日收到××××人民法院20××年××月××日(××××)×字第××号刑事(判决书或裁定书),现不服该判决或裁定,提出上诉。

2.上诉请求

上诉请求是上诉人提出上诉所要达到的目的,主要写明上诉人请求第二审人民法院部分还是全部撤销原审判决,或者请求第二审人民法院重新审理,改变原审判决。上诉请求应当合法、具体和明确。

3.上诉理由

上诉理由是上诉人对原审裁判的反驳,因而在论证说明理由时要有针对性,要摆事实,讲道理,并应举出有说服力的各种证据和法律、法规、政策等依据。

在司法实践中,阐述上诉理由主要从以下几个方面入手:

第一,针对原审认定事实的错误进行论证。

第二,针对原审适用法律的错误进行论证。

第三,针对原审违反诉讼程序的错误进行论证。原审法院审理活动如果违反法定程序,就不能保证判决结果的正确性。

第四,针对原审定性的错误进行论证。即认定原审法院对事实的性质或适用的罪名认识不正确,或者处罚过重,当事人因而提出上诉。

4.尾部及附项

(1)致送人民法院名称。

(2)上诉人和代书人署名。

(3)写明上诉时间。

(4)附项。写明附件的名称和件数。

经典范文

范例1 贪污罪上诉状

刑事上诉状

上诉人：×××，男，××岁，×族，××省××县人，住××县××镇××路××号。

上诉人因贪污、挪用公款、挪用资金一案，××县人民法院20××年××月××日作出的(××××)×刑初字第××号刑事判决，现提出上诉。

上诉请求：

请求二审法院依法审理，撤销××县人民法院(××××)×刑初字第××号刑事判决，宣告上诉人无罪。

上诉理由：

1.上诉人不构成贪污罪

一审判决认为，上诉人将××县建设投资公司用于支付给××信用联国债回购手续费的××万元据为己有，原因是上诉人所提供的证明该款已交回××县建设投资公司××万元的收条和支出××万元的证明不真实，不予采信。

实际情况是，本用于支付手续费的××万元上诉人已与××县建设投资公司完全结清。其中，××万元现金交付给公司后，公司出纳汪××出具了收条；××万元用于报销过去未能报销的开支，汪××出具了证明，并有公司经理陈××的签名、上述收条和证明确实是真实的，是20××年××月××日由×××出具，汪××和陈××的签名真实，并非在20××年伪造。一审以已有司法鉴定为由，拒不接受上诉人提出的重新鉴定的要求，导致事实认定错误。上诉人要求二审法院对收条和证明的真实性进行重新鉴定，以证明上诉人的清白。

2.上诉人不构成挪用公款罪

一审判决认定，上诉人20××年××月××日××县建设投资公司经理陈××

同意,用××县建设投资公司在××县国债服务部的××万元国债券,用于以××××物业公司的名义在××县国债服务部做抵押,贷款××万元,即挪用××县建设投资公司的国债券用于贷款,因而构成挪用公款罪。

上诉人认为,一审判决的认定有两点错误:

第一,一审判决认定的上述事实,在××县人民检察院的起诉书根本没有指控,一审判决违反了我国刑事诉讼法"没有指控就没有审判"的基本原则。这一认定及根据这一认定所作的定罪量刑是不合法的,依法应予撤销。

第二,一审对上述事实的认定和定罪理由是自相矛盾的。尽管陈××不供认,一审判决还是认定,上诉人将××县建设投资公司的××万元国债券用于贷款,是经过公司经理陈××同意的。这一认定符合真实情况。但在这一事件中,上诉人的身份是××县财政投资公司董事长兼总经理,是不可能挪用不属于××县财政投资公司的××万元国债券的,何来挪用公款之说?

基于上述理由,上诉人认为,一审判决认定上诉人构成挪用公款罪是错误的,应予纠正。

此外,××万元国债券是××县建设投资公司从××县国债服务部借得,已于20××年将其中的××万元国库券归还了××县国债服务部。××县人民检察院起诉书中已加以确认,但在一审判决中居然全无反映。

3.上诉人不构成挪用资金罪

一审判决认定上诉人构成挪用资金罪的事实只有一句:"20××年××月××日,被告人×××以××县建设投资公司为××县财政投资公司担保,在××县建设投资公司贷款××万元,至今未归还。"在这一事实中,上诉人的身份是××县建设投资公司职员。然而,根据这一事实,上诉人是不构成挪用资金罪的。理由是:

第一,上诉人只是××县建设投资公司办理担保事务的委托代理人(××县人民检察院起诉书已经认定),没有公司领导的委托,上诉人是不可能办成担保事宜的;实际上,担保书上加盖的就是公司的公章。这说明,担保是公司行为,上诉人并未挪用本单位的资金。

第二,××市××县人民法院(20××)××初字第×××号民事判决已经认定,本

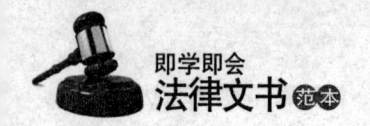

案中上述担保书为××县建设投资公司出具,并认定××县建设投资公司有过错。这一具有法律效力的生效判决进一步证明了不存在上诉人挪用资金的事实。

此外,××县人民法院(20××)××初字第×××号民事判决还认定,××县建设投资公司因其过错,为担保所负的连带清偿责任只有×××元,即本案一审判决所认定的上诉人挪用××县建设投资公司××万元所造成的实际损失为×××元。这一情况在本案一审中也全无反映。

综上所述,上诉人认为,上诉人并无犯罪行为,不构成犯罪,一审判决认定事实有错误,适用法律有错误,导致错误定罪。上诉人特诉请二审人民法院,请依法改判上诉人无罪。

此致

××市第××人民法院

上诉人:×××

20××年××月××日

范例2 故意杀人罪上诉状

刑事上诉状

上诉人:×××,男,19××年××月××日出生于××省××县,×族,小学文化程度,农民,住××县××镇××村××组。20××年××月××日因涉嫌故意杀人罪被××县公安局刑事拘留,同月××日被逮捕,现羁押于××县第一看守所。

上诉人因涉嫌故意杀人一案,不服××市中级人民法院(××××)××字第××号刑事判决书的判决,现提出上诉。

上诉请求:

1.依法撤销(××××)××字第××号刑事判决书;

2.依法改判上诉人无期徒刑或死刑缓期两年执行。

上诉理由:

1.一审认定受害人死亡的原因,事实不清,证据不足。

2.上诉人没有剥夺他妻子生命的主观故意。

3.受害人亦有过错,对上诉人应从轻处罚。

4.上诉人一贯表现很好,没有其他劣迹,且归案后认罪态度好,有悔罪表现,可酌情处罚。

5.上诉人的主观恶性不能单纯从焚尸毁证的一个方面给予认定,应综合其整个犯罪实施行为来加以评定。

总之,请求二审法院根据上诉人的上诉理由,和上诉人未考虑到的其他方面的理由,给上诉人一条生路。让上诉人重新做人,好好改造。

此致

××省高级人民法院

上诉人:×××

20××年××月××日

代书人:××律师

附:本上诉状副本×份。

第三节　刑事申诉状

撰写要领

刑事申诉状,是指刑事诉讼当事人、被害人及其家属或其他公民认为已经发生法律效力的判决、裁决或决定,在认定事实或适用法律上确有错误,而向人民法院或人民检察院提出的要求复查纠正的书状。

1.首部

(1)标题。以"刑事申诉状"作为标题。

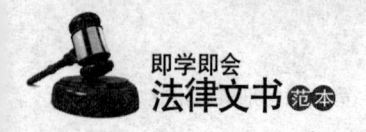

(2)申诉人基本情况。写明申诉人的姓名、性别、年龄、民族、籍贯、职业、住址。

2.案由

写明申诉人不服的判决或裁定的案件来源。如:"申诉人因××××(案由)一案,不服××××人民法院于××年××月××日作出的(××)××字第××号刑事判决(裁定),现提出申诉。"

3.申诉理由

这是申诉状中的核心部分,关系到申诉的请求有无根据和根据是否充分,申诉理由是否成立。通常从以下方面对原判的错误进行辩驳:

(1)认定事实方面:写明原判所认定事实的错误,提出正确的事实和证据。

(2)适用法律方面:指出原判在适用法律上的不当,提出应该适用的法律和理由。

(3)在诉讼程序方面:指出原判在诉讼程序方面的不合法之处(应回避的而未回避,必须辩护而无辩护人的,应当公开审理而未公开审理的等)。

4.申诉请求

主要写明请求撤销原判决,改判,或请求重新审理。

正文结束部分通常写:"综上所述,特向贵院申诉,请依法重新立案,予以审理。"

5.尾部及附项

写明提交机关和转送机关如"此致××××人民法院(或者××××人民检察院)",申诉人署名或者盖章;具状的年月日。附项写明"本状副本××份、物证××件、书证××件。"

经典范文

范例 1 致人死亡罪申诉状

刑事申诉状

申诉人：×××，男，××岁，××族，××省××县××乡人，农民，现住××省××县××村。现在押。

申诉人×××对××县人民法院于20××年××月××日作出的（××××）××字第××号刑事判决不服，现提出申诉。

我因意外事故将帮我开山取石的姑父×××打死，××县人民法院认定我为过失杀人，判我×年有期徒刑，我对此不服，认为法院认定的罪行性质不当，特提出申诉，请××市中级人民法院予以再审，纠正错判。

事实的经过是这样的：我为建房，请了姑父×××帮我开山打石（做房基用）。在开山过程中，我与邻村青年×××发生口角，姑父帮我去辩理，我也趁势夺过了×××手中所持猎枪向远处一扔，不想刚好将装有弹药的猎枪撞响，子弹飞出打在了我姑父的头部，经紧急送往医院抢救，终因子弹穿过大脑，伤势严重，抢救无效，不幸身亡。事后，人民检察院对我提起公诉，指控我在争斗中犯有过失杀人罪。××县人民法院也认定我犯有过失杀人罪，判刑×年。我在惊魂未定中，未作上诉，现仍在押。经过这几天的反复思考，我认为，我在此事件中虽有一定责任，但既非故意，也不属于过失，而纯属不能预见的意外事故。因此，××县人民法院认定我犯有过失杀人罪于法不合。判刑×年，量刑过重，且对于我补偿姑父的不幸去世，照顾姑姑及其子女，极为不利。有鉴于此，特向贵院提出申诉，请求对此案进行再审，秉公改判。

此致

××市中级人民法院

申诉人：×××

20××年××月××日

附：1.申诉状副本××份；

2.××县人民法院判决书××份。

第四节　刑事附带民事自诉状

撰写要领

刑事附带民事自诉状，是指刑事自诉案件的自诉人（被害人）或其法定代理人、近亲属等，为追究被告人的刑事责任并附带要求被告人承担其犯罪行为直接相关的民事责任而向人民法院一并起诉的文书。

我国《刑事诉讼法》第七十七条规定："被害人由于被告人的犯罪行为而遭受物质损失的，在刑事诉讼过程中，有权提起附带民事诉讼"；第七十八条规定："附带民事诉讼应当同刑事案件一并审判。"

1.首部

(1)标题。以"刑事附带民事自诉状"作为标题。

(2)自诉人和被告人基本情况。

写明自诉人的姓名、性别、年龄、民族、籍贯、职业、住址。写明被告人的姓名、性别、年龄、民族、籍贯、职业、住址。

2.诉讼请求

请求法院依法追究被告人的刑事责任和附带民事赔偿责任。关于追究被告人刑事责任的请求，宜明确、概括，而不必过分具体；关于判令被告人承担民事赔偿责任的请求，应当具体、合情、合法。

3.事实和理由

上诉理由应当具有很强的针对性并需突出重点。论述理由的过程，应当举出有说服力的事实和证据,援引刑事法律、法规等作为论证的依据。

刑事上诉理由的内容,大体有以下几个方面:

(1)针对原审判决认定事实和证据的错误进行辩证、反驳。"以事实为根据"是诉讼的首要原则。批驳原审判决中定性、量刑错误最有效、最常用的方法,是说明案件事实真相,指出原审判决据以定性、量刑的事实和证据不实、不当。对于一般案例,原审判决认定的事实和证据属于"毫无踪影"、"完全误裁"的情况是极少的,多半是事实和证据与客观案情有出入。

(2)针对原审判决定性不准的错误进行反驳。原审判决认定的事实与客观案情虽没有太大出入,但是对案情的性质或罪名的认定不恰当,此种上诉理由,或涉及某一关键情节有认识上的疏漏,或涉及法理的分析有谬误,案件各异。

(3)针对原审判决量刑错误进行反驳。此项上诉理由直接关系上诉的根本目的。被告人此项上诉的理由,一般并非对案件事实和犯罪性质提出反驳意见(少数案例也兼有对"定性"错误进行反驳的),而仅仅是认为量刑不当。其反驳的方法,除了援引《刑法》有关量刑的规定外,还可以用同类或相似的案例作横向比较,以显示出原审判决的量刑错误。

(4)针对原审判决论证案情不合事理(逻辑)、法理等错误进行反驳。被告人不是因为原审法院对基本案情的认定有错误而上诉,而是因为原审法院对案情的分析论证不近情理或者不合法理而导致了错误的判决。为了否定错误的判决,便对同一案情从情理、逻辑、法律等不同角度进行辩驳。

(5)针对原审法院违反诉讼程序的错误进行反驳。原审法院审理案件违反法定诉讼程序,必然会影响判决的正确性。因此,上诉状也往往从诉讼程序方面提出上诉理由。

(6)针对原审法院审判人员枉法裁判的违法行为进行批驳。原审法院判决错误,多半是由于办案人员业务素质不高造成的,但是也有少数情况是由于审判人员思想品质恶劣造成的。被告人在掌握真凭实据的情况下,就需要在上诉理由中准确、具体、鲜明地予以批驳。

上述 6 个方面,是刑事上诉状提出上诉理由的主要方法。每个上诉案件不一定6项理由都齐全,应根据实际情况提出理由。如果上诉理由有两项以上,可以采用"先总括后分驳"或者"先分驳后总括"的写法。

4.尾部

包括收束语"此致"、二审受理法院名称、附注事项、上诉人签署等。

经典范文

范例1 故意伤害罪刑事附带民事自诉状

刑事附带民事自诉状

自诉人:×××,男,××岁,×族,××经理,住××市××区××路××号。

被告人:×××,男,××岁,×族,个体司机,住××市××区××街××号。

被告人:×××,男,××岁,×族,无业,住××市××区××街××号。

案由:

指控被告人×××、×××犯有故意伤害罪。

诉讼请求:

1.追究被告人×××、×××故意伤害罪的刑事责任。

2.要求被告人赔偿犯罪行为所造成的损失:

(1)赔偿医药费××元(可扣除被告人已出资的××元治伤费);

(2)治伤花去的交通费××元;

(3)误工费和饭馆停业损失××元。

事实和理由:

20××年××月××日上午××时许,×××因前一天与×××因债务纠纷发生争执,而带共同被告人×××、×××(已死亡)到我与×××合开的饭馆(××路××号)找×××寻仇。因其不在饭馆,×××气急败坏,抄起堆放在饭馆内墙角处的酒瓶使劲往下摔。自诉人×××见状上前劝阻。×××不但不听,反而指使×××、×××一起殴打自诉人×××,致使自诉人多处受伤,经司法鉴定为轻伤。被告人殴打自诉人的事实有饭馆帮工×××、×××和当时在饭馆就餐的×××、×××目睹为证。伤害程度有司法鉴定和就诊医院的诊断证明为证。

根据上述证据和事实,被告人×××、×××共同故意殴打自诉人致自诉人轻伤,已触犯《中华人民共和国刑法》第××条第×款,构成故意伤害罪,应依照《中华人民共和国刑法》第××条和第××条之规定追究刑事责任。自诉人根据《中华人民共和国刑事诉讼法》第××条之规定提起诉讼,追究×××、×××共同故意伤害自诉人的刑事责任。

此外,因被告人×××、×××的共同故意伤害行为给自诉人造成如下经济损失:(1)花费医药费××元(×××已出资治疗费××元);(2)花去治伤必需的交通费××元;(3)被告人在饭馆行凶时正值就餐高峰,给餐馆造成损失××元;(4)自诉人治疗期间误工费××元。

根据《中华人民共和国刑事诉讼法》第××条之规定,自诉人提起附带民事诉讼,要求法院判决两被告人连带赔偿因犯罪行为给自诉人造成的物质损失。

证人姓名和住址,其他证据名称、来源:

1.证人:×××,住址:××市××街××号;

×××,住址:××市××街××号;

×××,住址:××市××街××号;

×××,住址:××市××街××号。

2.司法鉴定:××司法鉴定中心。

3.××医院诊断证明和医药费收据。

4.交通费收据。

此致

××市甲区人民法院

自诉人:×××

20××年××月××日

附:本诉状副本×份。

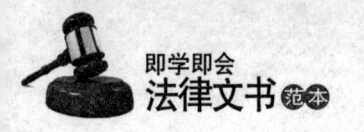

第五节　刑事附带民事起诉状

撰写要领

刑事附带民事起诉状,是指刑事公诉案件的被害人或者其法定代理人、近亲属,在人民检察院对被告人提起公诉之后,法院宣判之前,为了请求一并追究被告人因犯罪行为给被害人造成的侵害,直接向人民法院提起附带民事诉讼的文书。

提起附带民事诉讼的主体,一般是自然人(公民);当国家、集体财产遭受损失时,提起附带民事诉讼的主体可以是受损失的单位,也可以是人民检察院。我国《刑事诉讼法》第七十七条规定:"被害人由于被告人的犯罪行为而遭受物质损失的,在刑事诉讼过程中,有权提起附带民事诉讼。如果是国家财产、集体财产遭受损失的,人民检察院在提起公诉的时候,可以提起附带民事诉讼。"

1.首部

(1)标题。以"刑事附带民事起诉状"作为标题。

(2)当事人的基本情况。

原告的基本情况,即写明原告的姓名、性别、年龄、籍贯、住址等基本情况。

被告的基本情况,写法和原告的基本情况相同。

2.诉讼请求

写明依法向人民法院提起的要求。如"要求被告承担物质上的经济损失"。

3.事实和理由

这是刑事附带民事起诉状的核心部分,要具体写明犯罪行为发生的地点、时间、情节和伤害后果,要注意分析民事侵权结果与被告人刑事犯罪行为之间的必然联系,并援引《民法通则》和《刑事诉讼法》的有关条款,以体现"附带民事诉讼"的说理特点。

4.尾部

包括致送机关名称、起诉人(或单位)、具状日期。

经典范文

范例 1　抢劫杀人罪刑事附带民事起诉状

刑事附带民事起诉状

起诉人:×××,××,19××年××月出生,×族,××司机,××省××市人,住××省××市××镇××街××号。

被告人:×××,××,19××年××月出生,×族,××职业,××省××市人,住××省××市××镇××街××号。

被告人:×××,××,19××年××月出生,×族,××职业,××省××市人,住××省××市××镇××街××号。

被告人:×××,××,19××年××月出生,×族,××职业,××省××市人,住××省××市××镇××街××号。

诉讼请求:

请求法院依法追究三被告抢劫罪、故意杀人(未遂)罪的刑事责任,并请求法院判令三被告赔偿因其犯罪行为给起诉人所造成的物质经济损失共计××元。

事实和理由:

起诉人×××是××省××市人,以开出租车为职业。20××年××月××日下午,起诉人将车停在南街马路旁边后,就和几个朋友下棋玩儿。下午××点钟,被告

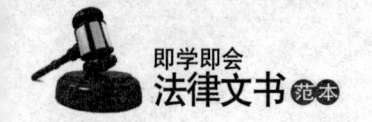

人×××、×××和×××走过来，急匆匆地问是谁的出租车停在这里，愿不愿意跑××市一趟。

起诉人本不愿意单独在下午跑××市，因为该市社会秩序不太好，怕不安全。但由于近来生意特别不好，三被告出的价钱又比较高，遂答应送他们去目的地。于是车开出县城，上了去××市的黄河大堤公路。走到××点半左右，被告×××说要小解，要起诉人停车。起诉人停车后，×××从右边下车。这时坐在后座的×××突然从背后用胳膊扼住起诉人的脖子，其右侧的×××拿起车中的手电筒猛击起诉人头部。这时下车的×××也绕到司机座位处的车门前，拉开车门便用其手中的三棱刀朝起诉人腹部连捅两刀，起诉人当场昏了过去。三被告以为起诉人已死，便将起诉人丢到黄河大堤的草堆后仓皇逃去。起诉人被扔到堤上后经冷风一吹又苏醒过来，此时恰巧有拖拉机拉砖路过，起诉人拼力喊"救命"，才被路人救起送到医院，有幸保住性命。后来经××省××市公安局和××省××市公安局联合侦查，三被告被抓捕归案。起诉人家人为修车花费××余元，起诉人在××省××市第一人民医院住院养伤期间，共花费医疗费用共计××元，起诉人妻子为照顾起诉人一连请假数月，误工损失共计××元。

综上所述，被告人×××、×××和×××，为了非法占有他人财产的目的，明目张胆地进行抢劫，在强抢桑塔纳车的同时，三被告还以极其凶残的手段企图置起诉人于死地，其行为已经构成抢劫罪和故意杀人罪，特请求司法机关依法追究其刑事责任。同时，由于三被告的犯罪行为给起诉人造成了巨大的物质经济损失，故根据《中华人民共和国刑事诉讼法》和《中华人民共和国民法通则》等有关规定，特一并提出附带民事赔偿请求，请求法院判令三被告依法赔偿起诉人上述经济损失。

此致

××省××市人民法院

起诉人：×××

20××年××月××日

附：1.本诉状副本×份。

2.桑塔纳车维修费发票复印件×份。

3.医院的诊断材料及医疗收费单复印件×份。

第六节　刑事反诉状

撰写要领

刑事反诉状,是指刑事自诉案件中的被告人在自诉人向人民法院提起诉讼以后,就与本案有关的行为,向人民法院提起反诉,指控自诉人犯罪,请求依法追究其刑事责任时,制作的一种法律文书。

1.首部

(1)标题。用"刑事反诉状"或"反诉状"作为标题。

(2)当事人的基本情况。

反诉人(本诉被告):写清姓名、性别、年龄、民族、籍贯、职业及住址;反诉人如属法人或其他组织,则应写明单位全称和所在地址及邮政编码,法人代表的姓名、职务和电话号码。如是委托他人代为诉讼的,应写明法定代理人的基本情况,包括姓名、性别、年龄、职业、住址和与反诉人的关系;若代理人是律师时,只需写明"××律师事务所律师"即可。

被反诉人(本诉原告):写法和内容与反诉人情况相同。

2.案由

写明本诉提起的情况和反诉请求的内容。简要说明原告的不实之词和自己的合法权益受到的损坏,而后提出反诉的具体请求,如"请依法追究自诉人×××的刑事责任,并赔偿我××元的经济损失"。

3.事实和理由

写明被反诉人犯罪行为的时间、地点、手段、情节和危害后果等案件情

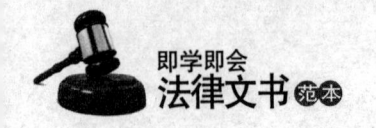

况。要针对案情,根据法律规定和政策精神及犯罪构成原理,分析被反诉人行为的性质,说明应该如何处理。

4.尾部

包括致送机关名称、反诉人签名或盖章、年月日及附项。

经典范文

范例1 诽谤婚外恋罪反诉状

刑事反诉状

反诉人:×××,女,××岁,×族,××省××市人,住××公司宿舍×号楼。

被反诉人:×××,女,××岁,×族,××省××市人,住××市××区××路×号楼。

反诉请求:

1.被反诉人×××犯诽谤罪,请人民法院依法惩处。

2.驳回被反诉人的诉讼请求。

事实和理由:

被反诉人采取恶人先告状的手法,向法院起诉,控告反诉人犯重婚罪,这是毫无事实根据的,是无中生有的陷害。请法院查明事实真相,驳回被反诉人的诉讼请求。反诉人现就被反诉人犯下的诽谤罪,提起反诉,请依法追究其刑事责任。反诉的事实和理由如下:

反诉人与被反诉人是姨表亲戚关系,被反诉人丈夫×××是反诉人的姨表兄,且在同一公司共事,来往较多,关系较为密切。反诉人曾在姨表兄×××家吃住过两三次。这是普通的正常现象。然而,由于被反诉人生性多疑,心胸狭隘,就无端怀疑反诉人与×××关系暧昧,进而在邻居中散布流言飞语,甚至公然诬蔑反诉人是勾引×××的"狐狸精"。这是对反诉人人格的侮辱,败坏了反诉人的声誉。

20xx年xx月，公司经理先后指派反诉人和xxx、xxx和xxx去上海进行业务活动，xx人同住一个招待所。反诉人和xxx整天忙于业务活动，很少见到xxx和xxx。回到公司后，被反诉人听说反诉人与其夫xxx在上海同住一个招待所后，就胡乱猜测，认定我们干了见不得人的丑事。为了发泄私愤，对反诉人进行打击报复，被反诉人于xx月xx日上午xx时，居然窜到我公司，在业务大楼门前张贴小字报，对反诉人进行造谣中伤、诬蔑陷害，胡说反诉人在上海出差期间，与xxx同住一个招待所，是"度蜜月"等，引起公司职工围观，影响极坏。

反诉人认为，被反诉人采取散布流言飞语和张贴小字报等手法，捏造事实，公然对反诉人进行诽谤，情节严重，其行为触犯了《中华人民共和国刑法》第二百四十六条第一款之规定，构成诽谤罪。被反诉人的犯罪行为，侮辱了反诉人的人格，败坏了反诉人的声誉，在群众中造成了恶劣的影响，给反诉人带来了重大的伤害。因此，请人民法院从重惩处。

证据和证据来源、证人姓名和住址：

1.公司保卫部门提供的被反诉人张贴的小字报影印件一份，证明被反诉人捏造事实，侮辱、诽谤反诉人的罪行属实。

2.xx市xx区服装公司职工xxx证言一份，证明小字报为xxx所贴。xxx现住在公司宿舍x号楼xx号。

3.xx市xx区服装公司设计师xxx和推销员xxx各写证言一份，分别证明反诉人与xxx关系正常，无不正当行为。前者住公司宿舍x号楼xx号；后者住公司宿舍x号楼xx号。

此致
xx区人民法院

反诉人：xxx
20xx年xx月xx日

附：1.本反诉状副本x份。
2.小字报影印件x份。
3.证人证言x份。

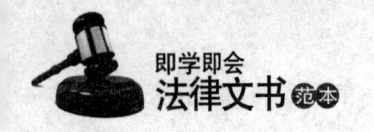

范例 2　诽谤勒索罪反诉状

刑事反诉状

反诉人：×××，男，×××岁，×族，×××县人，×××县×××市场×××餐馆业主，住×××县×××镇×××村。

被反诉人：×××，男，×××岁，×族，×××县人，×××县×××乡政府干部，住×××县×××乡×××村。

反诉请求：

1. 被反诉人×××犯诽谤罪，请人民法院依法惩处。
2. 驳回被反诉人的诉讼请求。

事实和理由：

被反诉人采取恶人先告状的手法，向法院起诉，控告反诉人犯侵占罪，这是毫无法律根据的，是无中生有的陷害。请法院查明事实真相，驳回被反诉人的诉讼请求。

反诉人现就被反诉人犯下的诽谤罪提起反诉，请依法追究其刑事责任。反诉的事实和理由如下：

被反诉人系反诉人×××餐馆顾客。20××年××月××日下午，被反诉人与其同事在反诉人所开××餐馆就餐后将一个棕色皮包遗留在饭桌上，反诉人在收拾餐桌时发现该皮包（包中有现金××元和几张单据），因为不知是谁遗忘的，反诉人遂将该包暂放店里等待失主领取。随后，被反诉人两次找反诉人索要钱款。反诉人因无法确认对方身份而没有将钱物交出，直到公安机关对被反诉人身份予以确认后，反诉人认为没有问题，即主动交出。不料，被反诉人在两次索要未果后，竟在××市场四处散布谣言，说反诉人开的店是黑店，甚至利用其职权之便，公然在××市场门口张贴小字报，对反诉人进行造谣中伤、诬蔑陷害，胡说反诉人是"××村来的黑寡妇，宰人没商量"。被反诉人的这些行为是对反诉人人格的侮辱，败坏了反诉人的名声和餐馆的信誉。尤其在×××市场，造成了极坏的影响。

　　反诉人认为，被反诉人采取散布流言飞语和张贴小字报等手法，捏造事实，公然对反诉人进行诽谤，情节严重，其行为触犯了《中华人民共和国刑法》第二百四十六条第一款之规定，构成诽谤罪。被反诉人的犯罪行为，侮辱了反诉人的人格，败坏了反诉人的声誉，在群众中造成了恶劣的影响。给反诉人带来了重大的伤害。因此，请人民法院从重惩处。

　　证据和证据来源、证人姓名和住址：

　　1.×××市场保卫部门提供的被反诉人张贴的小字报影印件一份，证明被反诉人捏造事实、侮辱诽谤反诉人的罪行属实。

　　2.××市场××理发店学徒×××证言一份，证明小字报为被反诉人所贴。×××暂住××市场××理发店。

　　此致

　　××县人民法院

反诉人：×××
20××年××月××日

　　附：本反诉状副本×份。

第七节　刑事答辩状

撰写要领

　　刑事答辩状，是指由刑事附带民事案件的第一、二审被告或刑事自诉的第二审中原为自诉人的被上诉人针对起诉状或上诉状的指控，提出反驳理由的法律文书。

　　1.首部

　　(1)标题。标题写作"刑事答辩状"即可。

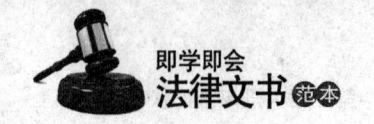

(2)答辩人基本情况和案由。

当事人情况,应写明答辩人(二审、再审括注其原审诉讼地位)、被答辩人(二审、再审括注其原审诉讼地位);如果有法定代理人、委托代理人等,应依次列写。

2.案由

案由的表述方法是:"答辩人对×××(自诉人、上诉人、申诉人姓名)诉我×××(案由)一案,提出答辩如下。"

3.答辩的理由

这一部分是答辩状的重心所在,答辩人可以充分自由地论说答辩理由和答辩的内容,可以单就行为性质、刑罚问题,或者单就民事赔偿问题,也可以就刑事和民事两方面问题进行答辩。一般应注意以下几个要点:

第一,要知己知彼,充分做好材料准备(包括事实根据和证据)。为此,除应熟悉对方诉状的理由和诉讼请求之外,还应针对其中的不实、违法、悖理之处,相应准备充足的辩驳材料。

第二,针对对方诉状中的主要问题进行辩驳。答辩类似"作战",需要针对对方诉状的薄弱环节,"集中优势兵力"进行突破,即针对其理由的主要错误,通过说明事实真相、举出确凿的证据、阐明有关法律含义批驳其理由之中存在的矛盾等方法,暴露其事实根据的虚假性和论证逻辑的荒谬性。

第三,针对对方诉状认定案情性质的错误进行辩驳。对同一行为事实,由于当事人依据的法律条文不同,对法律的理解不同,或者主观动机目的不同,往往对其行为性质会有截然不同甚至相反的看法。答辩人进行辩驳,就需要从两方面入手:一是正确阐明有关法律的概念,二是说明客观事实的本来面貌。两者澄清了,结论也就明确了。

4.尾部

包括受理法院名称、附注事项、答辩人签署。

经典范文

范例 1　故意伤害罪答辩状

刑事答辩状

答辩人：×××，男，19××年××月××日，×族，××省××县人，住××县××路××号。

答辩人对自诉人×××诉答辩人故意伤害一案，现提出如下答辩：自诉人控告答辩人故意伤害，答辩人认为自己的行为不构成伤害罪，而是正当防卫，应当不负刑事责任，其理由如下：

《中华人民共和国刑法》第二十条第一款规定："为了使国家、公共利益、本人或者他人的人身、财产和其他权利免受正在进行的不法侵害，而采取的制止不法侵害的行为，对不法侵害人造成损害的，属于正当防卫，不负刑事责任。"第二款规定："正当防卫明显超过必要限度造成重大损害的，应当负刑事责任，但应当减轻或者免除处罚。"第三款规定："对正在进行行凶、杀人、抢劫、强奸、绑架以及其他严重危及人身安全的暴力犯罪的，采取防卫行为，造成不法侵害人伤亡的，不属于防卫过当，不负刑事责任。"

从以上刑法条款来看，正当防卫必须具备以下几个条件：(1)必须是对具有社会危害性的不法侵害行为才能实行正当防卫，而对合法行为则不能实行"防卫"；(2)必须是对实际存在并且是正在进行的不法侵害才可以实行正当防卫；(3)必须是对实施不法侵害者本人实行防卫，而不能对第三者实行；(4)正当防卫不能明显超过必要限度。法律是裁判案件的准绳，以上述法律精神来衡量答辩人的所作所为，得出来的结论只能是答辩人的行为属于正当防卫，不构成犯罪。

从案件发生的过程来看，答辩人既无伤害×××的动机与目的，又无伤害的行为。××月××日下午××时许，答辩人回家即无故遭到×××的拳打脚踢，答

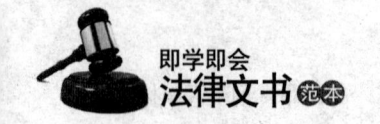

辩人打不过×××就逃出家门，×××反而举起铁锨在后面紧追不舍，正当×××举起铁锨欲对答辩人行凶这千钧一发之时，答辩人为了免遭实际的、即将来临的不法侵害，在被迫无奈的情况下，顺手从地上捡起一块大石头，对着×××的头部砸了一下，制止了×××的不法侵害，这是法律允许的保护人身不受侵害的正当防卫。答辩人正当防卫行为是对准不法侵害者本人的，没有伤害他人，无任何社会危害性。而且答辩人正当防卫的行为是得当的，没有超过必要限度。而×××举铁锨欲砍答辩人，若是砍中其后果将是十分严重的，非死即伤。答辩人在这种情急之下，顺手捡起一块石头砸×××的头部，防卫行为与不法侵害行为是相适应的，没有超过必要限度。我国《刑法》第二十条第三款明确规定："对正在进行行凶、杀人……以及其他严重危及人身安全的暴力犯罪，采取防卫行为，造成不法侵害人伤亡的，不属于防卫过当，不负刑事责任。"

综上所述，答辩人的防卫行为与刑法关于正当防卫规定的精神是相吻合的，是具备了法定的正当防卫条件的。

恳请人民法院查明案件事实，正确适用法律，驳回自诉人的诉讼请求，宣告答辩人无罪。

此致

××省××县人民法院

答辩人：×××

20××年××月××日

附：本答辩状副本×份。

第八节　刑事辩护词

撰写要领

辩护词,是指刑事被告人或上诉人的辩护人为向法庭陈述被告人或上诉人无罪或者罪轻的辩护意见而撰写并在法庭辩论中使用的法律文书。

从诉讼程序上划分,辩护意见书可以分为一审辩护意见书、二审辩护意见书和再审辩护意见书;以起诉方的不同为标准划分,可以分为公诉案件辩护意见书、自诉案件辩护意见书。

如果被告人聘请律师担任其辩护人,辩护人应该在开庭之前写好辩护意见书。

1. 首部

(1)标题。用"辩护词"作为标题;也可以由当事人的姓名加案由加文种构成,如"×××盗窃案的辩护词"。

(2)序言。序言由以下4个部分构成:

首先写称呼:在一审案件的辩护词开头称呼写"审判长、陪审员";一审案件的辩护词开头称呼写"审判长、审判员"。

写明接受被告人委托和受律师事务所指派出庭的法理依据与合法手续。

概括地说明辩护人辩护前为辩护所作的工作和参加庭审的印象。

表明对本案的基本观点。通常可在被告人无罪、罪轻、减轻处罚、免除刑事责任这4个方面选择其一作为辩护人的结论性意见。

2. 辩护理由

这是辩护词的主体部分。其主要内容:

(1)从认定的事实上分析辩护。通过各个方面了解所掌握的确凿事实，找出起诉书中对事实认定的不当之处。如事实认定不准确、证据上不确凿，不足以作为定罪的根据。

(2)从援引法律上分析辩护。找出起诉书所援引的法律的不当之处，并指出应适用的法律依据是什么，以说明其所认定的罪名和适用刑法不准。

(3)从诉讼程序上分析辩护。找出由于有关办案人员在侦察、起诉过程中的违法行为而造成对正确判决的影响。

(4)从情理上分析辩护。对被告人的一贯表现、造成犯罪的外部条件、犯罪后的悔罪表现等找出应从宽处理的情由。

3.尾部

对自己的辩护简要小结，从而提出被告人无罪、罪轻，应减轻处罚、免除刑事责任的意见。而后用"我的话完了(我的意见暂时到此)，谢谢审判长、各位陪审员(审判员)！"作结尾。

最后，还要写明辩护人的单位、姓名，并注明日期。

经典范文

范例1 玩忽职守罪辩护词

辩护词

审判长、审判员：

依据《中华人民共和国刑事诉讼法》第三十条的规定，我接受被告人×××及其家属的委托，作为×××的辩护人，今天出庭为其辩护。开庭前，我查阅了××市人民检察院移送法院的有关本案的证据材料，同时也多次会见了被告人×××，向他进行了详细的询问，了解了本案的有关情况，作了必要的调查。今天又认真听了法庭调查。作为被告人×××的辩护人，就本案定罪量刑，我提出以下辩护意见,请法庭予以认真考虑。

起诉书认定被告人×××同意并指使有关部门为外商所办公司增加经营"博彩"项目以达到外商能在×××开设赌场目的,而构成玩忽职守罪证据不足。表现在以下几个方面:

1. 公诉机关所提交的证据大都是有分歧的证言而且缺乏足够的书证,且证人证言之间有矛盾。

(1)起诉书认定被告人×××所谓同意增加博彩,是指20××年××月××日在××宾馆,慰问完装甲兵部队,开完新闻发布会休息时,几个人有过议论。实际情况是,×××在听到要增办博彩项目时,明确表示:不能在国内搞,这个问题下来再专门研究,今天只是个议论。这说明×××并没有表示同意。

(2)原××开发集团公司董事长×××在20××年××月××日提供的证言证实了这一点。他说:"20××年××月××日……新闻发布会后休息时,向原××地委书记×××和行署常务副专员×××提出,要在×××地区×××娱乐有限公司营业执照经营范围中增加'博彩'项目。×××当即表示反对。"他说:"按照中国的法律,搞博彩是不允许的,××地区工商局也无权批。"

(3)检察机关在20××年××月××日提讯香港外商×××时问道:"20××年××月××日在××市宾馆开完新闻发布会后,你们是否提到了增加'博彩'的事?"外商答道:"没有提增博彩的事,围绕早日动工,开发××,资金早日到位,进行了议论。"

(4)原××地区行署副专员×××的证言中也提到,20××年××月××日在××招待所向×××说过,不给外商增加博彩,她不投资。这就可以说明×××在此之前并没有同意给外商的公司经营范围内增加博彩项目。否则,×××也不会在20××年××月××日对×××又讲,要给外商增加博彩的事。

2.给外商办理增加博彩,是××开发集团公司部分人员所为,而且其目的是为了招商引资。

(1)检察机关在讯问×××关于"五·一三"会议增加博彩的情况时,×××说:"在向×××汇报完要为外商增加博彩项目后,提出只是让她在境外招商和融资,不是让她在这里开业,想办法变通一下。我说的变通的办法就是指办两套,给外商的那一套增上博彩,另一套存档的不增加博彩。"

(2)我们在20××年××月××日向原××管委会办公室主任×××调查中,向我们证实了外商搞赌博,是个人行为。他提供证言说,20××年××还处在土建当中,××管委会考虑到增加博彩项目的违法性,××工商局主动注销了"博彩"这个项目,重新变更了登记,没有了博彩项目。娱乐城开业时,××俱乐部并没有报营业,但他们于20××年××月在××俱乐部的二楼内两间共30平方米的房里私设了一个小赌场。我们发现后立即责令他们停止了。这就是说,外商×××的违法行为,只能由其罪责自负。

(3)关于被告人的职务问题。

经我们查证,××地市是在20××年××月××日合并的。×××当时只是××市委的顾问,不再兼××管委会主任。××的发展,×××既不再过问,也没有参加管理。20××年××月××日娱乐城开业时,×××已调到省里工作。实际上×××于20××年以后就没有去过××,直到20××年××月××日××赌场被查抄,被告人才知道有赌博的事。事隔几年,又来追究被告人的责任,过于牵强了。

(4)×××在××前期开发中,功大于过,而所谓过,只是教训,不构成玩忽职守罪。

我们查证的有关资料证实:××开发管理委员会是20××年××月××日经××省委、省政府批准建立的。他们讲,遵照邓小平同志的指示精神,允许改革有失误,但不允许不改革。截止到20××年年底,×××吸收外资高达××万美元,得到了国家、省领导及有关部门的热情关怀和大力支持,成绩是显著的。

我们认为,被告人×××在前一阶段主持××开发工作上,成绩是主要的,是成功的。工作中有失误,但不能抹杀功绩,更不能把失误夸大,无限上纲,那不是实事求是的态度。

审判长、审判员,构成我国刑法上的犯罪,必须同时具备刑法所规定的主观要件和客观要件,既不能主观定罪,也不能客观归罪。在本案中,大量的事实和证据表明,被告人并没有构成玩忽职守罪。本案被告人并非完人,在工作中避免不了错误,但是,罪与非罪是个原则问题,绝不能混淆。根据本案的事实,本辩护人认为,起诉书指控被告人玩忽职守罪的事实不能成立,合议庭应充分考虑本辩护人的意见,依法作出公正判决。

我的发言完了,谢谢审判长、审判员。

辩护人:×××
20××年××月××日

范例 2 故意伤害罪辩护词

辩护词

审判长、审判员:

×× 市 ×× 律师事务所接受被告人 ××× 亲友的委托并征得其本人的同意,指派我担任被告 ××× 的辩护人,参与本案的诉讼,依法履行职责,承担辩护任务。

通过今天的公开开庭审理,以及前一阶段详细审阅案卷,会见被告和走访调查。辩护人认为受害人 ××× 是由 ×××、××× 和 ××× 三人殴打致伤。被告 ××× 来用脚阻挡了受害人一次,其动机不是出于伤害的目的,其行为也不是直接导致受害人十二指肠破裂的主要原因。起诉书指控被告 ××× 伙同他人对受害人 ××× 拳打脚踢依据不足。现根据《刑事诉讼法》第三十五条的规定,结合本案的事实和法律发表辩护意见如下:

一、整个案件过程有三次冲突。

根据庭审调查和本案证人 ××× 和 ×××(均另案处理)的证明,20××年××月××日上午××时左右,受害人 ××× 首先和 ××× 之间因为 ×× 超市商品交接发生争执并且互相殴打,接着 ×××(在逃)共同参与殴打受害人 ×××,经过现场保安和他人的拉开得以平息。这是第一次冲突。这时本案被告 ××× 不在现场。接着受害人 ××× 站起后从 ××× 身后偷袭 ×××,并且用脚将 ××× 踢倒在地,因此引来 ×××、××× 和刚刚来到现场的 ××× 三人的追打,上述三人和受害人冲突时被刚到现场的本案被告和他人拉开。此为第二次冲突。在此过程,本案被告 ××× 介入时是来劝架的,并没有参与殴打受害人。被告 ××× 是该部门的主管,所以他得知发生争执打架事件后及时劝架也是很正常的事情,不可能积极参与殴打受害人。就在第二次冲突被拉开之际,本案受害人×××又乘机在×××的后背猛踢一脚,而后径直逃跑,引发了第三次冲突。这时身在现场的被告×××为了把事态控制住,让双方和平解决争端,在阻止受害人逃跑时本能地用脚拦了一下受害人,使受害人没有及时逃脱,后×××、×××和×××三人对受害人的殴打也被被告×××拉开。拉开双方的冲突后,被告×××还多次对双方进行了调解。

二、被告×××不是本次伤害案件的引发加害者,而是劝架调和者。

从整个案件过程来看,×××和受害人×××的争执是冲突产生的原因,受害人×××的两次报复性袭击行为是导致后面的两次冲突的诱发因素,而×××、×××和×××共同对受害人×××腹部的殴打行为是受害人因十二指肠破裂而重伤的直接原因。被告×××是在冲突发生的过程中介入劝架调和的,作为×××超市部门主管和上述×××、×××、×××三人的直接上司,他不但没有指挥上述三人对受害人实施殴打,也没有直接对受害人进行殴打,而是先后两次将双方从冲突中拉开。所以从整个案件过程来看,被告×××不是造成×××伤害的引发加害者,而是劝架调和者。

三、证人证言不足以证明被告×××伙同他人故意伤害。

从被告×××知道冲突发生开始,他就一直积极劝架拉架这一行为来看,被告主观上并没有伤害受害人×××的故意,也即没有故意伤害的犯罪意图。受害人×××的证人证言证明×××、×××、×××对他实施了伤害行为,但是没有证明被告×××对他进行殴打行为。证人×××、×××也证明被告×××没有对受害人×××实施殴打行为。而作为直接加害者的×××和×××,因为被告×××是他们的上司,所以他们的证言说法具有推卸责任的重大嫌疑,因此可信度不大。证人×××的证言是20××年××月××日所作。该证人在笔录时说明自己对20××年××月××日的情况记不清楚了,多次用"我的印象"和"好像"之类不确定的描述。重要的一点是该证人连一直在现场参与冲突的×××没有一点印象,错误地把×××、×××、×××三人对受害人×××的殴打描述成×××、×××、×××三人对×××实施殴打。可见,该证人证言的可信度极底,不能够真实反映当时的实际情况。因此，上述证人证言不能证明被告×××伙同×××、×××、×××等人对受害人实施殴打行为。

四、被告×××的行为是一个独立的不当行为。

被告×××的五次供述均承认在受害人×××报复性地踢×××一脚后逃跑时为了防止事态进一步恶化，挽留×××不成的情况下，本能地用脚挡了一下受害人×××。正如前面所说和法庭调查查明，被告×××在此之前一直是劝架调和。作为×××超市的部门主管，他不可能希望发生冲突，更不可能在冲突发生后激化矛盾。他挡住×××的目的主要是让他留下来大家协商和解，防止×××再次找人来报复闹事。他的行为属于一个独立的不当行为，和×××等人的积极殴打行为有着根本性质的不同。正是×××、×××、×××三人对×××头部、腹部等部位的殴打导致×××的十二指肠的破裂，而被告×××的行为只是对×××的下肢发生作用，不能直接导致十二指肠破裂。虽然被告×××不具有伤害×××的故意，他的行为也不是导致×××十二指肠破裂的原因，但是他用脚阻挡他人跑离现场的做法也属于不妥，应当纠正。

五、被告×××事后对受害人采取了积极的救助措施。

冲突发生后，××行公安分局××派出所处警处理此事时，被告×××积极配合警方调查，及时将真正凶手捉拿归案，后悔没有管理好员工纪律，并多次建议受害人×××验伤治疗。在×××住院治疗期间，被告先后两次和××超市有关领导前往医院看望慰问受害人×××。×××因住院医疗所产生的各项费用现已经全部得到××超市的赔偿。

六、受害人×××的报复行为有一定的过错。

从整个案件发生的过程可以看出，如果受害人在第一次和×××发生冲突平息后，没有突然将×××推倒在地，也不会导致第二次的冲突，在第二次冲突被被告×××和他人拉开以后，受害人×××又一次从×××身后猛踢一脚，从而引发了自己第三次被×××、×××、×××三人的追打。所以，受害人×××的两次报复性行为也是他被打致十二指肠破裂的诱发因素，他在本案中也存在着一定的过错。

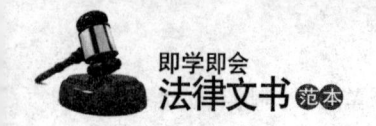

综上所述,受害人×××的十二指肠破裂是由×××、×××、×××三人的殴打行为造成。被告人×××的行为主观上是出于调解×××、×××冲突的目的而为,客观上也不是造成×××身体伤害的原因。同时被告人×××对自己的行为非常后悔,在事后还多次看望慰问受害人。辩护人建议尊敬的法官结合本案的事实和被告家庭的实际困难(独子,父、母均近70岁),根据《中华人民共和国刑法》第六十一条、六十三条、七十二条等有关规定作出合法合理的判决。谢谢。

辩护人:×××
20××年××月××日

第九节　检举信

撰写要领

检举信就是检举人向有关部门邮寄的,检举某些问题的书面材料。

通过信函的形式揭发检举违犯党纪政纪和刑事犯罪分子并要求有关部门进行调查处理。这是人民群众参与党风廉政建设,同腐败行为进行斗争的重要手段,也是公民行使民主权利,依法参与管理国家事务的一种途径。

1.首部

写明受理举报的纪检监察部门的名称,被检举人的姓名、性别、职务、级别和政治面貌,被检举人所在单位的名称及亲属关系,被检举问题的性质等。

在上述案例中,检举人应该将其所知道的被检举人的基本情况尽量地写清楚。

2.正文

此部分内容是检举信的重点。写明被检举人违法违纪事实的具体情节和证据。如违法违纪事实发生的时间、地点、所涉及的相关单位和知情人,知情人的身份、单位和联系电话,相关的书证物证等。

在上述案例中,检举人应该将其所见所闻实事求是地写下来,把其录音情况也要交代清楚。

3.尾部。

我们提倡署名举报,检举人应尽可能签署真实姓名并注明检举人的单位、地址、邮编及电话,以便受理部门联系。同时,还要注明写信的时间。此外,还应注明此问题是否向其他部门反映过及其处理情况,也可说明此次举报的具体要求。

经典范文

范例1 敲诈勒索检举信

举报信

××省公安厅领导同志:

目前正当春运期间,我们也和数以万计的外出人员一样急于赶回家乡与家人团圆。可在回家途中,从××省××市到××省××县的××国道上,诸多饭店拦车强迫乘客用餐,令许多乘客和司机胆战心惊。

××月××日下午××点多钟,我们一行××余人乘一辆中巴从××省××市出发。车子走了不到两个小时,进入××县境内,就见路上有几位年轻人手持石块、木棍拦车,要全体人员下车吃饭。司机没有理睬他们,将车开了过去,没想到不一会儿就被两辆摩托车追上,硬是逼着司机将车开回他们指定的饭店。在那里,我们每人交××元钱,换来的却是不足3两的米饭和几片海带。当时,还有一辆×××省的卧铺车和一辆××省的大客车,总共有××多人被拦在那里吃饭。

晚上××点钟左右，我们乘坐的中巴进入××地段，在一个急转弯处，又有××个人举着灯拦在路中间。我们的车被迫停下后，这伙人冲上来，把我们一个一个拉下去，谁不去就打。我们没有办法，每人只好又花了××元钱。走出××不久，进入××地段，又被拦住让下来吃饭。我们拿出前面两处吃饭后开的"路条"，恳求说："我们已吃过两餐饭了，而且也开了'路条'。"但一个满脸横肉的青年人凶狠地吼道："这里是××，××的'路条'不管用，不下车吃饭谁也别想走！"面对这伙人，我们只好又被迫吃了一餐饭。然而，事情还没完，车子路过××，进入××省××县××乡和××乡都被拦住吃饭。算一下，从××月××日下午××点多钟到××日早上××点多钟，不到××个小时的路程，我们竟被××国道上的饭店拦住吃了7餐饭，每人被敲诈了××元。

在全国开展"严打"之后，竟还有这样明火执仗的强盗，还有这种变相的"车匪路霸"！为保春运平安，我们吁请有关部门狠狠地打击这些敲诈勒索的不法之徒。

××省××县××镇××村
出外打工农民××、××、××、××等
20××年××月××日

第四章

各类刑事诉讼申请书

最新适用版

第一节 刑事撤诉申请书

撰写要领

刑事撤诉申请书,是指原告在向人民法院起诉后至法院作出判决之前,由于某种原因决定放弃诉讼请求,而向法院提出撤诉要求的书面文书。

1.首部

(1)标题。以"刑事撤诉申请书"作为标题。

(2)申请人和被申请人基本情况。

写明申请人和被申请人的姓名、性别、年龄、民族、籍贯、职业、住址等。法人或其他组织应写明单位名称、地址、法定代表人或主要领导的姓名及职务。

2.请求事项

写明提出撤诉的要求,如"原告请求撤诉,请人民法院依法批准"。

3.撤诉理由

简明扼要地阐明撤诉的理由,如因何种原因使双方已和解,或经何种协商,已达成协议等。

4.尾部

写明致送机关名称,如"此致××××人民法院",而后署明申请人(单位)名称和注明年月日。

---经典范文---

范例 1 赔偿撤诉申请书

刑事撤诉申请书

申请人：×××，男，××岁，×族，××省××县人，××区××食品店采购员，住××区××大楼××号。

申请人因伤害赔偿一案，于20××年××月××日向贵院提起刑事自诉，已经贵院立案受理。此间，被告人×××多次到申请人家中赔礼道歉，并主动承担因其伤害行为给申请人造成的全部经济损失。鉴于被告人确有悔改诚意和表现，且考虑到双方系邻居关系，过去相处一直较好，为此，本着团结的愿望，依据《中华人民共和国刑事诉讼法》第一百七十二条之规定，特向贵院申请撤回自诉状，请予核准。

随自诉状附送的证据材料：医院急诊诊断书原件及邻居×××的书面证词共××件，请予发还。

此致

××人民法院

申请人：×××

20××年××月××日

第二节　刑事回避申请书

撰写要领

刑事诉讼中的回避申请书,是指在案件处理过程中,因办案人员或其他有关人员与案件具有一定利害关系,遇有法律规定的情形时,当事人及其代理人向有关机关请求有关人员退出本案诉讼活动的法律文书。

刑事诉讼中的回避申请适用于审判人员、检察人员、侦查人员、书记员、翻译人员、鉴定人。

《刑事诉讼法》第二十八条规定,审判人员、检察人员、侦查人员有下列情形之一的,应当自行回避,当事人及其法定代理人也有权要求他们回避:

一是本案的当事人或者是当事人的近亲属的;

二是本人或者他的近亲属和本案有利害关系的;

三是担任过本案的证人、鉴定人、辩护人、诉讼代理人的;

四是与本案当事人有其他关系,可能影响公正处理案件的。

《刑事诉讼法》第二十九条规定,审判人员、检察人员、侦查人员不得接受当事人及其委托的人的请客送礼,不得违反规定会见当事人及其委托的人。

审判人员、检察人员、侦查人员违反前款规定的,应当依法追究法律责任。当事人及其法定代理人有权要求他们回避。

1.首部

(1)标题。写"回避申请书"。

(2)申请人与被申请人的基本情况。

申请人写明其身份基本情况或法人、其他组织的名称、地址、法定代表人姓名、职务，而被申请人应写明其姓名、性别、工作单位及职务、参与本案工作的职务。

比如在本案中，在上述案例中，申请人在写申请时，应该写明自己的姓名、性别、年龄、民族、工作单位和住所等情况，对于被申请人，可写为：×××，男，××市××区人民法院刑事审判庭审判员，在审理申请人诉××侮辱一案中担任审判员。

2.请求事项及理由

该部分主要阐明当事人请求被申请人回避的事实根据，被申请人具有法律规定应当回避的具体情形以及有何事实材料予以证明。最后可基于所述事实和《刑事诉讼法》有关规定，提出被申请人回避的要求。

3.尾部

致送机关的名称；申请人签名，法人或其他组织应加盖公章，并由法定代表人签名；注明申请日期。

4.附项

可以附上证明被申请人具有法律规定应当回避情形的证据材料（注明其名称、数量）。

经典范文

范例 1　审判长回避申请书

刑事回避申请书

申请人：×××，男，××岁，××省××县人，××市××厂工人，系×××伤害案的法定代理人。

被申请人：×××，女，××市××区人民法院刑事审判庭审判员，在审理×××伤害案中担任审判长。

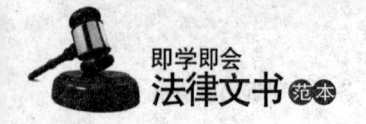

请求事项：

请求被申请人×××回避。

理由和法律依据：

据悉，×××的儿子×××与本案被害人×××是大学同班同学，两人关系密切，并且×××和被害人×××两家关系十分密切，常一起吃饭和娱乐。为公正审理本案，消除申请人的疑虑，现根据《中华人民共和国刑事诉讼法》第二十八条的规定，申请×××回避。

此致

××市××区人民法院

申请人：×××（签名）

20××年××月××日

第三节　取保候审申请书

撰写要领

取保候审是《刑事诉讼法》规定的一种刑事强制措施。在我国，指人民法院、人民检察院或公安机关责令某些犯罪嫌疑人、刑事被告人提出保证人或者交纳保证金，保证随传随到的强制措施。由公安机关执行。

相应地，取保候审申请书则是为了申请取保候审而向有关机关递交的法律文书。

取保候审适用的对象有：

一是可能判处管制、拘役或者独立适用附加刑的；

二是可能判处有期徒刑以上刑罚，但实行取保候审不致发生社会危险性的；

三是有逮捕必要,但因患有严重疾病,或是正在怀孕、哺乳自己婴儿的妇女,不宜逮捕的;

四是犯罪嫌疑人、被告人被羁押的案件,不能在法定的侦查羁押、审查起诉、一审、二审期限内办结,需要继续查证、审理的。

被取保候审的犯罪嫌疑人、被告人应当遵守以下规定:

第一,未经执行机关批准不得离开所居住的市、县;

第二,在传讯的时候及时到案;

第三,不得以任何形式干扰证人作证;

第四,不得毁灭、伪造证据或者串供。被取保候审的犯罪嫌疑人、被告人违反前款规定,已交纳保证金的,没收保证金,并且区别情形,责令犯罪嫌疑人、被告人具结悔过、重新交纳保证金、提出保证人或者监视居住、予以逮捕。犯罪嫌疑人、被告人在取保候审期间未违反前款规定的,取保候审结束的时候,应当退还保证金。

保证人必须符合下列条件:

一是与本案无牵连;

二是有能力履行保证义务;

三是享有政治权利,人身自由未受到限制;

四是有固定的住处和收入。

保证人应当履行以下义务:

一是监督被保证人遵守《刑事诉讼法》第五十六条的规定;

二是发现被保证人可能发生或者已经发生违反《刑事诉讼法》第五十六条规定的行为的,应当及时向执行机关报告。

被保证人有违反《刑事诉讼法》第五十六条规定的行为,保证人未及时报告的,对保证人处以罚款,构成犯罪的,依法追究刑事责任。

1.首部

(1)标题:写"取保候审申请书"。

(2)申请人的身份与联系方式。申请人的身份即写明工作单位、姓名等。

2.申请事项

对犯罪嫌疑人×××申请取保候审。

3.事实与理由

该部分主要是陈述为何要进行取保候审,如受谁的要求,阐述保证的条件,如是保证金,则写出具体的数额,如是保证人,则写明保证人的身份。

在本案中,申请人要将受犯罪嫌疑人的法定代理人的要求为犯罪嫌疑人提出申请取保候审和保证金为××××元交代清楚。

4.尾部

致送机关的名称;申请人签名,申请人为法人或其他组织的,应加盖单位公章,并由其法定代表人签名;如果有保证人的话,保证人也要签名。最后注明申请日期。

经典范文

范例 1 盗窃罪取保候审申请书

取保候审申请书

申请人:×××,男,××岁,×族,××省××市人××市××区××厂供销科干部,住××市××区××××小区×号楼。系犯罪嫌疑人×××的丈夫。

被取保候审的犯罪嫌疑人:×××,女,××岁,××市人,××市××商贸公司会计。因涉嫌犯盗窃罪,于20××年××月××日被××市××区公安分局拘留,现羁押在××区看守所。

犯罪嫌疑人×××系申请人之妻,我们于20××年××月××日结婚,20××年××月××日×××经××市××医院检查,诊断为怀孕已满××天。时至今日,×××怀孕已经×个月整。虽然×××涉嫌犯有盗窃罪,但腹中的胎儿是无罪的,为保证胎儿有一个安宁、正常的生活环境和正常发育,申请人根据《中华人民共和国刑事诉讼法》第六十条第二款的规定,特向贵局申请取保候审,敬请考虑!

  申请人为保证被取保候审的犯罪嫌疑人×××遵守有关规定,提出由×××担任保证人。保证人×××系申请人×××之兄,男,××岁,××市××区商业局干部,为人正派,有固定收入和住处,有能力履行保证义务。申请人和保证人保证监督被保证人×××严格遵守有关规定,做到:(1)遵纪守法;(2)保证随传随到;(3)不干扰证人作证;(4)不做毁灭、伪造证据和串供的行为;(5)保证不离开本市,并且保证随时向执行机关报告被保证人的情况。

  此致
××区公安分局

申请人:×××(签字)
保证人:×××(签字)
20××年××月××日

第四节　刑事赔偿申请书

撰写要领

  刑事赔偿是指公安机关、国家安全机关、检察机关、审判机关、监狱管理机关及其工作人员违法行使职权,侵犯当事人人身权、财产权造成损害而给予的赔偿。

  《中华人民共和国国家赔偿法》第十五条规定:行使侦查、检察、审判职权的机关以及看守所、监狱管理机关及其工作人员在行使职权时有下列侵犯人身权情形之一的,受害人有取得赔偿的权利:

  第一,违反刑事诉讼法的规定对公民采取拘留措施的,或者依照刑事诉讼法规定的条件和程序对公民采取拘留措施,但是拘留时间超过刑事诉讼

法规定的时限,其后决定撤销案件、不起诉或者判决宣告无罪终止追究刑事责任的;

第二,对公民采取逮捕措施后,决定撤销案件、不起诉或者判决宣告无罪终止追究刑事责任的;

第三,依照审判监督程序再审改判无罪,原判刑罚已经执行的;

第四,刑讯逼供或者以殴打、虐待等行为或者唆使、放纵他人以殴打、虐待等行为造成公民身体伤害或者死亡的;

第五,违法使用武器、警械造成公民身体伤害或者死亡的。

《中华人民共和国国家赔偿法》第十八条规定:行使侦查、检察、审判职权的机关以及看守所、监狱管理机关及其工作人员在行使职权时有下列侵犯财产权情形之一的,受害人有取得赔偿的权利:

第一,违法对财产采取查封、扣押、冻结、追缴等措施的;

第二,依照审判监督程序再审改判无罪,原判罚金、没收财产已经执行的。第十九条属于下列情形之一的,国家不承担赔偿责任:

第三,因公民自己故意作虚伪供述,或者伪造其他有罪证据被羁押或者被判处刑罚的;

第四,依照《刑法》第十七条、第十八条规定不负刑事责任的人被羁押的;

第五,依照《刑事诉讼法》第十五条、第一百四十二条第二款规定不追究刑事责任的人被羁押的;

第六,行使侦查、检察、审判职权的机关以及看守所、监狱管理机关的工作人员与行使职权无关的个人行为;

第七,因公民自伤、自残等故意行为致使损害发生的;

第八,法律规定的其他情形。

刑事赔偿申请书,是指司法机关及其工作人员在行使侦查权、检察权、审判权和监狱管理职权时违法给无辜的公民、法人或者其他组织的生命、健康、自由和财产造成损害,受害人依法要求国家承担赔偿责任,而向国家机关提出申请赔偿的一种法律文书。

1.首部

(1)标题。写"刑事赔偿申请书"。

(2)申请人基本情况。申请人是公民的,应当写明姓名、性别、出生年月日、民族、籍贯、职业(或工作单位和职务)、住址;申请人是法人、其他组织的,应写明其名称、所在地址、法定代表人(或代表人)的姓名、职务和联系电话。

在上述案例中,申请人在写申请时,应该写明自己的姓名、性别、年龄、民族、工作单位和住所等情况。

2.请求事项

根据受损害的实际情况提出赔偿请求。要写清楚赔偿义务机关(公安机关、人民检察院、人民法院或监狱)。依照国家赔偿法的有关规定,提出明确具体的赔偿请求。在上述案例中,赔偿义务机关是作出生效判决的人民法院。

3.事实和理由

写明受损害的来龙去脉和请求赔偿的理由,依据《国家赔偿法》相关条款请求予以赔偿。言辞要真实、恳切。

4.尾部及附项

致送机关名称;申请人签名,申请人为法人或其他组织的,应加盖单位公章,并由其法定代表人签名;注明申请日期;附项附上相关证据及材料。

经典范文

范例 1　误判故意杀人罪赔偿申请书

刑事赔偿申请书

申请人:×××,男,19××年××月××日出生,×族,住所地:××市××县××镇××村,电话:××××××××

赔偿要求:

1.请求赔偿因错误判决而造成申请人被剥夺人身自由1年(自20xx年x月x日至20xx年xx月xx日)的损失xx元。

2.自20xx年xx月xx日至20xx年xx月xx日的工资xx元。

事实与理由：

申请人原系xx市xx县x镇x村村民,20xx年x月x日因涉嫌故意杀邻居xxx一案被判处故意杀人罪,处有期徒刑十五年。后被害人自动出现,证明了其没有死亡,申请人也没有进行故意杀人。20xx年xx月xx日xx法院经审判监督程序撤销了原判决,申请人被无罪释放。

错误判决不仅让申请人蒙受了巨大的冤屈,也使法律权威受到了打击。为了维护申请人的合法权益和法律的权威,根据《中华人民共和国国家赔偿法》,向xx市中级法院提出以上赔偿要求,请依法予以解决。

此致

xx人民法院

申请人:xxx

20xx年xx月xx日

第五节 解除强制措施申请书

撰写要领

强制措施是指在刑事诉讼的过程中,公安机关、人民法院或人民检察院在刑事案件的办理过程中为了保障刑事诉讼的顺利进行,而依法对刑事案件的犯罪嫌疑人、被告人以及重大嫌疑分子的人身自由采取限制或者剥夺的一种强制性方法。一般包括拘传、取保候审、监视居住、拘留、逮捕。

而解除强制措施申请书则是向有关机关提交的请求依法解除对犯罪嫌疑人、被告人的强制措施的法律文书。

我国《刑事诉讼法》第七十五条规定：犯罪嫌疑人、被告人及其法定代理人、近亲属或者犯罪嫌疑人、被告人委托的律师及其他辩护人对于人民法院、人民检察院或者公安机关采取强制措施超过法定期限的，有权要求解除强制措施。人民法院、人民检察院或者公安机关对于被采取强制措施超过法定期限的犯罪嫌疑人、被告人应当予以释放、解除取保候审、监视居住或者依法变更强制措施。

1.首部

（1）标题。写"解除强制措施申请书"。

（2）申请人的身份与联系方式。申请人的身份即写明工作单位、姓名等。

2.申请事项

解除对犯罪嫌疑人（被告人）——采取的强制措施。

空格处填写的是被申请的犯罪嫌疑人（被告人）的姓名。

3.事实与理由

该部分主要是陈述为何要申请解除强制措施，如羁押已经超过法定期限，等等。

在本案中，申请人要将对犯罪嫌疑人监视居住的开始时间交代清楚，以便表明此强制措施超过法定期限。

4.尾部及附项

致送机关的名称；申请人签名，申请人为法人或其他组织的，应加盖单位公章，并由其法定代表人签名；最后注明申请日期。

经典范文

范例 1　解除受贿强制措施申请书

解除强制措施申请书

申请人：×××；通信地址或联系方法：××市××路××大厦××楼。

申请事项：

解除对犯罪嫌疑人（被告人）×××采取的强制措施。

事实与理由：

犯罪嫌疑人（被告人）×××因涉嫌受贿一案，于20××年××月××日××时始被××局采取刑事拘留的强制措施，现已超过法定期限。作为犯罪嫌疑人（被告人）×××委托的律师，根据《中华人民共和国刑事诉讼法》第七十五条的规定，特提出申请。请求解除对其采取的强制措施。

此致

××市××区公安局（或人民检察院或人民法院）

申请人：×××
20××年××月××日

第六节　重新鉴定申请书

撰写要领

司法鉴定是指在诉讼活动中，鉴定人运用科学技术或者专门知识，对诉讼涉及的专门性问题进行鉴别和判断并提供鉴定意见的活动。

而当当事人认为作为证据使用的鉴定结论存在错误或是与事实不符的情况时，就可以申请重新鉴定。申请重新鉴定需要提交的法律文书即为重新鉴定申请书。

我国《刑事诉讼法》关于鉴定的规定如下：

第一百一十九条　为了查明案情，需要解决案件中某些专门性问题的时候，应当指派、聘请有专门知识的人进行鉴定。

第一百二十条　鉴定人进行鉴定后，应当写出鉴定结论，并且签名。

对人身伤害的医学鉴定有争议需要重新鉴定或者对精神病的医学鉴定，由省级人民政府指定的医院进行。鉴定人进行鉴定后，应当写出鉴定结论，并且由鉴定人签名，医院加盖公章。

鉴定人故意作虚假鉴定的，应当承担法律责任。

第一百二十一条　侦查机关应当将用作证据的鉴定结论告知犯罪嫌疑人、被害人。如果犯罪嫌疑人、被害人提出申请，可以补充鉴定或者重新鉴定。

第一百二十二条　对犯罪嫌疑人作精神病鉴定的期间不计入办案期限。

1.首部

（1）标题。写"重新鉴定申请书"。

(2)申请人的身份与联系方式。申请人的身份即写明工作单位、姓名等。

2.申请事项

对(鉴定事项)进行重新鉴定。

3.事实与理由

该部分主要是陈述为何要申请重新鉴定,指出原鉴定的错误之处或是与事实不符之处,说明重新鉴定的依据。理由有多项的,分项列出。

在范例1中,申请人要将其所认为的原鉴定结论的错误之处写清楚。

4.尾部及附项

致送机关的名称;申请人签名,申请人为法人或其他组织的,应加盖单位公章,并由其法定代表人签名;最后注明申请日期。

经典范文

范例 1　伤残重新鉴定申请书

重新鉴定申请书

申请人:xx律师事务所xx律师。

通讯地址:xx市xx区x路x号,电话:xxxxxxxx

申请事项:对xxx的伤残进行重新鉴定。

事实与理由:

原告xx诉xxx人身侵权一案,贵院正在审理中,我作为本案被告人的法定代理人xxx委托的律师,认为关于xxx的伤残鉴定存在以下问题:

1.原xxx司法鉴定所作出的xx鉴[xxxx]第xxx号鉴定书摘录的病症是"左踝关节脱位"而鉴定结论是"右踝七级伤残";

2.在鉴定书的"分析说明"中没有写明右踝活动的幅度,这样就无法证实右踝关节受限程度,其鉴定为七级伤残缺少具体的事实依据。

根据《中华人民共和国刑事诉讼法》第一百五十九条的规定，特提请对×××的伤残进行重新鉴定。

此致

××人民法院

申请人：×××
××律师事务所（章）
20××年×月×日律师提醒

第七节　减刑、假释申请书

撰写要领

减刑、假释申请书，是指罪犯在执行刑罚期间有悔改或立功表现，向监狱、劳改队请求减刑或者假释的请求书。

1.首部

写明标题、文书致送的刑罚执行机关的领导机构，罪犯本人的基本情况和案由情况。

2.正文

分为两部分：罪犯本人自入监（或上次减刑）以来的悔改表现或立功表现；申请理由及法律依据。

3.尾部

应写上"此致敬礼"、"敬请审核"等礼貌用语，再写明申请人的姓名及申请日期。

4.附项

附上能够证明罪犯有悔改表现、立功表现、特殊情况的材料。

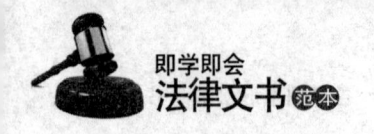

经典范文

范例1 减刑申请书

减刑申请书

××监狱监狱长：

　　罪犯×××，男，现年××岁，×族，××省××市××区人，因××罪经××市××区人民法院于20××年××月××日以(××××)××字第××号刑事判决判处有期徒刑××年，剥夺政治权利××年。于20××年××月××日送××省××监狱执行劳动改造。

　　我在服刑改造期间，确有悔改表现，具体事实如下：

　　自服刑改造以来，经过政府的反复教育，我对于自己所犯罪行的社会危害性有了正确认识，决心要痛改前非，重新做人。在平时的改造中，我服从管教，遵守罪犯改造行为规范，积极维护监内秩序，勇于同违反监规的罪犯作斗争。20××年××月××日午休时，同监犯×××、×××因口角发生殴斗，双方动用了木棍、砖头等凶器。我见状立即上前劝阻，最终制止了一场恶性事件的发生。为此，我的面部、背部被打伤多处。

　　我积极参加政治、文化学习，从20××年以来，文化考试的成绩均在90分以上，连年被评为监狱的优秀学员。在生产劳动中，我服从分配，努力完成生产任务，同时在技术上刻苦努力，现已成为车间的操作能手。20××年××月，我与另一名犯人在一起主动承担了××××的生产任务。为了按时向用户交货，我不顾炎热和蚊虫叮咬，每天坚持操作12个小时以上，结果比原计划提前××天完成了生产任务。在20××年的双增双节活动中，我不怕麻烦，以旧代新，全年共利用废旧砂轮××块，为车间降低生产成本、提高经济效益做了努力。我因此在20××、20××年度两次被监狱评为改造积极分子，双百分考核名列车间第一。

总之，我在服刑改造期间，能认罪服法；一贯遵守罪犯改造行为规范；积极参加政治、文化、技术学习；积极参加劳动，完成劳动任务；自觉维护监规，努力痛改前非。根据《中华人民共和国刑法》第七十八条的有关规定，我特向监狱领导提出减刑申请。当然我还有不足之处，今后我会更加努力，不辜负党、政府和监狱各级领导及广大管教干部的教育和挽救。

以上申请，敬请批准！

申请人：×××（签、印）
20××年××月××日

范例 ② 假释申请书

假释申请书

××××监狱：

罪犯×××，男，××岁，×族，原住××省××市××路××号，20××年因故意杀人罪被判处有期徒刑××年。自从20××年入监以来，我在党和政府政策的感召下，在监狱各级领导的管教干部的教育下，改过自新，重新做人，有了一些进步。主要表现为以下几方面：

我能认罪服法。入监初期，我认为是×××强奸了我的老婆，我才杀了他，事出有因，自己属于轻罪重判，抵触情绪较大。经过管教干部的教育，我端正了认罪态度，后悔自己的犯罪行为破坏了社会安定，也给×××的家人带来了无限的痛苦，决心用汗水洗刷身上的罪恶，重新做人。

我能积极参加政治、文化、技术学习。政治学习讨论中，思想能联系实际，积极发言。文化、技术学习刻苦认真，按时完成作业，考试成绩均在90分以上，并被评为学习积极分子。

我能积极维护监规纪律，及时地制止和汇报其他犯人的不轨言行。同监罪犯×××与罪犯×××有矛盾。一天，×××装了一大包铁屑，准备回监室殴打×××，我发现后及时向值班管教干部作了汇报，值班管教干部当场从×××身上搜出

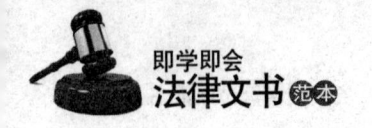

了铁屑,消除了隐患,避免了一次打架斗殴事件。

20xx年,监狱领导为了发挥我曾经在煤矿做过采掘工的一技之长,把我调到了煤矿大队。20xx年xx月xx日,在验收xx号横溜巷时,发现煤层在6米处急剧下降,如果继续按原计划图中的线施工掘进,煤层将打入底层,势必无法采煤,就立即向中队部和工程师xxx报告地质变化情况,并建议将巷道方位角向上方偏七度掘进,被采纳后,使工程避免了近xx万元的损失。20xx年xx月xx日,我在xx号xx巷验收中发现煤层因地质变化急剧下沉并形成夹层,就立即向负责施工的技术干部报告,后来又大胆提出"卧底掘进"的革新方案,采用后效果良好,提高功效3.3倍,节约工时、物资价值xx多元。两次都受到管教干部的表扬,20xx年第x期《xx报》还刊登了管教干部写的表扬我提出革新方案的文章。

我入监xx年来,确实有悔改表现,也有一些立功表现。我服刑期间,父亲病故。最近我儿子xxx来信告知我母亲也卧病在床,危在旦夕。我妻子由于身心受到摧残,一直处于半疯癫状态。儿子xxx也考上了xx大学,要离家到xx市就读。因此,我向监狱领导申请假释,尽人子之道,以解决我家中经济上和人力上的困难。

我从20xx年xx月xx日因故意杀人罪被捕,同年被判有期徒刑xx年,已服刑xx年零x个月,所剩余刑x年零x个月,符合假释的法定条件。

《刑事诉讼法》第二百一十七条第二款规定:"对于被假释的罪犯,在假释考验期限内,由公安机关予以监督。"如果政府能够根据我的表现,念及我的困难,准予假释,我保证接受公安机关的监督,继续改造自己,通过合法劳动,解决家庭困难,更要为家乡建设作出贡献,绝不辜负党、政府和监狱各级领导及广大管教干部的教育和挽救。

以上申请,敬请批准。

申请人:xxx

20xx年xx月xx日

第五章 行政诉讼状

最新适用版

第一节 行政起诉状

撰写要领

行政起诉状,是指公民、法人或者其他组织认为行政机关或行政机关工作人员的具体行为侵犯其合法权益,因而向人民法院提起诉讼时所制作的法律文书。

《中华人民共和国行政诉讼法》规定,公民法人或者其他组织认为行政机关和行政机关工作人员的具体行为侵犯了其合法权益,有权向人民法院提起诉讼。

公民、法人或者其他组织向人民法院提起行政诉讼应符合下列条件:

第一,依照法律规定需复议前置的行政案件,必须先经过行政复议后再起诉。

第二,原告是认为具体行政行为侵犯其合法权益的公民、法人或者其他组织。如果有权提起诉讼的公民死亡,其近亲属可以提起诉讼;有权提起诉讼的法人或者其他组织终止,承受其权利的法人或者其他组织可以提起诉讼。

第三,有明确的被告。被告必须是国家行政机关或法律、法规授权的组织,而不能是行政机关的工作人员。

第四,有具体的诉讼请求和事实根据。

第五,属于人民法院受案范围和受诉人民法院管辖。

1.首部

(1)标题。以"行政起诉状"作为标题。

2.当事人情况

原告是公民的,依次写明其姓名、性别、出生年月日、民族、职业、工作单位和住址。

原告是法人或其他组织的,依次写明名称、所在地址、法定代表人或主要负责人的姓名和职务。

被告写明行政机关的名称、所在地址、法定代表人姓名、职务。

3.诉讼请求

诉讼请求应写清楚要求法院解决的问题,或者撤销具体行政行为,或者变更具体行政行为,或者要求法院责令行政机关在一定期限内履行职责,或者要求法院行政机关赔偿损失。

4.事实和理由

事实与理由要紧紧围绕诉讼请求进行阐述,论述诉讼请求的正确性。例如,如果是行政机关侵权的案件,应当针对行政处理决定的不当进行叙写和阐述,或者叙写行政决定所依据的事实不真实,与实际不相符合;或者叙写行政处理决定所依据的法律、法规、政策不正确,不适用于解决的问题;或者叙写行政机关作出的决定超越了权限;或者叙写行政机关的决定违犯了法定程序或是显失公平的,等等。

5.尾部及附项

写明所受理案件的人民法院名称,起诉人签名或盖章,并写明起诉日期,写明"本状副本××份、物证××件、书证××件"。

经典范文

范例 1　强占土地起诉状

行政起诉状

原告:×××,男,19××年××月×日出生,×族,××省××人,现住××省××市××区××街××号。

被告:××省××市土地管理局;地址:××市××区××街××号;电话总机:××××××××

诉讼请求:

1.撤销××市土地管理局的(××××)××字第××号行政处罚决定;

2.根据事实和法律,依法正确作出合理、合法的判决。

事实和理由:

××市土地管理局作出的(××××)××字第××号《行政处罚》决定(以下简称《决定》)是错误的决定。这个《决定》不尊重客观事实,并且错误地援引法律条款,因此应当予以撤销。其理由如下:

第一,《决定》认为,原告"没办土地审批划拨手续就施工是违法的,触犯了《土地管理法》第十一条之规定",并据此作为处罚决定的主要理由。原告认为,这种认定是虚假的,不客观的。原告于20××年××月××日开始逐级向各级政府主管部门申请翻建住宅楼(见附件1),面积为××平方米。20××年××月××日,××街道办事处已签批(见附件2)。20××年××月××日,××市城建规划处签发建房通知单(见附件3)。据此,原告才动工翻建住宅楼,并于同年××月竣工。竣工后,由城建规划处按建房通知单验收。验收合格后,于同月××日发放了第××号建筑许可证(见附件4)。原告认为,上述审批手续合法。城建规划处代表政府行使权力,其审批是有效、合法的。据查,原告建房期间以及建房之前的审批工作,都由城建规划处负责。这是政府赋予的权利,其他单位和部门无权干预。原告手持城建规划处的合法批文,并按建房通知单划定的范围施工建房,怎么会被认定为"没有土地审批划拨手续"呢?违法又是从何谈起呢?是城建规划处的批文违法,还是原告没按批文施工而违法呢?

第二,《决定》本身自相矛盾,适用法律条款不当。《决定》第一自然段,清楚地说明了原告经××市城建规划处批准,翻建××平方米住宅,并且发给了第××号建筑许可证。而在第二自然段,又认为"没办土地审批划拨手续,多占地××平方米"。《决定》既然承认城建规划处的第××号批文,原告按该批文建房就是合法的,应当受到法律的保护。如果否定规划处的批文,那么,否定的依据又是什么呢?如果批文是无效的,首先,应当依据《土地管理法》第四十八条之规定,由规划处承担相应的民事责任,而不应当处罚原告。《决定》援引《土地管理法》第四十三条之规定也是不恰当的,此条款是针对全民所有制单位和集体所有制单位而言的,对个人建房并未作出具体规定。其次,《土地管理法》第十六条第三款明确规定:"当事人对有关人民政府的处理决定不服的,可以自接到处理通知之日起三十日内,向人民法院起诉。"而土地管理局却擅自将诉讼时效改为20日。因此,原告认为,《决定》并非依法成立,应当依法予以撤销。

综上所述,原告认为,《决定》认定的事实与实际不符,其裁决结果,与法律相悖。因此,请法院详查,依法撤销《决定》,尽快公正裁判。

证据和证据来源、证人姓名和住址:

原告于20××年××月××日开始,逐级向各级的有关部门申请,准备翻建住宅楼。20××年××月××日,××办事处对此已签批,准许翻建。因此,××办事处可以证实,该办事处的批件复印件附后。

××市城建规划处见到我们的申请书后签发了建房通知单。对此,××市城建规划处×××处长可以证实。该处签发的建房通知单复印件附后。

原告的楼房竣工后,××城建规划处进行了验收检查,认为合格后,发放了第××号建筑许可证。因此,检查人×××可以证实,其住址是××市××街××号。第××号建筑许可证复印件附后。

此致

××省××市人民法院

起诉人：×××

20××年××月××日

附：1.建房申请书××份。

2.××办事处的批文。

3.××市城建处签发的建房通知单。

4.第××号建筑许可证。

5.××市土地管理局处罚决定书××份。

6.本起诉状副本××份。

范例 2　婚姻登记机构违法起诉状

行政起诉状

原告：×××，男，生于19××年××月××日，现年××岁，农民，家住××县××家属宿舍。

监护人：×××，男，生于19××年××月，现年××岁，农民，系原告之父。

×××，女，生于19××年××月，现年××岁，农民，系原告之父；二人均住××县××镇××村。

被告：××县民政局

法定代表人：×××

第三人：×××，丈夫×××，男，生于19××年××月，××县人。

诉讼请求：

1.撤销××县民政局婚姻登记中心所做×民（××××）离字第×号离婚证。

2.赔偿原告之监护人×××、×××因此而产生的差旅费、误工费及司法鉴定费等合计人民币××万元。

3.诉讼费用判由被告承担。

事实理由：

×××在××县××镇工作时与原告×××相识,并要求与之恋爱,20××年××月××日便举行了农村的世俗婚礼,同年××月××日办了结婚登记,20××年××月生育一女,取名×××,现年××岁。

20××年××月××日,×××到××县民政局婚姻登记中心办理了与其妻×××的离婚登记手续。××月××日×××被其公婆逐出家门,×××沿街乞讨,被其本村人发现,才通知×××的父母来××县城接人。

×××其父母认为对方因女儿患有严重的精神病而登记了离婚,认为法理不容,于××月××日到××县民政局要求复议,民政局婚姻登记机构认为符合离婚登记条件,应当登记。二人继而又上访了××县信访局、××县妇联、××县县委办公室、××县县委组织部、××县纪委及××县县委书记未果。

×××的病情越来越重,被迫于20××年××月××日,住进了××市精神病医院至今。

证据和证据来源,证人姓名和住址。

1.×××于20××年××月就患有严重的精神病,×××从未对其进行任何诊治,20××年××月××日在办理其离婚登记手续时,尚无民事行为能力。×××隐瞒了×××的病情,婚姻登记机关也没有进行必要的询问。

2.民政局婚姻登记机关没有向原告索要其结婚证和身份证,严重违反了程序。

3.×××向婚姻登记机关提供的×××的户口簿、户籍证明、身份证号码,与×××本人所持的户口簿、身份证的相关信息不符。

4.民政局婚姻登记机构对××××、×××登记离婚事件处理草率,工作不负责任,对其填报的信息材料没有审查,工作存在严重纰漏。

5.民政局婚姻登记机构做出了具体行政行为后,没有告知当事人享有可以申请复议或向法院起诉的时间、期限等权利。

基于上述事实,原告认为:依据《中华人民共和国民法通则》、《中华人民共和国婚姻法》、《中华人民共和国婚姻登记条例》、《婚姻登记工作暂行规范》和《××省民政厅婚姻登记程序的规定》的相关规定,××县民政局婚姻登记机构触犯了相关的法律、法规、规章,所实施的行政行为违法,应当无效。

故依据《中华人民共和国行政诉讼法》相关规定,请求××县人民法院依法撤销××县民政局婚姻登记中心发×民（××××）离字第×号离婚证;判令××县民政局赔偿原告监护人误工费等费用合计××万元人民币,判令诉讼费用由××县民政局承担。

此致
××县人民法院

具状人:×××
监护人:×××、×××
20××年××月××日

附件:本诉状副本××份。

第二节 行政上诉状

撰写要领

行政上诉状是指行政诉讼的当事人、法定代理人或者有独立请求权的第三人,不服人民法院的第一审裁判,依法提请上一级人民法院对案件进行审理的法律文书。

当事人不服人民法院第一审裁定的,有权在裁定书送达之日起10日内向上一级人民法院提起上诉。逾期不提起上诉的,人民法院的第一审判决或裁定发生法律效力。行政上诉状有助于上一级人民法院及时纠正下级法院的裁判错误,维护法律的尊严,保护上诉人的合法行为或合法权益,也是二审人民法院依法审理上诉案件的依据。

1.首部

(1)标题。以"行政上诉状"作为标题。

(2)上诉人和被上诉人基本情况。

写明上诉人及被上诉人的姓名、性别、年龄、民族、籍贯、职业、住址。有代理人的写明代理人的姓名、职业。

2.案由及案件来源

写明上诉人不服的判决或裁定的案件来源。如"上诉人因×××(案由)一案,不服××××人民法院于20××年××月××日(××××)××字第××号行政判决(裁定),现提出上诉"。

3.上诉请求

上诉请求主要应当写明上诉人请求第二审人民法院依法撤销或变更原审裁判,以及如何解决争议的具体要求,上诉人提出上诉请求时必须明确、具体。

4.上诉理由

行政上诉状的上诉理由可以分两个层次叙写。首先应当概括叙述案情及原审人民法院的处理经过和处理结果,为论证上诉理由奠定基础。其次,要针对原裁判中的错误和问题进行分析论证,驳斥谬误,表述正确主张,阐明上诉理由,为实现上诉请求提供事实上、法律上、理论上的依据。

5.结尾及附项

写明提交机关,如"此致××××人民法院";上诉人署名或盖章;具状的年月日。附项写明"本状副本××份、物证××件、书证××件"。

经典范文

范例1 商标侵权赔偿上诉状

行政上诉状

上诉人:××省××县工商行政管理局,所在地址:××省××县城关镇。

法定代表人：胡××，职务：局长，电话：××××××××。

被上诉人：××酒厂，所在地址：××省××县××乡。

法定代表人：王××，职务：厂长，电话：××××××××。

上诉人因商标侵权赔偿一案，不服××省××县人民法院20××年××月××日(20××)×行初字第××号行政判决，现提出上诉。

上诉请求：

1.撤销××省××县人民法院20××年××月××日(20××)×行初字第××号行政判决书。

2.驳回本案被上诉人无理诉讼请求。

3.判决本案被上诉人承担本案第一、第二审全部诉讼费用。

上诉理由：

20××年××月，××酿酒公司向我局举报本案被上诉人××酒厂在白酒瓶厂使用了与该公司白酒注册商标"××牌"相近似的商标，侵犯了该公司的注册商标专用权，要求××酒厂停止商标侵权行为并赔偿损失。

经我局查证，××酒厂确实存在上述行为，并且给××酿酒公司造成经济损失。为此，我局于20××年××月××日作出决定，责令××酒厂立即停止商标侵权行为，并赔偿××酿酒公司经济损失××万元人民币。该决定作出后，××酒厂不服，向我局上级单位××省工商行政管理局申请复议。20××年××月××日，××省工商行政管理局将我局决定变更为××酒厂赔偿××酿酒公司经济损失×万元人民币，并维持了侵权行为性质的认定。

20××年××月××日，××酒厂向××县人民法院提起行政诉讼，请求撤销我局和××省工商行政管理局的决定。在一审中，我局明确提出该决定并非行政处罚，而是对××酒厂侵权行为的处理。但是一审法院却以(20××)×行初字第××号行政判决书认定我局及上级机关决定中的赔偿额过高，判决变更为××酒厂赔偿××酿酒公司×万元人民币。

我局认为这一判决是错误的：

1.根据《中华人民共和国行政诉讼法》第五条的规定，人民法院审理行政案件，只能对行政机关的具体行政行为是否合法进行审查。除行政处罚违法或显失公平外,人民法院不应代替行政机关对行政行为是否适当作出决定。

2.我局及上级机关作出的责令××酒厂赔偿××酿酒公司经济损失的决定不属于对××酒厂的行政处罚,而是对××酒厂侵权行为的依法处理,人民法院不能以判决的形式变更这一处理决定的内容。

综上所述,本案一审法院对本案裁决违背法律的规定,超越职权,应予撤销。

此致

××省××市中级人民法院

上诉人:××省××县工商行政管理局

20××年××月××日

附:1.本上诉状副本×份;

2.××县人民法院(20××)×行初字第××号行政判决书。

范例 2 施工不当上诉状

行政上诉状

上诉人(一审原告):×××,男,××岁,×族,××市××厂退休工人,住本市××街×号。

被上诉人(一审被告):××市××区城市建设环境保护局。

法定代表人:×××,局长。

委托代理人:×××,副局长。

上诉人因不服××区人民法院(××××)×法行字第×号行政判决,现提出上诉。上诉的请求如下:

上诉请求:

1.撤销××区人民法院(××××)×法行字第×号行政判决书,依法改判;

2.因被上诉人的工作人员失职及在执行职务中给上诉人造成的建楼损

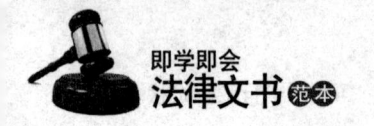

失,应由被上诉人承担行政侵权责任,并赔偿一切经济损失。

上诉理由:

上诉人于20xx年xx月xx日经被上诉人批准,在xx街x号自己家院内建成一座二层东楼。上诉人是以审批的图纸和(xxxx)x建字第xx号私房建筑许可证为依据,并由被上诉人派工作人员到现场进行勘验、画线、打桩定位后,上诉人才进行建筑施工的。为了在施工中不和邻居发生矛盾,上诉人之子xxx到被上诉人办公室,当面在批准的建楼图纸上加盖了自己的手章,并当场指明这xx米(见图纸)是西侧房檐。被上诉人听后没做任何表示,也没往图纸上作记录说明。在20xx年xx月xx日,被上诉人要求上诉人去掉西侧房檐xx厘米,然后在房顶上修一个高楼,不要让雨水从西边流出就行。从被上诉人这一要求来看,足以证明原审法院判决书中的:"……讲明不要有任何建筑物(指房檐)"的说法是不能成立的。原审法院片面地听取被上诉人没有任何根据和证明的说法来作为判决的依据,是不符合《行政诉讼法》第四条"人民法院审理行政案件,以事实为根据,以法律为准绳"的规定的。如果案件的事实、证据不清楚,应予调查核实,不能轻信一方自述。

原审法院的现场勘验笔录大部分失实,但是造成这个失实的原因何在呢?原审法院不做深入的调查研究,甚至连上诉人提供的有关证明(书证、调查笔录)也未详细调查核实,就以现场勘验笔录为依据进行判决,是一种不负责任的失职行为。据上诉人所知,在建楼时,有被上诉人到现场勘验、打桩、定位;在建楼一米高时,有其工作人员到现场查看,当时及以后均没有提出异议。这方面的情况,为什么原审法院不给予考虑呢?上诉人建楼西侧留窗户,是原图纸就有的,只是门的位置安在南边,并不像原审法院xx判决书所说"原告申请图纸的西立面是向西开门,但楼房建筑向南开门。因此出现西侧窗"那样。原告楼门留在南面,被告及工作人员是知道的,是看过现场的,有关证据都证明了这一点。从xx判决书中提到"西侧窗"问题,也足以说明"西边xx米处不要有任何建筑物"的说法是荒谬的。如果把门安在西侧。二层没有走廊、房檐,又怎么进屋呢?再说为房檐发生纠纷时,被上诉人只说西房檐去掉xx厘米即可,其他问题概不追究。这只能说明被上诉人允许或默认建楼的现状,不作任何处理。现在被上诉人又出尔反尔,对其这种行为原审法院就不应给予保护,更不应该作为定案判决的依据。

原审法院认为:"原告未按批准的私房建筑许可证施工,楼房确属违章建筑。"这是不能成立的。因私房建筑许可证是被上诉人根据上诉人的私房建筑申请书审查批准后发给的。在发证前,被上诉人都严格审查建楼图纸。做了必要的调查,进行了核实,才发给私房建筑许可证。特别是画线、打桩、定位这些工作都在发证以前做了,许可证上并没有记载说明应遵守事项,这怎么能说我们是未按许可证施工呢?上诉人的建筑楼房是按许可证和现场画线、打桩、定位进行建筑,这怎么说是"确属违章建筑"呢?

原审法院认为:"被告根据市人大通过的《××市城市建筑规划管理办法(试行)》及××市《私房建筑管理办法》的有关规定,对原告的处罚并无不当。"这一认定违反了《××市城市建设规划管理办法(试行)》第二十九条和第六十九条的规定。再看一下被上诉人的处罚决定书吧,上诉人是20××年××月××日找被上诉人的×××同志,×××说"过两天就给你盖章,可以换房证"。结果等到20××年××月××日被上诉人却发出了所谓的处罚决定书。上诉人接到后向原审法院提出起诉,被上诉人引用法规条文不当,另外还有其他错误,自动撤销了处罚决定书。按被上诉人《关于办理私房建筑手续的规定》第六条,已超过时间,法律是不予保护的。在时隔几个月的20××年×月×日被上诉人又下达了所谓处罚决定书。上诉人又起诉到原审法院,而原审法院只听信被上诉人口述和现场勘验笔录,也没有落实有关证据就草率地作出了判决。判决书认为:"被告根据20××年××月××日市六届人大常委会第×次会议通过的《××市城市建设规划管理办法(试行)》及××市《私房建筑管理办法》的有关规定,对原告的处罚并无不当。"而实际上,被上诉人在处罚决定书中所引用的法规是(××××)国函字××号文和冀政(××××)××号文及《××市城市建设规划管理办法(试行)》的有关条款。可见,原审法院在审理此案中的工作是极不负责任的!连被上诉人处罚依据的法律、法规都没弄清,这怎么能公正审理案件呢?

《宪法》第四十一条第三款规定:"由于国家机关和国家工作人员侵犯公

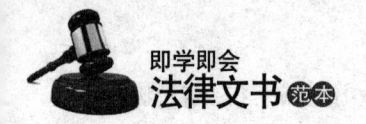

民权利而受到损失的人,有依照法律规定取得赔偿的权利。"《行政诉讼法》第六十七条第一款规定:"公民、法人或其他组织的合法权益受到行政机关或行政机关工作人员作出的具体行政行为侵犯造成损害的,有权请求赔偿。"综上所述,上诉人认为原审法院不以事实、证据为依据,而轻信被上诉人的口述作出判决,是违反法律、法规的。为了维护上诉人的合法权益,依法追究被上诉人及其工作人员的行政侵权赔偿责任,纠正其错误,特依《行政诉讼法》第五十八条之规定,向贵院上诉,请求依法公正地审理此案,撤销原判决,并改判,责成被上诉人赔偿所造成的经济损失。

此致

××市中级人民法院

上诉人:×××
20××年××月××日

附:本上诉状副本×份。

图纸×张。

第三节 行政申诉状

撰写要领

行政申诉状,是指行政诉讼当事人对已发生法律效力的判决或裁定不服,向原审人民法院或上级人民法院提出申诉,请求重新审理的法律文书。

1.首部

(1)标题。以"行政申诉状"作为标题。

(2)行政申诉人和对方当事人的基本情况。

申诉人基本情况:写明申诉人的姓名、性别、年龄、民族、籍贯、职业、住址等。法人或其他组织应写明单位名称、地址、法人代表姓名及职务。有代理人的写明代理人的姓名、职业。

对方当事人基本情况(同申诉人的基本情况)。

2.案由

写明申诉人不服的判决或裁定的案件来源。如"申诉人因×××(案由)一案,不服××××人民法院于20××年××月××日(××××)××字第××号行政判决(或裁定),现提出申诉"。

3.申诉请求和理由

明确提出请求法院撤销或者变更原审裁判进行再审。

这是申诉状的核心部分。通常从原判决或裁定认定的事实、适用法律和诉讼程序是否合法等方面进行辩驳,并写明请求再审的法律依据。

4.尾部及附项

写明提交机关,如"此致××××人民法院";申诉人署名或盖章;具状的年月日。

写明"本状副本××份、物证××件、书证××件"。

经典范文

范例 1　有意堵塞交通申诉状

行政申诉状

申诉人:××市公安局;住所地:××市××大街××号;

法定代表人:×××,该局局长。

申诉人××市公安局对××市中级人民法院20××年××月××日(××××)××字第××号的判决不服,依法提出申诉。

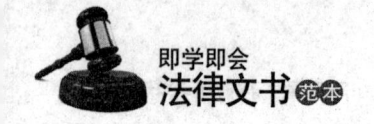

请求事项：

1.请求撤销××县人民法院20××年××月××日（××××)××字第××号判决和××市中级人民法院20××年××月××日（××××)××字第××号判决,再审后改判。

2.维持我局对×××的治安处罚裁决。

事实和理由：

20××年××月××日下午××时××分,××××公司（合资）中方经理×××驾车在××大街由西向东行,行至××路十字路口时边驾车边打手机,且闯红灯违章行驶。值岗交警×××发现后,立即示意其路边停车；但×××并未减速。为此,值岗完毕的交警×××上前阻拦,×××才被迫停车。此时,值岗交警×××也迅速赶到。当×××行礼致意后要求×××出示驾驶执照时,×××以×××阻拦其车辆未戴警帽、警容不整为由,破口大骂,"狗拿耗子"之类不绝于口,并拒不将其汽车开到路边停放,致使该交警岗位无法指挥交通,该路严重塞车近1小时之久,同时引来围观群众近百人,造成极为不良的影响。

后来,×××在被带往×××分局讯问时,承认了驾车时拨打手机、闯红灯和不服管理、谩骂交通警察并有意造成道路堵塞等违法行为。为此,××分局根据《中华人民共和国治安管理处罚条例》第二十八条之规定,给予×××行政拘留××天的处罚,并于当日将其送交行政拘留所执行。

后有关领导部门因有重要会议需×××参加,遂将其保释。×××就受到行政处罚一事提出申诉,投诉我局。我局经核查后对其申诉作出裁决：维持××分局的原处罚决定。×××不服,向××县人民法院起诉。××县人民法院认为：以有意堵塞交通为由对×××作出治安处罚的裁决证据不足,判决撤销对×××的治安处罚裁决。我局不服,上诉于××市中级人民法院,××市中级人民法院审理后,维持××县人民法院的原审判决。

我局认为,两级法院对本案的审理片面听信了×××的陈述,认定×××不服管理"事出有因",堵塞交通"查无实据",因而作出错误判决。故向贵院提出申诉。

此致

××省高级人民法院

申诉人：××市公安局（加盖公章）

20××年××月××日

附：两审判决书各××份。

第四节 行政答辩状

撰写要领

行政答辩状，指的是行政一审答辩状，是行政诉讼被告针对原告的起诉作出回答和进行辩驳的法律文书。

答辩是法律赋予被告陈述事实、阐述理由的机会，一般来说，不应该放弃。在司法实践中存在的行政机关应诉不积极，包括不提交答辩状的做法是对行政诉讼的不正确的理解，是对自己诉讼权利缺乏意识的表现，如果不是另有衷曲，那也是对司法的不尊重。当然，在答辩期内不提出答辩并不意味着被告就此丧失了答辩权，被告还可以在法庭审理中进行答辩。

被告人或上诉人在行政诉讼活动中，针对原告或被上诉人在起诉、自诉或上诉状中陈述的事实、理由、请求，进行答复、辩解和反驳的诉讼文书。

1.首部

（1）标题。用"行政答辩状"作为标题。如果在二审程序中，则以"行政二审答辩状"为题目。

（2）答辩人基本情况：写明答辩人的姓名、性别、年龄、民族、籍贯、职业、住址。答辩人如属法人或是组织，则应写明单位全称和所在地址、法人代表的姓名、职务。

2.案由

应写明对何人起诉或上诉的何案进行答辩。

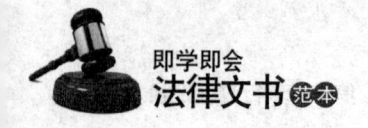

3.答辩理由和答辩意见

在答辩理由部分先行叙述真实完整的案件事实,写明原告实施了什么样的行为足以使答辩人能够实施作为或不作为的具体行政行为,然后提出答辩人实施具体行政行为的法律法规和政策性文件依据,证明答辩人行为的合法性;如果被告认为原告在起诉状中所陈述的事实是完整、真实的,则可以直接展开理由部分的分析反驳,可以先概括原告的主要观点,再针对这些观点逐点分析反驳。

4.尾部及附项

包括致送机关名称、答辩人姓名(或者单位名称)、具体日期,附项写明本诉状副本份数,书证、物证份数。

经典范文

范例 1　治安处罚裁决书违法答辩诉状

行政答辩状

答辩人(被告):××县公安局

法定代表人:×××(局长)

被答辩人(原告):×××,女,19××年××月××日出生,汉族,××省××县××乡××村村民。

现就原告×××诉××县公安局行政案答辩如下:

1.答辩人于20××年××月××日作出的××××号治安管理处罚裁决书,已于20××年××月××日被××市公安局依法予以撤销,其违法性已得到确认。原告"请求人民法院依法确认××省××县公安局××××号治安处罚裁决书违法"之诉讼请求应依法予以驳回。

2.答辩人不存在对原告强制传唤之事实,对其讯问过程也不存在程序、实体内容违法。原告诉状所述之主要事实根本就不存在,其诉请理由也不能成立。

3.对于答辩人执法工作人员违法使用械具事实,答辩人不予否认,并且愿意依法承担相关法律责任,但原告相应赔偿请求依法不当。

4.原告请求赔偿精神损失费××万元,缺乏法定事实条件和法律规范依据,应依法予以驳回。

综上,答辩人请求人民法院依据《中华人民共和国行政诉讼法》、《中华人民共和国国家赔偿法》作出公正裁判。

此致

××市××区人民法院

答辩人:××市××县公安局
20××年××月××日

范例 2　土地产权答辩诉状

行政答辩状

答辩人:××市规划局××分局

地址:××市××区××路××号

法定代表人:×××;职务:局长

答辩人现就(××××)××字第××号××户业主诉答辩人撤销具体行政行为案,答辩如下:

1.原××市规划国土局于20××年××月××日批复的规划范围是××区××期,批复范围不包括现××期的用地。

依据证据,××镇国土管理所20××年上报的××居住用地规划总平面图已有清晰的土地权属分界线,明确了××居住用地与××期建设用地当时分属于不同的土地权属人:××居住用地的权属人为××镇建设综合开发公司,而××期建设用地的权属人原是××镇××股份社,直至20××年经××镇街道办事处申请,区政府同意转变为商住功能前,其用地性质仍为工业用地,且在20××年××月实施旧城改造拆迁前,其用地现状仍为工业厂房。由于两地块分属于不同的土地权属人,用地性质又不一致,当时××镇建设综合开发公司无权对无权属的××期建设用地进行规划和作出任何承诺。原××市规划国土局于20××年××月××日对××居住用地规划的批复本身就不包括××期建设用地的范围。据此,原告完全无事实理由要求答辩人按原告的意愿实施规划。

即使按原告无事实理由坚称的20××年批复的规划范围已包括××期用地,但该用地经过了××年,均未按所谓的单家独院进行建设,而一直是作工业厂房使用,国家法规对土地开发和规划设计条件均有严格的时限。规划部门仍有权根据《中华人民共和国城市规划法》(以下称《城市规划法》)第二十条和《××省实施〈城市规划法〉办法》第十四条的规定以及城市社会经济发展的需求对该用地调整规划。因两地块权属人不同,且规划道路又明显地将两地块分开,因此,城市人民政府规划行政主管部门在依法调整该规划时也无须征得属另一地块原告的同意。

2.答辩人于20××年××月××日作出的×规××复(××)××号批复和20××年××月××日作出的××建证(××××)××号《建设工程规划许可证》适用法律正确,程序合法。

20××年应权属人××镇××股份合作社和××镇街道办事处申请,××区人民政府经审查同意将××期用地由工业用地调整为商住用地。20××年××月,应当时的权属××、××镇××股份合作社申请,原××市××区规划国土局经审查,根据城市总体规划和《城市居住区规划设计规范(××××)》对××期用地作出了××要点(××××)××号土地使用规划设计条件,该规划设计条件是城市规划主管部门经区人民政府的批准,根据《城市规划法》等法律、法规和有关国家技术管理规范作出的,也是××期用地的第一个合法的规划设计条件。20××年××月,××区人民政府批准××镇街道办事处收回××期用地作储备用地,××镇土地发展中心根据《招标拍卖挂牌出让国有土地使用权规定》第四条的规定,委托××区土地房产交易中心以公开交易的方式出让其土地使用权。××区土地房产交易中心分别在报纸和原××市××区国土资源局的网站上进行了挂牌公告后,最终由××市××区××房产有限公司(以下称××公司)依法取得该土地的使用权。

20××年××月,应权属人××公司的申请,答辩人经审查,对××公司拟开发的××期商住楼的修建性详细规划作出×规××复(××××)××号批复,并于20××年××月××日核发××建证(××××)××号《建设工程规划许可证》。

原××市人民政府和原××镇政府根据《城市规划法》的规定,分别组织编制了20××年至20××年的××市中心城区总体规划和××镇总体规划,并依法通过了上级政府的批准。《××省实施〈中华人民共和国城市规划法〉办法》第十八条规定,"县城镇以外的建制镇总体规划作上款所列重大变更时,报原批准机关审批,并报市城市规划行政主管部门备案"。《城市规划法》第二十九条规定,"城市规划区内的土地利用和各项建设必须符合城市规划,服从规划管理";第三十四条规定,"任何单位和个人必须服从城市人民政府根据城市规划作出的调整用地决定"。故答辩人根据《城市规划法》等相关的法律、法规和技术规范的规定作出上述具体行政行为,适用法律正确,程序合法。

3.答辩人已注销×规××复(××××)××号规划批复和××建证(××××)××号《建设工程规划许可证》,原告第一项诉请的内容不可诉。

因原告和其他业主多次投诉建筑物单间距、通风、采光和层数等问题,针对原告的投诉,为营造良好的居住环境,经多次多方协商,20××年××月××日,××公司向答辩人申请变更××期用地的规划设计要点。《城市规划法》第六条规定"城市规划的编制应当依据国民经济和社会发展规划以及当地的自然环境、资源条件、历史情况现状特点,统筹兼顾,综合部署";第十六条规定"任何单位和个人必须服从城市人民政府根据城市规划作出的调整用地决定"。答辩人根据上述规定和以人为本、有效化解群众矛盾、提高城市品质的原则,经××区人民政府同意[××府办复(××××)××号批复]后作出×规××复(××××)××号批复,同意××期规划总平面方案,并注销了原规划批复《×规××复(××××)××号》。调整后的规划方案适当提高了层数,扩大了间距,降低了建筑密度,增加了绿化面积,不仅完全符合国家有关规范,而且还从规划管理的角度最大限度地满足当地住户的要求,有效地解决了原告当时投诉的问题。因上述批复和《建设工程规划许可证》已注销,原告第一项诉请的内容不可诉。

4.××建要点(××××)××号土地使用规划设计条件符合城市规划和有关技术管理规定的原则和要求，答辩人并未滥用职权。答辩人作出××建证(××××)××号《建设工程规划许可证》适用法律正确，程序合法。

××建要点(××××)××号土地使用规划设计条件规划的住宅间距符合《城市居住区规划设计规范(××××)》的规定，而该规范对建筑密度、容积率和层数并无强制性的规定，答辩人对建筑密度、容积率和层数的规划符合《城市规划法》的原则，也符合城市总体规划，故答辩人并未滥用职权。

原告以我局20××年作出的行政许可不完全符合行政区域调整前××市、××市颁发的有关规划管理规定，如《××市规划技术管理规定》、《××市实施〈中华人民共和国城市规划法〉细则》来质疑我局核发的××建要点(××××)××号土地使用规划设计条件和××建证(××××)××号《建设工程规划许可证》，是不符合《行政许可法》规定的。

答辩人作出××建证(××××)××号《建设工程规划许可证》符合《城市规划法》和《××省实施〈城市规划法〉办法》的规定，并履行了法定程序。

5.答辩人依法作出的行政许可并未直接涉及申请人与他人之间的重大利益关系，根据现有的法律法规，答辩人无须组织听证，答辩人作出行政许可并没有违反法定程序。

6.原告与××公司之间的相邻关系属《民法通则》调整的民事关系，如果双方因施工导致纠纷，可申请建设主管部门协调解决，亦可向人民法院提起民事诉讼，与答辩人的具体行政行为无关。

综上所述，答辩人作出具体行政行为证据确凿，适用法律法规正确，程序合法；答辩人作出行政许可的决定并未直接涉及申请人与他人之间重大利益关系，答辩人的具体行政行为对原告的权利义务不产生实际影响，起诉人起诉理由缺乏依据，依法不能成立。根据《行政诉讼法》第五十四条规定，请求法院依法维持我局的具体行政行为。

此致

××市××区人民法院

答辩人：××市规划局××分局
20××年××月××日

附：答辩状副本×份。

第五节　行政复议答辩状

撰写要领

行政复议答辩状是指在行政复议中，被申请人针对复议申请人提出的复议请求以及复议请求所依据的事实和理由进行反驳的一种法律文书。提交复议答辩状是被申请人的重要权利，是其阐明自己的理由和主张的重要机会。被申请人可以通过答辩状，使复议机关全面了解案情，作出公正裁判。因此，被申请人应当积极地准备和利用复议答辩状，争取有利的复议结果。

1.首部

（1）标题。以"行政复议答辩状"直接作为标题。

（2）答辩人的基本情况。

写清楚答辩人的姓名、性别、年龄、民族、籍贯、职业及住址；答辩人如属法人或其他组织的，则应当写明单位全称和所在地址及邮政编码、法人代表的姓名、职务和电话号码。

2.案由

可写明"现对×××（申请人）20××年××月××日提出的复议要求和理由，提出如下答辩"。

3.答辩内容

此处应针对申请人在申请书中提出的要求、事实和理由，阐明被申请人的主张以及相应的事实根据和理由。力争抓住要点，语言精当，论据充分，论

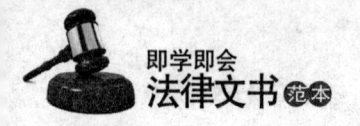

证有力。

4.尾部

写明答辩状应送交的复议机关,右下方写明答辩单位并加盖公章,再由法定代表人签名盖章,并注明年月日。

5.附项

写明作出具体行政行为的有关材料××份;有关证据的名称、来源、数量以及证人的姓名、单位、住址等。

经典范文

范例 1　聚众赌博复议答辩诉状

行政复议答辩状

答辩人:××省××市公安局;地址:××市××区××号;

法定代表人:×××,男,该局局长。

针对复议申请人×××于20××年××月××日提出的复议要求和理由,现提出以下答辩:

第一,×××有赌博故意,其蓄意赌钱是客观事实。

×××在复议申请书中说其玩麻将是"聊天解闷,打发时间",这是其有意掩盖事实。事实是,××月××日中午×××从外地回来,因手头赚了些钱便想赌博,于是喊×××等人过来,先喝酒,后摆桌子赌博。这一事实有当时同赌的×××为证。×××在接受问话时曾说,×××刚回来,就喊我过去打麻将过过瘾,我说别打太大还可以,多了就没钱。×××说打得太小没意思。这说明×××当时想赌博赢钱,根本不是所谓的"聊天解闷"。

第二,×××有赌博的事实。

×××在复议申请书中说玩麻将时只带了不到一百块钱,这是在掩盖事实,推脱责任。事实是,××月××日下午×××等4人共用赌资××××多元,其中×××赢了××××多元,×××输了××××元,其他2人一人赢××××元,一人输××××元。以上事实有×××和×××接受问话时的陈述为证。这说明×××所说的根本不是事实,事实是那天4人在赌博时听到敲门声后匆忙把钱收了起来,只留个别小票迷惑公安人员,以逃避责任。

综上所述,×××的行为完全符合赌博的要件,本局依《中华人民共和国治安管理处罚法》对其予以行政拘留,是完全合法的,申请人×××要求撤销拘留决定的理由不能成立。

此致

××××复议机关

答辩人:××省××市公安局(印章)
法定代表人:×××
20××年××月××日

附:1.作出拘留决定的材料××份。

2.×××、×××的陈述各××份。

范例2　林木林地所有权复议答辩诉状

行政复议答辩状

答辩人:××县××镇××村一组,负责人:×××(该组组长)

被答辩人:××县××镇××村二组,负责任:×××(该组组长)

第三人:×××,19××年××月××日出生,××县××镇××村(一组村民)

答辩人××县××镇××村一组与××村×组"养挂江"林木林地所有权争议一案,对被答辩人20××年××月××日提出的复议申请,现答辩如下:

1. 被答辩人称争议山是××沟×组×××家在民国时期用大洋从××乡××村×××家买来做割秧草地用的,无依据。

答辩人的理由是:争议山原来是本村×组村民×××家的山,后来该村一

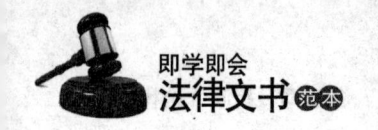

组×××家买来烧木炭,并把祖宗埋在争议山,四五个祖坟现还在。××村一组于××××分山下户,归×××户管理使用至今。

2.被答辩人称:以上所说系答辩人编造的谎言,没依据。20××年×××来争议山边界偷砍松树一棵,被我抓住,罚他二棵松树来赔偿,我处理给××村一组村民×××,这才是事实。

3.20××年林业站长×××林改构图时,私自把该山划归被答辩人,被我发现后,立马向××村一组反映,双方多次调处不成功,20××年××月××日向县人民政府调处办反映,结果为归我管理使用。

为此,答辩人同意××县人民政府行政处理决定书××处(××××)××号文件的判决。

此致

××××人民政府

答辩人:××县××镇××村一组组长×××

第三人:××县××镇××村一组村民×××

20××年××月××日

第六节 行政赔偿请求书

撰写要领

行政赔偿请求书,是指在追究行政机关的行政侵权赔偿责任时,受损害的公民、法人或者其他组织与行政机关发生争议,而向行政机关或者法院提出要求行政机关负责赔偿的书面文书。

1.首部

(1)标题。以"行政赔偿请求书"作为标题。

(2)请求人和赔偿义务机关基本情况。

写明请求人的姓名、性别、年龄、民族、籍贯、职业、住址。法人或其他组织应写明单位名称、地址、法人代表姓名及职务。

赔偿义务机关基本情况：写明该行政机关的名称、地址、法定代表人的姓名、职务。

2.主要请求事项

写明请求人的具体赔偿请求。

3.事实和理由

写明事实经过、适用的法律、法规、规章及规范性文件的有关内容。

4.尾部

写明致送机关，如"此致××市人民法院"；请求人署名或盖章；具文的年月日。

5.附项

写明"本书副本×份、物证×件、书证×件"。

经典范文

范例1 经济损失赔偿请求书

行政赔偿请求书

申请人：××市××××有限公司；××市××街××号；电话：××××××××

法定代表人：×××，董事长；

委托代理人：×××，××市××律师事务所律师；电话：××××××××

被申请机关：××市城区人民法院。

请求事项：

1.不服××市城区人民法院不予赔偿的决定，请求对此决定予以驳回。

2.执行回转××元及双倍利息。

3.赔偿经济损失××元。

事实和理由：

20××年××月××日，××市城区人民法院××法庭强行划拨我投资有限公司银行存款××元。对此，我公司多次提出异议，并于20××年××月××正式向××市城区人民法院提出赔偿请求。20××年××月××日，××市城区人民法院发来(××××)××赔字第×号《不予赔偿决定书》。我公司不服该决定。其理由如下：

1.××市城区人民法院《不予赔偿决定书》以20××年××月××日我公司函告与×××所签订的购房合同无效为由，认为"既然购房合同无效，对×××在××市××投资有限公司的购房款应列入×××被执行财产的范围内"。我公司认为，城区人民法院的这种认识是无法律根据的。

2.××市城区人民法院《不予赔偿决定书》中认定："在执行过程中，×××提出其在××市××有限公司有购房款×××元，并且有该公司的财务收据为证。"城区人民法院给我公司送达的×××张票据中，20××年××月××日购房款××元，20××年××月××日购房款××元，两张票据购房款合计为××元。可是，城区人民法院根据这两张票据怎么会认定为××元呢？并且，以此票据扣划我公司银行存款××元。这难道不是城区人民法院在执行中的错误吗？况且，事实上×××从未向我公司支付过一分钱，××元房款是×××支付的。再有，这两张收据不能作为法律依据，收据上明确写有"此收据不得作为经营性业务收支结算凭证使用"。城区人民法院却以这两张不能使用的收据扣划我公司银行存款，这是不符合规定的。

3.城区人民法院送达的××张票据中有××张是××物业管理有限责任公司20××年××月××日的发票。城区人民法院根据其他法人的发票扣划我公司的银行存款，这难道也是合法的吗？

4.20××年××月××日，××市城区人民法院来我公司执行之前，20××年××月××日××市××区人民法院已将×××所购买的××号、××号商品房查封。城区人民法院明知不能重复执行，但仍然不顾法律规定，坚持强行扣划。作为司法机关，这不是明显的知法犯法吗？

5.城区人民法院执行中有违反程序的行为。

综上所述,城区人民法院不顾法律规定,错误扣划我公司银行存款,侵犯我公司财产权。依据《中华人民共和国国家赔偿法》第十六条第一款、第二十一条第二款、第三十一条的规定,为保护我公司的合法权益,特向中级人民法院提出赔偿请求。

此致
××市中级人民法院赔偿委员会

申请人:××市××有限公司

法定代表人:×××

××××律师事务所律师:×××

20××年××月××日

第七节　行政诉讼代理书

撰写要领

行政诉讼代理书,是指律师或其他代理人以被代理人的名义,在被代理人授权范围内参加行政诉讼,为维护被代理人的合法权益,在法庭辩论阶段所发表的有关对案件的观点和意见的文书。

1.首部

(1)标题,在文书上部正中写明"行政诉讼代理书"。

(2)称谓,顶格写合议庭组成人员。如"审判长、审判员"。

(3)前言,一般包括三个部分:一是说明代理人的合法身份、代理权限;二是说明代理人接受委托后进行的工作;三是表明依据事实和法律提出代理意见。

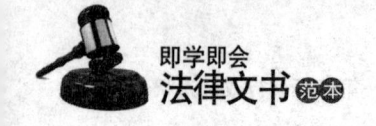

2.正文

(1)作为原告代理人发表的代理意见。这一部分是对起诉状的发挥和补充,对提出诉讼请求所持的理由进行充分的论证。作为原告的代理人,应论证行政机关所作的具体行政行为是不合法的。一般从以下7个方面提出代理意见。

第一,主要证据不充分。在行政诉讼中,被告对其作出的具体行政行为承担举证责任。行政机关所实施的具体行政行为只有事实清楚,证据确凿充分,才能是合法的。如果行政机关实施的具体行政行为所依据的主要证据不确实、不充分,甚至各证据之间相互矛盾,那么就不能反映和证实有关的基本事实,就会使具体行政行为失去立足点。因此,理由部分应指出行政机关在未掌握充分证据的前提下作出具体行政行为,并请求人民法院撤销具体行政行为。

第二,行政机关适用法律法规错误。如果行政机关适用法律法规错误,作出的具体行政行为即为违法或无效。

第三,行政机关实施具体行政行为时违反了法定程序。行政机关在行使行政管理职能的过程中没有严格遵守法律法规所规定的程序,即使作出具体行政行为所依据的事实证据充分,适用法律正确,也有可能导致具体行政行为违法。

第四,行政机关的具体行政行为超越了职权。行政机关实施行政处罚,要在法定职权范围内,依照法律法规规定的处罚种类、幅度进行,否则就是超越职权。超越职权有以下两种情况:一是超越了主管权限,二是所实施的处罚措施种类违反了法律的规定。无论行政机关存在着上述哪一种情况,人民法院都可以判决予以撤销。

第五,行政机关实施具体行政行为时滥用了职权。

第六,行政机关的行政处罚显失公正。

第七,行政机关不履行、拖延履行法定职责。

(2)作为被告代理人发表代理意见。应论证行政机关作出的具体行政行为事实清楚,适用法律适当,程序合法。可从以下几个方面发表代理意见:

第一,行政机关作出的具体行政行为所依据的事实是清楚的。

第二,行政机关作出具体行政行为正确适用了法律、法规、规章或规范性文件。

第三,作出具体行政行为的整个过程符合法定程序。

第四,行政机关是在享有行政管理职权的范围内依法作出具体行政行为。

3.尾部

代理人总结发言,提出对本案的看法和结论性意见。应做到概括有力,简洁明晰。代理书致送的人民法院名称。代理人签名,具年月日。

经典范文

范例1 管理处罚诉讼代理词

行政诉讼代理词

审判长、审判员:

依据我国法律的规定,我接受本案被告××省××县公安局的委托,指派我担任委托代理人,代理诉讼。我的委托权限是特别授权代理,我在授权委托的权限范围内行使代理权。受理本案后,我查阅了案卷,开展了调查,走访了证人,刚才又听取了法庭调查,比较清楚地掌握了本案的全部情况。现依据事实和法律发表如下代理意见,供合议庭参考。

第一,××县公安局对原告所作的处罚裁决是正确的。

20××年××月××日××时,原告×××到××县××旅社住宿,工作人员让其出示证件,×××不听,并与工作人员争吵后强行住入该旅社。旅社餐厅工作人员见状,即打"110"报警,巡警×××让×××出示证件,×××不肯,两人发生争吵,并厮打起来。为此,我局以×××扰乱公共秩序和阻碍国家工作人员依法执行公

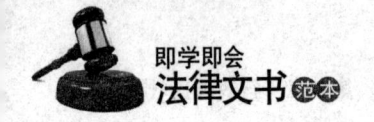

务为由,于20xx年xx月xx日根据《治安管理处罚条例》第十九条第一款的规定对xxx作出罚款xx元的处罚决定。xxx不服,于20xx年xx月xx日向xx市公安局申诉,该局于20xx年xx月xx日以(xxxx)xx字第xx号复议决定书。维持原处罚决定。从上述案件事实可以看出,我局根据《行政诉讼法》第五条和《治安管理处罚条例》第十九条第一款第2项的规定所作的处罚决定事实清楚、适用法律适当、程序合法。

第二,本案已超过了法定的诉讼时效,人民法院不应受理。

根据《治安管理处罚条例》第三十九条的规定,相对人或被侵害人不服上级公安机关裁决的,可以在接到通知后5日内向人民法院提起诉讼。而原告在接到复议决定书后,于20xx年xx月xx日才向贵院提起诉讼,中间相隔48日,显然超过了法定诉讼时效。

综上所述,本案已超过法定诉讼时效期限,人民法院应裁定驳回起诉。退一步讲,即使xxx符合起诉的条件,我局对xxx的处罚事实清楚、适用法律正确、程序合法,对我局的处罚决定也应予以维持。请合议庭充分考虑代理人的代理意见,依法作出公正判决。

此致
xx县人民法院

委托代理人:xxx
20xx年xx月xx日

第六章

各类行政诉讼申请书

第一节 行政复议申请书

撰写要领

行政复议申请书,是指作为行政管理相对于公民、法人或者其他组织,因行政机关的具体行政行为直接侵犯其合法权益而向有管辖权的行政机关申请复议时提交的,据以引起行政复议程序发生的法律文书。

行政复议的申请是公民、法人或者其他组织认为行政机关和行政机关工作人员的具体行政行为侵犯其合法权益而依法请求行政复议机关对该具体行政行为进行审查并作出裁决,以保护自己合法权益的一种意思表示。由于行政复议实行不告不理原则,即行政相对人不申请复议,复议机关不能主动进行复议,因而行政相对人的复议申请是行政复议的前提和基础。

1.首部

(1)标题。以"行政复议申请书"作为标题。

(2)申请人和被申请人基本情况。

申请人是自然人的,应写明姓名、性别、年龄、职业、住址、联系电话等;申请人是法人或者其他组织,应写明全称、地址、法定代表人的姓名、职务及联系电话等。有共同申请人的,应将每一申请人的基本情况分别写明。有权申请复议的公民为无行为能力或者限制行为能力人的,应写明其法定代理人的基本情况。委托律师代为申请复议的,应写明代理律师的姓名及其所在律师事务所的名称。被申请人的基本情况包括被申请人的名称和详细地址等。

2.主要请求事项

明确提出撤销或者变更或者在一定期限内履行具体行政行为。

3.事实和理由

这是行政复议申请书的核心部分,这部分应写明三方面的内容:

(1)事实。应客观地陈述引起具体行政行为的全部案件事实,指出被申请人作出具体行政行为时所认定的事实与客观情况不符。

(2)证据。为证明所陈述的事实,应列举出有关的书证、物证、证人证言以及其他证据材料,有证人的应写明证人的姓名、职业和住址。

(3)理由。应在概括事实的基础上,引有关法律、法规、规章,经过推理,论证复议请求的合法性。

4.尾部

写明致送的复议机关名称,由申请人签名或盖章并注明申请日期,附项中应写明提交的申请书副本的份数和证据的份数。

经典范文

范例 1 故意伤人行政复议申请书

行政复议申请书

申请人:×××,男,19××年××月××日出生,×族,农民,现住××省××县××村。

被申请人:××县公安局。

复议申请人不服××县公安局治安管理处罚(××××)第××号裁决书中对申请人所作的"因故意损坏公私财物给予行政拘留××天,罚款××元处罚"的决定,故根据《治安管理处罚条例》第三十九条的规定,请求××市公安局对本案予以复议。

请求事项:

请求××市公安局撤销××县公安局治安管理处罚(××××)第××号裁决书。

175

事实和理由：

申请人与×××（男，19××年出生，××乡人民政府秘书）系邻居关系。20××年××月××日上午，我家养的一只猪跑进×××院中，并吃了院内菜地的白菜。为此，×××儿子×××，持菜刀将我家猪的腰部砍了两刀，刀口很深，鲜血直流。当晚，两家发生口角。第二天，我请求村干部×××，要求他给予解决。×××说，他没时间，让我去找乡政府的司法助理。司法助理说："把猪砍伤了，这是治安案件，我不管，你找公安派出所吧。"派出所的人又说："砍猪是民事纠纷，派出所不管，得找司法助理解决。"就这样，他们互相推诿，连续多日无人过问。××月××日上午我去乡人民政府再次找司法助理时，×××看见了，说："还有完没完，你怎么那么不要脸！"我在气愤之下，也回他几句。×××听后，竟狠踢我两脚，待我还手时，却被周围的人拉开。我被打后去找派出所，×××所长还是表示不管。我当时很气愤，就说："他打我，砍我家的猪，你们不管，我要打他，你们管不管？"×××所长当时态度生硬，说："你打人就管，杀人就枪毙你。"我说："还非得逼我打他，你们才管吗？那行！"然后我就回家了。

第二天清晨，我到×××院子里，顺手捡了两块砖头，向他家窗户上砸去。砸碎两块玻璃，砸裂一根木质窗框。我回家后还不到3个小时，派出所×××所长和村里治保主任就来到我家。我说："×××的儿子砍了我家的猪，×××又打了我，你们不管，这会儿我砸了他家玻璃，你们该管了吧？"×××所长说："好汉做事好汉当，承认就行，你等着吧。"说完就走了。过了4天，也就是××月××日，×××所长开车来我家，向我宣读了裁决书。我不同意，但他不由分说，把我推上车，拉到××县公安局收审所拘留××天。释放后，我仍不服，这才把裁决书给我了。并说，如不服，可以向上级公安机关申请复议。

不服治安处罚裁决的理由如下：

1.×××砍伤我家的猪，且有两名证人作证，×××踢我，也有人可以作证，公安局对这两件事却都不认定，在处罚裁决书上，只说我砸了×××家的玻璃，至于我为什么要砸×××家的玻璃，裁决书应该说明而不说。这不是实事求是，不应以部分事实来确定案件并作出裁决。

2.派出所在处理本案过程中，毫无顾忌地偏袒乡政府秘书×××，对其"官官相护",利用职权对我百般压制。×××砍伤了我家的猪,×××又打了我,我曾试图用法律程序解决,可是找哪儿都不管,处处都在维护这位"秘书",我在走投无路,无可奈何的情况下,才被逼砸了×××家两块玻璃。然而,××县公安局只处罚我,不处罚×××和×××,这是不公平的。我与×××和×××相比,他们违反社会治安管理的行为更为严重,因为我所做的是他们逼出来的。

3. 派出所处理此案,在程序上严重违法,侵犯了我的合法诉讼权利,派出所×××所长向我宣读县公安局的裁决书,我当即表示不服,但×××所长说:"不服到公安局再说,我们是执行公务。"然后就把我推上车,拉到县公安局收审所执行拘留。他不仅没有向我交代我有申请复议的权利,甚至连裁决书也不给我,剥夺了我的申请复议的权利。而且他也不告诉我,按《治安管理处罚条例》第四十条第二款规定,如能找到保证人或缴纳保证金,拘留可以暂缓执行。他的所作所为,剥夺了我的这项权利,强行把我拘留。其目的是,不管上级公安机关是否撤销一审裁决,反正先下手为强,先抓起来拘留××天再说。他们的行为践踏了国法,是一种严重的违法行为。

综上所述,我请求上级公安机关纠正××乡公安派出所的违法行为,撤销××县公安机关作出的错误裁决,以保护我的合法权益。

此致

××市公安局

复议申请人:×××
20××年××月××日

附:××县公安局治安管理处罚(××××)第××号裁决书复印件××份。

范例 2 设立非法教育机构行政复议申请书

行政复议申请书

申请人:×××,男,××岁,××职业,现住××市××区××镇××路××号,工作单位××××。

被申请人:××市××区教育局。

地址:××市××区××路×号

法定代表人:×××

电话:×××

复议请求:

申请人对被申请人××区教育局20××年××月××日所作××号告知单不服。依据《中华人民共和国义务教育法实施细则》第四十三条及《中华人民共和国行政复议法》第九条、第十二条,向××市教育委员会申请复议。请求撤销××号告知单所作具体行政行为。

事实和理由:

申请复议的事实如下:

被申请人于20××年××月××日针对所谓"××教育机构",作出××号告知单(以下简称告知单)称:"经我局查实,你处设在××镇××号的××教育机构违反了《中华人民共和国教育法》第五条、第八条、第十五条及《中华人民共和国民办教育促进法》有关规定,属于非法教育机构,从事的是非法教育活动。望收到告知单后立即停止其非法活动。"

申请人认为该告知单存在:行政执法程序错误;告知对象错误;认定事实错误;超越执法权限;适用法律不当等五大错误。现特向××市教育委员会申请复议,以期纠正被申请人××区教育局错误的行政行为。

申请复议理由如下:

1.告知单行政执法程序错误

被申请人××区教育局在作出告知单前,既未到所称"×××"所在地址"××镇××号"进行实地调查,也没有向居住在该房屋内的申请人,以及生活在该屋内的孩童进行任何的调查、询问,更不曾制作任何调查笔录。被申请人如何认定告知单中"查实"的事实?

被申请人××区教育局作告知单前未经任何调查,显然违反行政执法程序,并因此导致以下实体认定的错误。

2.告知单告知对象主体错误

被申请人的告知单,所告知的对象为设于"××市××区××镇××路×号××教育机构",但上述地址为申请人私人住所,并未申请登记为教育机构。家中客厅所挂自制的"×××"圆形纸匾,是依据中国传统,家庭自定用以勉励家人及孩童的一个庭训匾额,绝非机构名称。

被申请人××区教育局竟然把申请人家中的"×××"匾额,作为告知对象发告知单,告知对象主体显然错误。

3.告知单认定事实错误

告知单认定:"×××为非法教育机构、从事非法教学活动。"但是:

(1)申请人并未在自家住宅内设立任何教育机构,也从未以"×××"作为教育机构名义对外招生或承诺颁发文凭证书。

申请人只是在家中以自己坚信的教育理念教育年仅四岁半的女儿。不少亲戚及好友因为认同申请人的教育理念,也将自己的子女带到申请人家中,与申请人共同教育子女。这是一种联合式的在家教育方式。这种教育形式在世界先进国家早已进行多年,美国已有两百多万学龄儿童实行在家教育,英国也有十四万学龄儿童实施在家教育。申请人既未设立教育机构,当然谈不上属于"非法教育机构"。

(2)申请人在家教育自己幼龄子女的教育活动内容是:教导孩子背诵中国传统的国学经典《××》、《××》、《××》;背诵西方传统经典《×××》、《×××》;并引导通过背诵已有识字能力的孩童自己阅读中国传统小说《×××》、《×××》等书,以及引导孩童自己学习查阅各种百科全书。以上这种引导孩子养成自主学习能力的教育方法,是目前教育领域最先进、最符合学童天性的教育方式。被申请人未经过调查,从何认定申请人从事的为"非法教学活动"?

因此,告知单认定的事实存在极大的错误。

4.告知单已超越被申请人管理权限

被申请人××区教育局依照《中华人民共和国义务教育法》,只能就设籍于××市××区内的本国学龄儿童,以及违反《义务教育法》的家长进行行政管理。被申请人未进行任何调查,对于在申请人住处共同教育子女的家长及孩童情况完全不了解。这些学童及家长,或为学龄前儿童,或为外国籍,或为外省市学籍,均不属于被申请人行政管理的对象。被申请人××区教育局作出的告知单,显然超出管辖范围和管理权限。

5.告知单适用法律不当

被申请人××区教育局的告知单认定:申请人违反《中华人民共和国义务教育法》第五条、第八条、第十五条及《中华人民共和国民办教育促进法》等法律。但以上各法律条款规范的内容均与申请人及申请人进行的在家教育无关。告知单显属适用法律不当。

(1)《义务教育法》第五条规定,凡年满六岁的儿童应接受义务教育。国家及学龄儿童家长为本条法律的义务人。申请人子女尚未满六岁,不属于学龄儿童,申请人显然不属于本法规定的义务人。

(2)《义务教育法》第八条规定了国家对义务教育的管理权责。此条文的规定与申请人显然无关。

(3)《义务教育法》第十五条规定了国家及学龄儿童父母、监护人的责任。但是,因为申请人女儿尚非属学龄儿童,自然不适用本法。

(4)《中华人民共和国民办教育促进法》规范的对象,是面向社会举办学校及其他教育机构的社会组织或个人。申请人并未设立学校和教育机构,也从未面向社会招收学生,自然不属于该法的规范范围。

综上所述,被申请人××区教育局《告知单》存在:违反法律程序;告知对象主体错误;无事实依据;超越管辖权限;适用法律不当等五大错误。因此,恳请复议机关详细调查后,撤销被申请人××市××区教育局××号告知单所作具体行政行为。

此致

××市教育局

申请人:×××

20××年××月××日

第二节　行政撤诉申请书

撰写要领

行政撤诉申请书,是指在行政诉讼过程中,原告在人民法院对行政案件作出判决宣告前,因原告自己的某种原因或者被告行政机关改变其所作的行政处理决定等原因,而依法向人民法院表明不愿或者不必继续进行诉讼,从而撤回起诉的一种法律文书。

1. 首部

(1)标题。以"行政撤诉申请书"作为标题。

(2)申请人的基本情况。

写明申请人的姓名、性别、年龄、民族、籍贯、职业、住址等。申请人如果是法人或其他组织,则应当写明单位名称、地址、法定代表人或主要领导的姓名及职务。

2. 请求事项

写明提出撤诉的要求。如"因被告改变行政处理结果,现请求撤回诉讼,请求人民法院依法批准"。

3. 撤诉理由

简明扼要地阐明撤诉的理由,如因何种原因使双方已和解或经何种协商,已达成协议等。

4. 尾部

写明致送机关名称,如"此致××××人民法院",而后署申请人(单位)名称和注明年月日。

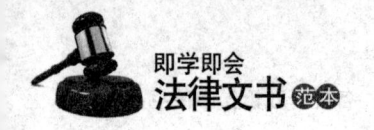

经典范文

范例 1　建房证纠纷撤诉申请书

行政撤诉申请书

申请人：×××，男，19××年××月××日出生，×族，××市××区长途汽车站职工，住××市××区××路××号。

申请人因不服××市××区××局20××年××月××日作出的(××××)××字第××号行政处罚决定书，于20××年××月××日向贵院提起行政诉讼，现申请撤回诉讼，请求法院依法准许。

申请撤诉理由：

申请人因不服被告××市××区××局的错误行政处罚决定而诉至××市××区人民法院，获××市××区人民法院同意并于20××年××月××日裁定停止执行(××××)×××字第××号行政处罚决定书。被告××市××区××局收到上述停止执行裁定后，认识到自己作出的行政处罚决定存在错误，遂派人到申请人家中作出解释说明，并于20××年××月××日退还建房证给申请人，同时换发了新房产证明给申请人，原行政处罚决定书现被撤销作废。鉴于被告××市××区××局已经认识其行政处罚的错误并以实际行动进行了补救，故申请人认为再进行诉讼已无必要。

特此申请撤回起诉，请予核准。

原在起诉时所附送的证据材料(××××)××字第××号行政处罚决定书××份，请予发还。

此致

××市××区人民法院

申请人：×××
20××年××月××日

附：1.××市××区城建局撤销行政处罚决定书×份。

2.新房产证明材料×份。

第三节　撤回行政复议申请书

撰写要领

撤回行政复议申请书，是指申请人在提出行政复议申请后，复议机关尚未作出复议决定前，又自动撤回复议申请的一种法律文书。申请人申请撤回复议要求一般要出于以下两种原因：一是申请人认为行政机关的决定是合法的而自己的复议申请不正确；二是被申请的行政机关改变或者补正了其原来的具体处理决定，申请人同意接受而撤回行政复议申请。

1.首部

（1）标题。以"撤回行政复议申请书"作为标题。

（2）申请人和被申请人基本情况。

写明申请人的姓名、性别、年龄、民族、籍贯、职业、住址等。法人或其他组织应写明单位名称、地址、法人代表人或主要领导的姓名及职务。

2.请求事项

写明提出撤诉的要求，如"请求撤回复议申请，请求××复议机关依法批准"。

3.撤回理由

简明扼要地阐明撤回行政复议申请的理由，如因何种原因使双方已和解或经何种协商，已达成协议等。

4.尾部

写明致送机关名称，如"此致××××（行政复议机关名称）"，最后署申请人（单位）的名称并注明年月日。

经典范文

范例 1　营业执照撤回行政复议申请书

撤回行政复议申请书

申请人：×××，男，19××年××月××日出生，×族，个体工商户，住××省××市××县××镇××号。

申请人因不服××省××县工商管理局吊销营业执照决定一案，于20××年××月××日向××市工商局申请复议，现请求撤回复议申请。

撤回复议申请的理由：

20××年××月××日，××县工商局以销售假电表为理由，以（××××）××字第××号决定书对申请人作出吊销营业执照的行政处罚。申请人不服，向××市工商局申请行政复议。在申请人提出复议申请后，××县工商局委托××县质量技术监督局对该批电表作了抽样鉴定，鉴定结果证明该批电表为质量合格的真表。××县工商局认识到自己的行政处罚决定是错误的，遂于20××年××月××日向申请人作出道歉说明，并于当天将营业执照返还该申请人。鉴于被申请人已正式撤销了原处罚决定，并已将营业执照返还给申请人，因此特申请撤回复议申请。以上请求，请予以审查决定。

此致
××省××市工商局

申请人：×××
20××年××月××日

第四节　停止执行行政行为申请书

撰写要领

停止执行行政行为申请书，是指在行政诉讼活动中，原告申请人民法院停止执行被告行政机关作出的具体行政行为（如行政罚款决定、吊销营业执照处罚决定、行政拘留决定等）的一种法律文书。依照《中华人民共和国行政诉讼法》的规定，通常情况下，在行政诉讼进行期间，不停止具体行政行为的执行。若原告申请停止执行，人民法院认为该具体行政行为的执行会造成难以弥补的损失，并且停止执行不损害社会公共利益的，可以裁定停止执行。当然，如果作为被告的行政机关认为需要停止执行的，或法律、法规规定应当停止执行的，就无须原告申请停止执行。

1.首部

（1）标题。直接以"停止执行行政行为申请书"作为标题。

（2）申请人的基本情况。

申请人是公民的，应写明姓名、性别、年龄、民族、籍贯、职业、住址等。申请人是单位的，则应写明其名称、地址、法定代表人的姓名、职务、联系方式等。

2.申请事项

写明申请停止执行的具体行政行为的名称和内容。如"停止执行××县公安局20××年××月××日作出的（××××）××行处字第××号治安管理处罚决定书"。

3.申请理由

写明如具体行政行为付诸执行，则可能造成难以弥补的损失等。

4.尾部

写明申请递交的法院及递交的日期、申请人签章，申请的年月日等。

经典范文

范例 1　停止执行私房建筑行政行为申请书

停止执行行政行为申请书

申请人：×××，男，19××年××月××日出生，×族，××市××区人，无业，住××市××区××胡同××号。

申请事项：

请求裁定停止执行××市××区城建局20××年××月××日作出的（××××）××字第××号行政处罚决定书。

申请理由：

申请人为解决家庭人口多、住房紧张的实际困难，经向××市××区城建局申请，获准按照被批准的私房建筑许可证及建筑图纸建造一座三层南楼。但由于后来城市规划调整，拟建一条新的街道穿过申请人所居地区，申请人考虑到建南楼有可能会紧靠未来的新街道，既不利于城市总体规划也影响自家居住，所以便向城建局申请改建为三层西楼，但是申请人将图纸及其他材料送审批将近5个月，城建局一直未作答复。其间申请人虽有数次询问和催促，也都没有结果。家里住房拥挤，又有两位老人需要独立的房间居住照顾，所以无奈之下申请人按照新图纸于20××年××月至××月请人在自家宅基地内建一座三层西楼。

在建楼过程中，××市××区城建局曾派人现场查看，竣工时××市××区城建局也派人查验并签发验收合格证。然而当20××年××月××日申请人换房产证时，××市××区城建局却以未经批准私自改建，并在相邻权上给西邻居造成影响为由拒不换发房产证，并于20××年××月××日作出上述行政处罚决定，声称如果申请人在××月××日前没有拆除"违章建筑"，城建局将强制拆除，以利于"城市规划建议"的实施。

　　申请人认为,自己所建楼房在改建时已经报批,只是由于城建局官僚作风严重,办事效率低下才致使长期未获批准,因此申请人改建实属无奈,也合情合理。况且施工中和竣工验收时,××市××区城建局均现场予以认可,说明改建是事实上得到其承认的。至于所谓的"相邻权"问题,由于申请人的楼房完全建在自家宅基地内且高度不超过10米,根本不妨碍西邻的通风、采光等问题,以"相邻权"问题为由作出处罚决定也根本不成立。因此,××市××区城建局的上述处罚决定是错误的,且其已宣称如果申请人不自行拆除楼房该局将强制拆除,一旦实施将会给申请人造成难以挽回的经济损失(申请人为建楼几乎用尽家产,共计投资×××余元),故申请人民法院裁定停止该错误的行政处罚决定。

　　此致
　　××市××区人民法院

申请人:×××
20××年××月××日

最新适用版

第七章
法院裁判文书篇

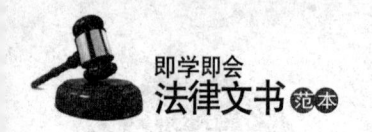

第一节　第一审刑事判决书

撰写要领

第一审刑事判决书,是指人民法院对于人民检察院提起公诉和直接审理的案件,按照《中华人民共和国刑事诉讼法》规定的第一审普通程序审理终结后,根据已经查明的事实、证据和法律规定,确认被告人有罪或者无罪,构成何罪,适用何种刑罚或者免除刑罚作出的书面决定。

1.首部

(1)标题。由法院名称和文种构成。基层法院冠以省、自治区、直辖市的名称。

(2)公诉机关称谓或身份事项。公诉机关写提起公诉的人民检察院的名称。例如:"公诉机关××市人民检察院"。刑事自诉案件分别写明自诉人的姓名、性别、出生年月日、民族、出生地、文化程度、职业或者工作单位、职务和住址。写清楚被告人姓名、性别、出生年月日、民族、出生地、文化程度、职业或者工作单位、职务和住址,何时因何原因被拘留、逮捕,是否在押,现在何处。

2.案由、审判组织、审判方式、审判经过

(1)案件来源,写明是人民检察院提起公诉的,还是自诉人提起自诉。

(2)写明案件的性质,即写明公诉机关或者写明被指控的罪名。

(3)合议庭组成形式,写明是合议庭审判,还是独任审判。

(4)审判形式,写明是公开审理,还是不公开审理。

(5)支持公诉情况,写明人民检察院是否派员和派何人出庭支持公诉。

(6)诉讼参与人情况,写明被害人及其法定代理人、被告人及其法定代理人、辩护人、证人、鉴定人、翻译等人员是否到庭参加诉讼。

3.事实

事实部分可分三个层次来写:

(1)公诉机关或者自诉人指控的犯罪事实。如果是公诉机关提起公诉的刑事案件,第一要概述人民检察院指控的被告人的犯罪事实;第二写明被指控的被告人的犯罪证据;第三概括公诉机关对本案适用法律的意见,包括对被告人定性的意见、量刑情节和具体适用法律的意见。

如果是自诉人提起控诉的案件,则概括写明自诉人指控被告人的主要犯罪事实和犯罪证据及自诉人的诉讼请求。

(2)被告人方的辩护。被告人方的辩护主要写明两方面的内容:第一,概述被告人对指控的犯罪事实的供述、辩解、自行辩护的意见和有关证据;第二,概述辩护人的辩护意见和有关证据。

(3)庭审审理查明的事实和证据。该部分第一要写明经庭审查明的事实,即写明案件发生的时间、地点,被告人的犯罪动机、目的、手段,实施行为的过程、危害结果及被告人在案发后的态度等;第二要写明经举证、质证定案的证据及来源,以及对控辩双方有异议的事实、证据进行分析认证。

4.理由

理由需要从三个方面进行阐述:

(1)根据查证属实的事实、证据和有关法律规定,运用犯罪构成理论,论证公诉机关或者自诉人指控的犯罪是否成立,被告人的行为是否构成犯罪,犯的是什么罪。应否从轻、减轻、免除处罚或者从重处罚。

(2)分析控辩双方关于适用法律方面的意见,并说明是否采纳的理由。

(3)写明判决的法律依据。

5.判决结果

判决结果是对被告人作出定性处理的结论,也就是对被告人作出有罪或者无罪、犯了什么罪、适用什么刑罚或者免除处罚处理的决定,一般有如下三种情况:

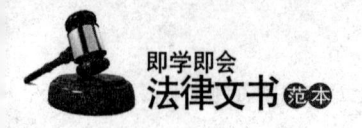

(1)定罪判刑的,写明被告人犯何罪,判处何种刑罚;

(2)定罪免刑的,写明被告犯何罪,免除处罚;

(3)原告无罪的,表述为:"被告人×××无罪"。

6.尾部

写议庭组成人员或者独任审判员署名;写明作出判决的日期;书记员署名;加盖"配件与原件核对无异"的戳记。

经典范文

范例1 索赔债务判决书

××市××区人民法院
刑事判决书

(20××)×刑初字第××号

公诉机关:××市××区人民检察院。

被告人:×××,男,19××年××月××日出生,汉族,××市人,系××市××出租汽车公司司机,住××市××区××路××号××楼××室。现押于××市公安局××分局看守所。

辩护人:×××,××市××律师事务所律师。

××市××区人民检察院以(20××)××检刑诉字××号起诉书指控被告人×××犯交通肇事罪,于20××年××月××日向本院提起公诉。本院依法组成合议庭公开开庭审理了本案。检察院指派检察员×××、×××出庭支持公诉,被告人×××及其辩护人×××到庭参加诉讼。本案现已审理终结。

公诉机关指控20××年××月××日中午,被告人×××驾车从××市××区××路××到××路段由东向西行驶路经××路口时,挂倒正在通过马路的××市××中学教师××××后逃逸,致使×××在××市急救中心因抢救不及时抢救无效,于当日晚×时死亡。公诉机关同时指出，被告人×××在案发后不但没有采取积极抢救措施，反而肇事逃逸，已构成交通肇事罪，应依法从重处罚。

被告人×××对撞倒×××的指控无异议，但认为自己在当时没有意识到已造成交通事故，因此不能认定为肇事逃逸。

辩护人×××辩称：×××的死亡与被告人的离去并没有必然的因果联系，而且被告人×××在案发后主动投案，积极配合侦查机关的工作，确有自首悔罪的表现，建议法庭对其从轻处理。

经审理查明，20××年××月××日××时许，被害人×××与其同事×××一起由北向南穿行××路口过马路时，被由东向西驶来的由被告人×××驾驶的××车撞倒。被告人撞人后并没有停车，而是驾车继续行驶。而×××在路人的帮助下随即被送往××市急救中心，但由于伤势严重，经抢救无效于当日晚××时死亡。××月××日，被告人×××在修车时得到单位的通知，然后在单位领导的陪同下到××市公安局××分局交代案件发生过程，当即被刑事拘留。20××年××月××日，经××市××区检察院批准，被告人×××被逮捕。

证明上述事实的证据有：证人×××的证言、证人×××的证言、证人×××（汽车修理部老板）的证言、被害人×××的法医鉴定报告，被告人×××除了没有承认肇事逃逸之外，其他事实的陈述与证据基本一致。所以，案件事实清楚，证据确实充分，足以认定。

本院认为，被告人×××在应当知道对方已经被撞倒的情况下，违反交通规则，致使被害人×××被撞后头部着地致颅内大出血而造成死亡，其行为已构成交通肇事罪，应予严惩。但是在案发后能主动交代罪行，悔罪态度较好，故其辩护人的辩护意见部分成立，可酌情从轻处罚。为严肃国家法律，维护交通运输安全，保护自然人人身权利不受侵害，依照《中华人民共和国刑法》第一百三十三条判决如下：

被告人×××犯交通肇事罪，判处有期徒刑×年。

刑期从判决执行之日起计算。判决执行以前先行羁押的，羁押一日折抵刑期一日，即自20××年××月××日起至20××年××月××日止。

如不服本判决，可在接到判决书之次日起10日内，通过本院或直接向××

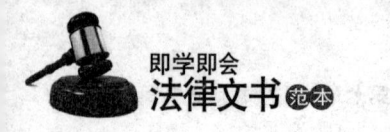

市第一中级人民法院提起上诉。书面上诉的,应交上诉状正本一份,副本两份。

审判长×××

代理审判员×××

代理审判员×××

20××年××月××日

(院印)

本件与原本核对无误。

书记员×××

第二节 人民法院民事裁判书

撰写要领

民事裁判书,是人民法院在处理民事和经济纠纷案件中,就案件的实体问题和程序问题作出处理而依法制作的具有法律效力的文书。

第一审民事判决书,是第一审人民法院对审结的民事案件和经济纠纷案件,就解决当事人实体权利义务争议而依法作出的书面处理决定。它是按第一审普通程序或简易程序制作的民事判决书。

制作好一审民事判决书是人民法院民事审判工作的一项重要任务。民事判决书制作的好坏,直接关系到能否准确运用法律,合理地解决好当事人的诉讼纠纷,关系到人民法院民事审判工作的质量。因此必须依照法律,按照法院诉讼文书格式样本的规定,认真负责地制作。力求叙事清楚,说理透彻,结论明确,格式规范,文字简洁,通俗易懂。

1.首部

(1)标题。分两行书写,第一行写法院名称(基层法院应冠以省、自治区、直辖市的名称),第二行写文书种类,即"民事判决书"。

(2)编号。在标题右下方写编号,表述为"(××××)×民初字第××号"。

(3)诉讼参加人及其基本情况。当事人是自然人的,写明其姓名、性别、出生年月日、民族、职业或工作单位和职务、住址。住址应写明其住所所在地址;住所地与经常居住地不一致的,写经常居住地。

当事人是法人的,写明法人名称和所住地址,并另起一行写明法定代表人及其姓名和职务。当事人是不具备法人条件的组织或起字号的个人合伙的,写明其名称或字号和所在地址,并另起一行写代表人及其姓名、性别和职务。当事人是个体工商户的,写明业主的姓名、性别、出生年月日、民族、住址;起有字号的,在其姓名之后用括号注明"系×××(字号)业主"。

在诉讼过程中,被告提起反诉的,在判决书中还应表明各自当事人在反诉中的称谓,如"原告(反诉被告)"、"被告(反诉原告)"。当事人有诉讼代理人的,应写明是何种诉讼代理人,应具体写明其称谓:系法定代理人、指定代理人或是委托代理人,然后写明其基本情况。法定代理人或指定代理人应列项写明其姓名、性别、职业或工作单位和职务、住址,并在姓名后括注其与当事人的关系。委托代理人应列项写明其姓名、性别、职业或工作单位和职务、住址。如果委托代理人系当事人的近亲属,还应在姓名后括注其与当事人的关系。如果委托代理人系律师,只写明其姓名、工作单位和职务。

2.案件由来和审理经过

(1)事实。事实的撰写是民事判决书中最主要的内容。根据最高人民法院有关样式的要求,第一审民事判决书的事实分两个层次撰写,即各方当事人陈述的争议事实、请求和理由,以及法院在对案件审理后自己认定的事实。

第一层次,写明各方当事人陈述的争议事实,提出的诉讼请求和理由。写明这部分内容,一是为了说明原告为什么要提出起诉;二是为了集中反映原告的真实意思表示,以明确案件的争议焦点;三是可以使法院在叙述认定的事实和证据、阐明判决理由、作出判决结果时有针对性和说服力。

第二层次在"经审理查明"一语之后叙写法院认定的事实。法院认定的事实,必须经过法庭审理查证属实,必须客观、真实、全面。叙写法院审理认定的事实一般有两种写法：一是当事人双方对事实部分一致承认，没有争议的，可直接概括叙述案件事实，用简短的语言，把它表达清楚即可，并说明这些事实为当事人双方所认可；二是当事人对部分或全部案情事实各执一词时，则直接叙述法院审理认定的事实。

(2)理由。是在事实叙述的基础上，对纠纷事实进行的分析认定，体现了人民法院判决的主要观点。民事判决书的理由主要包括两个方面内容，即判决的理由和判决适用的法律。所谓判决的理由就是人民法院根据认定的事实和证据，阐明自己的观点，辨明是非，对当事人正当的请求理由，给予支持，错误的给予批评、教育，讲明道理，从而为判决提供理论依据。所谓判决适用的法律，即判决所依据的民事实体法律条文。

理由部分在民事判决书中占有重要地位。充分的说理，不仅可以起到化解纠纷，排忧解难，息事宁人的作用，而且还是教育感化当事人的重要工具。民事案件判决是否恰当，双方当事人是否折服，完全取决于理由说服力的强弱，说服力强的理由往往能令败诉者息诉。因而一份民事判决书质量的高低，理由部分至关紧要。

3.判决结果

判决结果，是对案件实体问题作出的处理决定。对于判决结果的文字表述，要求具体、明确、完整、合法，使用的词语只能有单一解释，不能似是而非，模棱两可，产生歧义。解决争议的方法要能够实施，具有可操作性；所谓明确，即指语意表达要明确，不致产生歧义和费解。给付之诉，判决给付的物品，要写明物品的种类、具体名称、型号、质地、数量、给付期限以及给付的方式等。如"被告李××，应返还原告杨××女式手表一只"。"女式手表"种类繁多，质量有别，这种写法不明确、不具体。判决结果必须要具有可操作性和实施性，上例判决结果一旦生效，将难以执行，可能会造成各取所需，引发新的纠纷。所以，判决结果的表达不仅要让人看了一目了然，明白易懂，而且要便于实施。切忌笼统。

4.尾部

(1)写明诉讼费用的负担。对于诉讼费用承担的决定，当事人不能提出上诉。所以,关于诉讼费用承担的内容不能写进判决结果中,而应当在判决结果之后另起一行写明。当事人承担的诉讼费用包括案件受理费和其他费用。

(2)写明当事人的上诉权利、上诉期间和上诉法院的名称。对于这部分内容,一般具体可表述为:"如不服本判决,可在判决书送达之日起十五日内,向本院递交上诉状,并按对方当事人的人数提交副本,上诉于××人民法院"。

(3)写明审判人员、书记员的姓名、用印及判决日期。判决书尾部写明的年月日,应为具体送达判决或进行宣判的日期,制作时可以空出,在送达时再填上具体的送达日期。

经典范文

范例 1 侵权损害赔偿判决书

××省××县人民法院
民事判决书

(××××)×民初字第××号

原告:韩××(受害人×××之母,因受害人×××只有×岁,其母代为起诉),女,19××年××月××日出生,住××市××路××号。

委托代理人:马××,××市××律师事务所律师。

被告:××房地产有限公司。

地址:××市××路××号。

第三人:王××,男,19××年××月××日出生,住××市××路××号。

原告韩××诉××房地产有限公司侵权损害赔偿一案,本院于20××年××月××日依法受理后,依法组成合议庭,经被告的申请,本院依法通知王××作为第三人参加诉讼。本院于20××年××月××日开庭进行了审理。由于被告申请本案不公开审理,因此本院决定本案不公开审理。原告韩××及其委托代理人马××,被告××房地产有限公司法定代表人××,第三人王××均到庭参加诉讼,本案已审理终结。

原告诉称:20××年××月××日,原告之女途经被告开发的楼盘×××楼下,被楼上掉下的一个花盆砸伤,经调查该花盆是从该幢楼的×××室阳台掉下的。原告之女被该花盆砸伤之后即住院治疗,花去医药费×万元。原告认为上述事实的发生,是由于被告过错导致的,其后果损害了原告之女的人身和财产权益,故请求法院判令:

1.赔偿医疗费、误工费等各项经济损失×万元;

2.被告承担全部诉讼费用。

原告对其述称的事实提供了下列证据:医院的治疗费和医药费证明。

原告的诉称有证人×××、×××出庭作证。

被告辩称:原告不能证明被告对这样的损害事实发生有过错,而且该×××房屋已经在商品房预售阶段合法出售给王××,并办理了商品房预售登记。只是由于尚没有全部完工,尚未向买受人王××交付房屋。因此原告要求被告赔偿损失的证据不足。

被告的辩解有下列证据证明:(1)商品房预售合同;(2)登记机关出具的登记文书。

在审理过程中,当事人提交的上述证据均经过各方质证。

经审理查明,20××年××月××日,原告之女按照正常行驶路线途经被告开发的楼盘×××幢楼下时,从该幢楼的×××室阳台掉下一个花盆将原告之女砸伤,原告之女花去医药费×万元。被告开发的该×××房屋已经在商品房预售阶段合法出售给第三人王××,并办理了商品房预售登记。只是由于尚没有全部完工,尚未向买受人王××交付房屋。

以上事实有证人证言、物证、书证予以证明。

本院认为,虽然该房屋已经经商品房预售出售给了第三人王××,但基于合同的相对性,该买卖合同不能对抗第三人,因此仍然应当由被告对该房屋造成他人损害承担责任。

因此王××不能作为第三人。但是原告不能证明被告对于造成该损害事实有过错,因此该侵权行为不能成立。其中原告申请出庭作证的证人×××是原告的丈夫,因此其所作的有利于原告之女的证人证言不能采信。原告之女诉讼请求不能得到支持。

根据《中华人民共和国民法通则》第一百二十六条和《中华人民共和国民事诉讼法》第一百三十四条的规定,判决如下:

1.驳回原告的诉讼请求;

2.本案受理费用人民币×××元由原告承担。

审判长:×××
人民陪审员:×××
20××年××月××日

第三节　民事裁定书

撰写要领

民事裁定书,是人民法院在审理民事案件过程中,就解决诉讼程序方面及特定实体方面的问题依法作出的法律文书。民事诉讼法对民事裁定书总的适用范围作了规定,它可根据所解决的具体事项、适用于不同的审判程序、是否立即发生效力、是否适用于诉讼程序等。

按照审判程序不同,民事裁定书分为第一审民事裁定书、第二审民事裁定书、再审民事裁定书、督促程序的民事裁定书、公示催告程序的民事裁定书、企业法人破产还债程序的民事裁定书和执行程序的裁定书。依照法律不同的规定,还可分为:准予上诉的民事裁定书、不准上诉的民事裁定书和准许复议的民事裁定书等,其内容大体与民事判决书相同。但由于判决书是解决案件的实体问题,裁定书是就诉讼活动中的某一环节而做出的决定,因而在写法上则比判决书更为简要、概括。本节主要介绍一审民事裁定书部分文种的写法。二审、再审裁定从略。

由于民事裁定书适用于解决程序方面的问题,不涉及对当事人纠纷的实体处理,相对民事判决书而言,民事裁定书的格式较为简单且固定,制作也较为容易。不过,在制作民事裁定书中要注意如下事项:

一是有的裁定书要交代上诉权。根据《民事诉讼法》的相关规定,不予受理、驳回起诉、管辖权异议的民事裁定书是允许上诉的裁定,制作这类裁定书时要交代上诉权。

二是有的裁定书要写明诉讼费用。准予撤诉、按撤诉处理、驳回起诉、终结诉讼、管辖权异议的民事裁定书尾部要注明诉讼费用的负担情况。

三是有的裁定书要交代复议权利。诉前财产保全、诉讼中财产保全和先予执行民事裁定书应写明裁定的执行效力和被申请人享有的复议权利,分别表述为"本裁定送达后立即执行";"如不服本裁定,可以向本院申请复议一次。复议期间不停止裁定的执行。"

四是诉前财产保全裁定书应写明申请人应当在裁定书之日起15日内向本院起诉,逾期不起诉的,本院将解除财产保全。

民事裁定书内容如下:

1.首部

(1)标题。分两行写明法院名称和文书种类。

(2)编号。在标题的右下方,注明"(年度)×民×字第××号"。

(3)当事人身份概况。写法可参照民事判决书。

2.正文

正文由案由、事实、理由和裁定结果4项内容组成。根据《样式》的规定,对于不同内容的一审裁定,格式写法有所不同,下面再介绍两种常用的裁定写作格式。

(1)不予受理起诉民事裁定书写为:

20××年××月××日,本院收到×××起诉状(或口头起诉),××××××(写明起诉理由）。

经审查，本院认为，××××××（写明不符合起诉条件而不予受理的理由）依照《中华人民共和国民事诉讼法》第一百一十二条的规定，裁定如下：

对×××的起诉，本院不予受理。

（2）管辖权异议民事裁定书写为：

本院受理××××××（写明当事人姓名或名称和案由）一案后，被告×××在提交答辩状期间对管辖权提出异议，认为××××××（写明异议的内容与理由）。

经审查，本院认为，××××××（写明异议成立或不成立的根据与理由）依照《中华人民共和国民事诉讼法》第××条的规定，裁定如下：

被告×××对管辖权提出的异议成立，本案移送××××人民法院处理（若异议不成立的则写：驳回被告×××对本案管辖权提出的异议）。

3. 尾部

交代有关事项。准许或不准撤诉、中止或终结诉讼、补正裁判文书笔误的裁定，不存在有关事项的交代，故"准许撤诉"的或"终结诉讼"的只需写明诉讼费用的负担即可。

署名、日期与用印。审判庭人员署名、书记员署名、日期、用印等与民事判决书相同，可参照。

经典范文

范例 1　不予受理民事起诉裁定书

××省××市中级人民法院
民事裁定书

（××××）×民初字第××号

起诉人：赵××，女，××岁，×族，××市××区师范学校教师，住××市××区××

街××号。

20××年××月××日,本院收到赵××的起诉状,诉称:20××年××月××日赵××在整理其亡父赵××的遗物时,发现赵××日记中记有邻居王××向赵××"借钱"的字样,诉请判令王××归还所借钱款。

经审查,赵××所诉,仅有其亡父日记中的"借钱"字样而无其他佐证,且无具体数额,不能成立。依照《中华人民共和国民事诉讼法》第一百一十二条第三款之规定,裁定如下:

对赵××的起诉,本院不予受理。

如不服本裁定,可在裁定书送达之日起十日内,向本院递交上诉状,上诉于××市中级人民法院。

审判员×××
20××年××月××日(院印)

本件与原本核对无异。

书记员×××

范例 2　管辖权异议民事裁定书

××省××市中级人民法院
民事裁定书

(××××)×民初字第××号

原告:××省××州市建筑公司,地址:××省××州市××路××号。

法定代表人:周××,总经理。

被告:××市××房地产开发有限公司,地址:××市××饭店×××号房间。

法定代表人:刘××,董事长。

本院受理原告××省××州市建筑公司与被告××市××房地产开发公司建筑施工合同纠纷一案后,被告××市××房地产开发有限公司在提交答辩状期间对管辖权提出异议,认为××省××州市建筑公司与××市××房地产开发有限公司签订的建筑施工合同中约定承建的××花园×号——××号×栋别墅坐落于××市，被告××市××房地产开发有限公司住所地亦在××市，故本案应由××市有管辖权的人民法院审理。

经审查，被告××市××房地产开发有限公司所述属实。根据《中华人民共和国民事诉讼法》有关管辖的规定，因公司纠纷提起的诉讼应由被告住所地或者合同履行地人民法院管辖，依照《中华人民共和国民事诉讼法》第三十八条之规定裁定如下：

被告××市××房地产开发有限公司对管辖权提出的异议成立，本案移送××市中级人民法院处理。

如不服本裁定，可在裁定书送达之日起10日内向本院递交上诉状，并按对方当事人的人数提出副本，上诉于××市高级人民法院。

审判长：×××

审判员：×××

审判员：×××

20××年××月××日（院印）

本件与原件核对无异。

书记员：×××

第四节　民事调解书

撰写要领

民事调解书，是人民法院在审理民事案件的过程中，按照自愿、合法的原则，在查明事实、分清是非的基础上主持调解，对当事人之间通过调解而达成的协议予以认可而制作的具有法律效力的法律文书。

民事调解书的作用具体表现为以下三方面：

第一，它是解决人民内部矛盾的有效方式。在审判实践中，民事、经济纠纷通过调解达成协议而结案的大约占半数以上。

第二，易于执行。民事调解书的达成，体现了双方当事人的共同意志，一般来讲，绝大多数当事人能够自觉按照调解协议履行其义务。

第三，通过调解，可较快地解决纠纷，有利于团结和人民的生产和生活安定。

我国《民事诉讼法》规定，人民法院审理民事案件，应当根据自愿和合法的原则进行调解。调解是人民法院民事审判工作和经济审判工作的重要组成部分，也是人民法院处理民事纠纷和经济纠纷的实体问题的重要方式之一。因此，民事调解书也是具有法律效力的民事裁判文书之一种，其法律效力与民事判决书是相同的。

调解除了用于处理民事、经济纠纷案件外，还适用于轻微刑事自诉案件和刑事附带民事赔偿内容部分及行政侵权赔偿案件。

在撰写民事调解书时有以下几点事项要特别注意：

第一，调解只能根据当事人的自愿，在查明事实和分清是非的基础上进行，不能强迫调解。调解不成或调解书送达前当事人反悔的，应当及时作出判决。

第二，叙述调解书的事实，一般可不必分清是非，确定责任，这是因为双方已就争议的内容达成了一致处理意见，但如果一方坚持要分清是非，明确责任的，也可在事实中将之反映出来，总之，以尊重当事人意愿为前提。

第三，达成调解协议的案件，如果涉及民事行为无效或者合同无效的问题，不应在调解书中予以确认，而应当另行制作决定书确认民事行为无效或者合同无效。这是因为，民事行为或者合同的有效无效确认，只能由司法机关即人民法院或其他有权确认的机关（如仲裁机关）予以认可，调解协议是当事人自愿原则的体现，无权就民事行为或合同的效力进行确认。

第四，当事人在一审中达成调解协议的，不是所有的案件都必须制作调解书，对于调解不离婚、维持收养关系、即时履行和当事人不要求制作调解书的,可以不制作调解书。对不制作调解书的协议,应当记入笔录,由双方当事人、审判人员和书记员签名后,即具有法律效力。但是在二审和再审中,当事人达成协议后,应当制作调解书,因为它涉及原审判决的效力问题。

第五,调解书的内容应明确具体,便于当事人的履行。主要表现在:协议的语意必须明确具体,不能含糊笼统;调解书的内容应当完整,不能遗漏;协议内容应当符合法律的规定,即使当事人达成协议,若协议内容违法,法院不能予以确认;调解书送达前,如有一部分已执行,在调解书中应写入已执行部分,并加括号注明;调解书中不应使用强制性的词语,不宜写进教育性词句,不要写当事人无其他争议和调解成立的日期;二审调解书也无须写撤销原判决,因为民事诉讼法规定,二审和再审调解书送达后,即视为原判决撤销;若当事人对诉讼费用的负担协商达成一致的,应将诉讼费用的负担作为协议内容的最后一项加以标明。

第六,无民事行为能力人的离婚案件,由其法定代理人进行诉讼。法定代理人与对方达成协议要求发给判决书的,可根据协议内容制作判决书。

1.首部

(1)标题。分两行写明法院名称和文种。

(2)编号。写在标题右下方的位置,"(××××)×民×字第××号"。

(3)当事人情况。如系一审的调解书,应按顺序分别写明原告、被告、第三人的自然情况。如系二审的调解书按上诉人、被上诉人、第三人的顺序写。如系再审的调解书按原审原告、原审被告、原审第三人的顺序写。具体写法与一审、二审、再审判决书相同,可分别参照。

2.案由

案由,即写案情事由。即写明案件的性质,如"婚姻纠纷或买卖合同纠纷或损害赔偿"等。

3.事实

这一部分要简要写明当事人的请求和案件事实。这一部分可写成一段,也可根据需要写成两段。

当事人的诉讼请求,即当事人提出的实体权利要求。原告起诉的事实、理由及诉讼请求和被告方的辩称(即答辩内容)都要简要概括说明。

调解书的制作必须以事实为基础,如果不把当事人双方争议的事实叙写清楚,调解就没有根据。案件事实的叙写因案情繁简和审级不同而有所区别。

一审民事调解书可简要写明案情的事实,重点写明当事人法律关系的构成和争执的焦点。案情若比较复杂,可以稍为详细叙述,但与民事判决书叙述事实相比,仍然要简单得多;二审和再审民事调解书,除简要写明案件的事实外,还要简述原判决的结果、上诉人的上诉请求和理由、被上诉人的答辩、第三人的陈述以及申请再审的请求和理由。

有些特殊案件,根据具体情况,事实也可以不写,或极其简洁地概述即可。如一些离婚案件,因当事人一方有"外遇"经调解达成协议不再离婚者,只要把话讲清楚即可。但不写事实的调解书是不多见的。

4.协议内容

调解协议的内容即调解结果。根据有关规定,一审民事调解书的制作,不要求写理由部分,只需在写完事实以后,另起一行写明"本案在审理过程中,经本院主持调解,双方当事人自愿达成如下协议",然后再写双方达成的调解协议内容。调解协议的内容,应当具体、明确、具有较强的可操作性,便于生效后双方当事人能够履行。如果案件诉讼费用的负担双方也达成协议的,可以作为调解内容的最后一项予以写明。

5.法院对协议内容的确认

在写明当事人达成的调解协议的内容之后,另起一行写明:"上述协议,符合有关法律规定,本院予以确认。"

6.尾部

民事调解书尾部的撰写与民事判决书基本相同,主要写明民事调解书的生效条件和效力,表述为:"本调解书经双方当事人签收后,即具有法律效力。"

在民事调解书的尾部要有审判人员、书记员署名等各项内容,与第一审民事判决书一致。

经典范文

范例 1　买卖合同纠纷调解书

××市××区人民法院
民事调解书

（××××）×民初字第××号

原告：××××电力设备制造有限公司，位于××省××街××号。

法定代表人：陈××，董事长。

委托代理人：×××，男，19××年××月××日出生，汉族，××大学××院副教授，住××市××区××大街××号。

被告：××××开关厂，位于××市××区××村。

法定代表人：赵××，厂长。

委托代理人：刘××，××市××律师事务所律师。

原告××××电力设备制造有限公司（以下简称电力公司）与被告××××开关厂（以下简称开关厂）买卖合同纠纷一案，本院受理后，依法进行了审理。

原告电力公司诉称：20××年××月，我公司应开关厂的请求，向开关厂运送了型号为×××的×单元开关柜共××台，×××的×单元开关柜共××台，货款共计××万元。我公司已给××开关厂全部开具了增值税发票。20××年××月××日，开关厂退回我公司×单元开关柜××台，价值共计××万元。扣除退回的货款，开关厂仍欠原告货款××万元。经我公司多次催要，开关厂至今未付。

诉讼请求：

1. 请求法院判令开关厂归还我单位货款××万元，并支付欠款的同期利息××万元。

2. 支付我公司差旅费×万元。

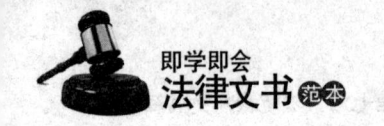

3.诉讼费用由开关厂负担。

被告开关厂辩称:对电力公司所诉事实及欠款数额无争议,愿与电力公司协商解决。

本案在审理过程中,经本院主持调解,双方当事人自愿达成如下协议:

1.被告××××开关厂给付原告××××电力设备制造有限公司货款××万元,于20××年××月××日前给付××万元,20××年××月××日前给付××万元,20××年××月××日前给付××万元,20××年××月××日前给付××万元。如20××年××月××日前未付清全部货款,被告××××开关厂支付原告××××电力设备制造有限公司未付清货款的利息损失(自20××年××月××日起至付清之日止,按年利率5%计算)。

2.案件受理费××元,由被告××××开关厂负担,于20××年××月××日前直接付给原告××××电力设备制造有限公司。

上述协议,符合有关法律规定,本院予以确认。

上述协议,于20××年××月××日经各方当事人、审判人员、书记员签名,已具有法律效力。

审判员杨××

20××年××月××日(院印)

本件与原件核对无异。

书记员崔××

范例 2 人身损害赔偿调解书

××省××市中级人民法院
民事调解书

(××××)××民终字第××号

上诉人(原审原告):李××,男,19××年生,汉族,农民,住××县××镇××村。

上诉人(原审原告):李×,男,19××年生,汉族,学生,住址同上。

法定代理人：李××(李×之父)。

上列当事人的委托代理人张××，××律师事务所律师。

上列当事人的委托代理人袁××，男，教师，住××县××中学宿舍。

被上诉人(原审被告)：××县××镇集体商业总店(下称商业总店)。地址：××县××镇街道。

法定代表人：朱××，商业总店经理。

委托代理人：陈××，××律师事务所律师。

委托代理人：祝××，男，××县供销合作社科长，住址：××县供销合作社宿舍。

案由：人身损害赔偿。

上诉人李××、李×不服××县人民法院(××××)×民初字第××号民事判决，向本院提起上诉，请求撤销原判，判令被上诉人商业总店赔偿经济损失。

20××年××月××日李××从商业总店购买煤油×公斤，次日晚××时许将其用于照明时发生爆炸，导致李××、李×父子被烧伤。经医院诊断：李××为左上肢、右下肢10%面积烧伤；李×头、颈、胸、双上肢13%面积烧伤伴感染。本院法医鉴定李×面部损伤属五级伤残。李××父子住院治疗期间，商业总店支付了医疗费×万元。而后，双方就赔偿问题协商未果，李××、李×于20××年××月诉诸原审法院，要求商业总店赔偿××万元。原审法院判决李××、李×的诉讼请求后，李××、李×不服，向本院提起上诉。

本案在审理过程中，经本院主持调解，双方当事人自愿达成以下协议：

一、商业总店赔偿李××、李×经济损失×万元。扣除已付×万元，余款×万元，本调解书送达之日给付××元，今年××月××日前给付××元，20××年××月××日前给付××元，××月××日前给付××元。20××年××月××日前给付××元，××月××日前给付××元。

二、一审诉讼费××元，二审诉讼费××元，合计××元，商业总店负担××元，李×负担××元。

上述协议，符合有关法律规定，本院予以确认。

本调解书经双方当事人签收后，即具有法律效力。

审判长：沈××

审判员：李××

审判员：陈××

20××年××月××日

本件与原件核对无异。

书记员：高××

第五节　第二审民事判决书

撰写要领

第二审民事判决书，是第二审人民法院根据当事人的上诉，依照第二审程序，对没有发生法律效力的第一审民事判决进行审查后作出的书面决定。

上诉是法律赋予当事人的一项重要诉讼权利。依照法律规定，一审中的原告、被告、有独立诉讼请求权的第三人及其法定代理人，对第一审人民法院做出的判决和裁定不服，可以要求上级人民法院对原审裁判重新进行审判，以保障人民法院正确行使审判权，使自己的合法权益不因错判而受到损害。

第二审民事判决书一经作出，立即发生法律效力。民事诉讼法规定，人民法院审理民事案件，实行两审终审制度，第二审人民法院的判决是终审的判决。该判决书是两审终审制度的主要手段和表现形式，对其制作有更高的要求。

《民事诉讼法》第一百四十四条规定："当事人不服地方各级人民法院第一审判决、裁定的，有权向上一级人民法院提起上诉。"该法第一百五十一条规定："第二审人民法院应当对上诉请求的有关事实和适用法律进行审查。"

《民事诉讼法》第一百五十二条规定："第二审人民法院对上诉案件，应当组成合议庭，开庭审理。经过阅卷和调查，询问当事人，在事实核对清楚后,合议庭认为不需要开庭审理的,也可以径行判决、裁定。第二审人民法院审理上诉案件,可以在本院进行,也可以到案件发生地或者原审人民法院所在地进行。"

撰写第二审民事裁判书时要注意以下三点:

第一,在制作二审民事判决书时,叙述二审民事判决书的事实要体现出上诉审的特点,针对上诉人提出的问题及一审认定的事实进行重点叙述。一审认定的事实有遗漏的,复审认定的事实应在其基础上补充叙述;一审认定的事实不准,或错误较多的,复审认定的事实就应详细叙述经审查后认定的查明事实,以便进行比较,从中体现出二审对一审事实的纠正。对于事实认定准确,没有出入的,复审事实则可以从简叙述或不予叙述。

第三,制作二审法院经审理认定的事实和证据这部分时,应根据案件的不同情况采取不同的书写方法。大体上有以下4种情况:(1)原判决认定的事实清楚,上诉人又无异议的,可以简叙;(2)原判决认定的主要事实或部分事实有错误的,对改变的事实要详叙,并运用证据,指出原判决认定事实的不当之处;(3)原判决认定的事实有遗漏的,则应补充叙述;(4)原判决认定的事实没有错误,但上诉人提出异议的,应把有异议的部分叙述清楚,并应有针对性地列举相关的证据进行分析,论证异议不能成立。

第三,在行文中,阐述理由亦需加强针对性和说服力,避免照抄原判理由,反对公式化的空洞语言。要围绕原判决是否正确,上诉是否有理进行具体的分析论证。原判正确,上诉无理的,要指出上诉请求的不当之处;原判不当,上诉有理的,应阐明原判决错在何处,上诉请求符合什么法律、规定;原判决部分正确,或者上诉部分有理,则要具体阐明原判决和上诉请求分别对在哪里,错在哪里。理由部分需要论述的内容较多的,可以分层次进行论证。在援引法律条款方面,维持原判的,只需援引《民事诉讼法》第一百五十三条第一款第一项;全部改判或者部分改判的,除了应当援引民事诉讼法的有关条款外,还应援引改判所依据的实体法的有关条款。

二审民事判决书同一审民事判决书在格式上基本相同,但由于审判程序不同,因此它的内容及写法与一审民事判决书具有不同之处。

1. 首部

(1)标题。应将人民法院名称和文书种类分两行书写,标题中不必反映审级,即无须写"××人民法院二审(或终审)民事判决书"。

(2)编号。在标题右下方写编号,表述为"(××××)×民终字第×号"。

(3)诉讼参与人的不同称谓及基本情况。提起上诉的当事人,称为"上诉人"。对方当事人则称为"被上诉人"。双方当事人甚至第三人都提起上诉,则均为上诉,没有被上诉人。对此,目前在理论上有分歧,但在操作时应按最高人民法院的司法解释执行。

按照次序列出上诉人(原审原告或原审被告,原审第三人)的姓名、性别、出生年月日、民族、工作单位、职业、住址。如上诉人为企事业单位、机关、团体的,先写明单位的全称和所在地址,再写明其法定代表人的姓名和职务。

诉讼代理人栏。在这一栏中应先写明代理人的具体种类,如法定代理人、委托代理人或指定代理人。再写明姓名(法定代理人需注明上诉人的关系)、性别、年龄、工作单位、职业、住址。委托代理人是律师的可只写:姓名,××律师事务所兼(专)职律师即可。

被上诉人栏。这一栏应写明被上诉人(原审原告或原审被告、原审第三人)的姓名、性别、出生年月日、民族、工作单位、职业、住址。若被上诉人系企业事业单位、机关、团体时,应先写明单位全称和所在地址,再写明其法定代表人的姓名、工作单位及职务。

被上诉人的诉讼代理人栏目填写与上诉人诉讼代理人栏目写法相同。

如二审中有第三人参与诉讼,还需要写清第三人的身份概况,第三人请了代理人的,其写法仍同上诉人栏目。

2. 案件由来与审理经过。

根据《民事诉讼法》第一百五十二条的规定,审理经过在案件由来后续写:"本院依法组成合议庭,公开(或不公开)开庭审理了本案。"接着写当事人到庭参加诉讼情况和"本案现已审理终结"字样。若是未开庭的,则写:"本院依法组成合议庭审理了本案,现已审理终结。"

3. 事实

事实是二审维持原判或者改判的根据。书写时要体现出上诉审的特点，主要是针对上诉人提出的问题进行重点叙述，并适用相应的证据进行分析评断。要注意交代清楚民事法律关系的诸要素，注意详略得当。要概括地写明原审认定的事实和判决结果。简述上诉人提起上诉的请求和主要理由，被上诉人的主要答辩，第三人的意见。制作二审法院经审理认定的事实和证据这部分时，应根据案件的不同情况采取不同的书写方法。

4.理由

理由是判决的依据，应根据二审查明的事实，针对上诉请求和理由，就原审判决认定事实和运用法律是否正确，上诉理由能否成立，上诉请示是否应予支持，以及被上诉人的答辩是否有理等，进行有分析的评述，阐明改判或维持原判的理由，并写明判决所依据的法律条款项，包括程序法和实体法。

5.判决结果

这一部分是二审民事判决书的关键部分。它是对一审判决的最后确定。根据我国《民事诉讼法》第一百五十三条的规定，二审民事判决书经过审理，做出最终处理决定的，主要有四种情况：驳回上诉，维持原判；部分改判；全部改判；增加新的判决，见范文。

6.尾部

二审民事判决书的尾部主要应写明以下两方面的内容。

（1）根据《民事诉讼法》第一百五十八条的规定："第二审人民法院的判决、裁定，是终审的判决、裁定。"表明当事人再无上诉权利。因而在诉讼费用负担的左下方应写明"本判决为终审判决"的字样。

（2）在此项右下方由合议庭人员，即审判长、审判员（或代理审判员）署名，并注明制作判决书的年月日，加盖院印。再下方是书记员署名，书记员署名的左上方打出"本件与原本核对无异"字样。

经典范文

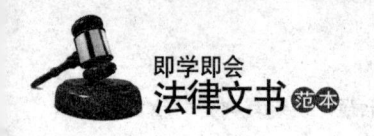

范例 1　土地承包纠纷判决书

××省××市中级人民法院
民事判决书

(××××)××中民终字第×××号

上诉人(原审被告):李××,男,19××年××月××日生,汉族,××省××县××村××四组。

被上诉人(原审原告):××省××县××村民委员会。

法定代表人:王××,村民委员会主任。

上诉人李××因土地承包合同纠纷一案,不服××县人民法院(××××)×民初字第××号民事判决,向本院提起上诉。本院依法组成合议庭审理了本案,现已审理终结。

原审判决认定,上诉人承包被上诉人土地、果园,应按合同约定缴纳承包金,上诉人拖欠是错误的,应承担违约责任。上诉人要求被上诉人支付其20××年下半年工资,查无实据,且已过诉讼时效。据此判决上诉人付给被上诉人土地、果园承包金(含特产税、粮油差价款)××元,违约金××元,共计××元。

李××上诉称,被上诉人应支付其××年下半年的工资可与本案合并审理,应从总欠款中扣除其工资款。

被上诉人辩称,关于上诉人的请求,一是没账可查,二是当时村委已作过处理,故上诉人以此为由拖欠承包金是错误的。

经审理查明,上诉人自20××年以来承包被上诉人土地××亩、果园××亩(果树××棵)。依据《土地承包协议》上诉人除了20××年××月上缴土地承包金××元,果园承包,已交××元,另欠粮油差价款××元,共欠××元;20××年应上缴土地承包金××元,果园承包金××元;苹果特产税××元,已交××元,共欠××元;20××年应上缴土地承包金××元,果园承包金××元,苹果特产税××元,另欠粮油差价款××元,已交××元,共欠××元;20××年应上缴土地承包金××元,果园承包金××元,已交××元,尚欠××元。以上上诉人共欠被上诉人××万元。

本院认为,上诉人承包被上诉人土地、果园应按约定缴纳承包金,无故拖欠应承担违约责任。上诉人要求被上诉人支付其20××年下半年工资,查无实据,且已过诉讼时效,上诉无理,本院不予支持。

根据《中华人民共和国民事诉讼法》第一百五十三条第一款第一项之规定,判决如下:

驳回上诉,维持原判。

二审案件受理费××元,由上诉人负担。

本判决为终审判决。

审判长:×××
审判员:×××
审判员:×××
20××年××月××日(院印)

本件与原本核对无异。

书记员:×××

第六节　再审民事判决书

撰写要领

再审民事判决书,是人民法院对本院或者上级人民法院对下级人民法院已发生法律效力的民事判决或调解协议,发现确有错误,按照审判监督程序进行再审,审理终结后所制作的文书。

再审民事判决书是审判监督程序的民事判决书。民事诉讼法对审判监督程序作出了专门规定,该判决书产生的原因和依据,是已发生法律效力的裁定、判决和调解协议确有错误,经原审法院决定,或上级法院指令或提审,或当事人申请,或人民检察院抗诉而再审。再审的目的在于纠正已经审判生效但确有错误的案件,保护国家、集体和公民的合法权益,维护国家法制的统一。再审民事判决书是再审目的的要求和反映,体现社会主义法制原则。

《民事诉讼法》规定:(1)当事人对已经发生法律效力的判决、裁定,认为有错误的,可以向上一级人民法院申请再审,但不停止判决、裁定的执行。(2)各级人民法院院长对本院已经发生法律效力的判决、裁定,发现确有错误,认为需要再审的,应当提交审判委员会讨论决定。最高人民法院对地方各级人民法院已经发生法律效力的判决、裁定,上级人民法院对下级人民法院已经发生法律效力的判决、裁定,发现确有错误的,有权提审或者指令下级人民法院再审。(3)最高人民检察院对各级人民法院已经发生法律效力的判决、裁定,上级人民检察院对下级人民法院已经发生法律效力的判决、裁定,地方各级人民检察院对同级人民法院已经发生法律效力的判决、裁定,发现有错误的,应当提出抗诉。接受抗诉的人民法院应当自收到抗诉书之日起30日内作出再审的裁定。

当事人申请再审的,应当提交再审申请书等材料。人民法院应当自收到再审申请书之日起5日内将再审申请书副本发送对方当事人。对方当事人应当自收到再审申请书副本之日起15日内提交书面意见;不提交书面意见的,不影响人民法院审查。人民法院可以要求申请人和对方当事人补充有关材料,询问有关事项。

因当事人申请裁定再审的案件由中级以上的人民法院审理。最高人民法院、高级人民法院裁定再审的案件,由本院再审或者交其他人民法院再审,也可以交原审人民法院再审。当事人申请再审,应当在判决、裁定发生法律效力后两年内提出;两年后据以作出原判决、裁定的法律文书被撤销或者变更,以及发现审判人员在审理该案件时有贪污受贿,徇私舞弊,枉法裁判行为的,自知道或者应当知道之日起3个月内提出。

按照审判监督程序决定再审的案件,根据法律规定应裁定中止原判决的执行。裁定由院长署名,加盖人民法院印章。人民法院按照审判监督程序再审的案件,发生法律效力的判决、裁定是由第一审法院作出的,按照第一审程序审理,所作的判决、裁定,当事人可以上诉;发生法律效力的判决、裁定是由第二审法院作出的,按照第二审程序审理,所作的判决、裁定,是发生法律效力的判决、裁定;上级人民法院按照审判监督程序提审的,按照第二审程序审理,所作的判决、裁定是发生法律效力的判决、裁定。人民法院审理再审案件,应当另行组成合议庭。

生效的民事判决提起再审的来源有本院决定再审的、上级法院指令再审的、上级法院依照审判监督程序提审的、当事人申请再审的和检察院抗诉。因为其提起再审的来源不同,在制作再审民事判决书时,其表述来源的过渡性语言有所不同,其他内容则基本相同。

无论再审结果是维持原判还是予以改判,其判决书都应体现实事求是、依法办案的原则,坚持有错必纠,执法必严。对已生效但确有错误的裁定、判决和调解,应按审判监督程序再审,不能重立新案,不能出具两份自相矛盾的法律文书,无论哪一类再审案件,只要改变原判决时,在判决结果中,都应一并撤销原一审或一、二审判决裁定的全部或某一部分。

再审民事判决书在结构上,与一审、二审民事判决书相同。不同种类的再审民事判决书,主要区别是提起再审的由来不同,而其他内容基本一致。

1.首部

(1)标题。标题分两行写明法院名称和文书种类,标题不需要写审级。

(2)编号。编号的书写位置在标题的右下方,注明:"(××××)×民再×字第×号",其中"民再×字"中的"×"应表示审级,按照一审程序审理的为"民再初字",按照二审程序审理的为"民再终字"。

(3)称谓。当事人的称谓应使用"原审原告或原审上诉人","原审被告或原审被上诉人"和"原审第三人",具体应根据审级确定写明。如果是因抗诉而再审,则应在当事人之前写明"抗诉机关××××人民检察院"。诉讼代理人的写法同一审民事判决书。

2.案由、再审来源、再审的提起及审判方法

本院决定再审的,应这样表述:"××(内容同上)本院以(××××)×民监字第××号民事裁定,决定对本案进行再审。"

上级法院提审的,应表述为:"××一案,××人民法院于××作出××民事判决(或调解协议),已发生法律效力。20××年×月×日,本院以(××××)×民监字第××号民事裁定,决定对本案提审。"

上级法院指令再审的,其写法是:"××(内容同提审)20××年××月××日,××××人民法院以(××××)×民监字第××号民事裁定,指定本案再审。"

当事人申请再审的,判决书中应表述为"××(写明原审当事人姓名或名称和案由)一案,本院于20××年××月××日作出(××××)×民×字第××号民事判决(或裁定、调解协议),已经发生法律效力。20××年××月××日,原审×告(或原审第三人或原审上诉或原审被上诉人)××××向本院申请再审,经审查该申请符合法律规定的再审条件。本院提起再审后,××××"

因抗诉而再审的,应定作:"××(内容与当事人申请再审相同)××××人民检察院于×××年××月××日对本案提出抗诉。本院决定对本案进行再审,××"

3.事实

再审民事判决书的事实部分,在内容与写法上与二审民事判决书类似。首先应当概括叙述原生效判决认定的主要事实、理由和判决结果,当事人在再审中的主张和请求要简写;其次重点写明再审认定的事实和证据。这部分内容可参照二审民事判决书事实部分的写作方法进行操作。

4.理由

再审民事判决书的理由包括两项内容:一是根据再审查明的事实,论述原审生效判决定性处理是否正确,如有申请再审、申诉或抗诉的,要针对其申诉、申请再审、抗诉的观点能否成立阐明应予改判,如何改判,或者应当维持原判的理由。二是写明再审判决依据的法律条文,即"依照××(判决依据的法律)的规定,判决如下",论述再审判决的理由要抓准关键,亮明观点,论述充分,合法有据。

5.判决结果

再审民事判定书的判决结果分为维持原判、全部改判、部分改判和增加新判决四类。

(1)维持原判的写:驳回申诉(或再审申请或抗诉)维持原判。

(2)全部改判的写:撤销×××人民法院(××××)×字第×号民事判决书或本院(××××)×字第×号民事判决书,以及改判的内容。

(3)部分改判的写:维持×××人民法院或本院(××××)×字第×号民事判决书第×项;撤销×××人民法院或本院(××××)×字第×号民事判决书第×项;以及改判的内容。

(4)加判的写:维持×××人民法院或本院(××××)×字第×号民事判决书,以及加判的内容。

另外,属于上级人民法院提审、指令再审或本院决定再审的,可写:原判正确,予以维持。

如需驳回其他之诉的,在判决项目之后应另列一行,写明:驳回申诉人(或申请人)×××(姓名)其他诉讼请求。

6.尾部

由于再审的案件,有按第一审程序再审的,也有按第二审程序再审的,因而尾部应分别参照第一审或第二审民事判决书的尾部写法书写。

经典范文

范例1 再审借贷债务判决书

××省××中级人民法院
民事判决书

(××××)×中民再终字第×号

申诉人(原上诉人):苏××,男,19××年××月××日,汉族,××光电技术研究所干部，住本市××区××路××号。

被申诉人（原上诉人）：肖××，女，19××年××月××日，汉族，××院设计所工人，住本市××区××胡同××号。

委托代理人：杨××（肖××之夫），19××年××月××日，汉族，××市政法干校司机，住址同上。

申诉人苏××因借贷纠纷一案，不服本院(××××)×中民终字第××号民事判决，向本院提出申诉，经本院审判委员会决定，对此案进行再审。

本院依法组成合议庭，审理了本案，经再审查明：

20××年××月，苏××经汪××介绍与马××相识。20××年××月××日马××以借贷方式向苏××诈骗人民币××元，苏××发现受骗后，于当日找马××追回××元，所余××元在苏××紧追的情况下，由马××找肖××出面作保，并写了借条："马××借到苏××现金××元整（由借方提出利息为30%），本利全部于20××年××月××日以前归还。如借款人马××逾期不能归还时，则由担保人肖××偿还××元整。"马××于20××年××月因诈骗罪被判处有期徒刑7年。

20××年××月，苏××诉诸原审人民法院以马××向自己借款××元，逾期不还为由，要求肖××偿还，肖××提出自己也是受骗作保，不同意偿还借款××元。原审法院判决，肖××偿还苏××借款××元整，自20××年××月起，每月给苏××人民币××元整。判决后，苏××以不同意每月付人民币××元偿还方式为由；肖××以自己是受骗作保，不应负偿还债务的责任为由，均上诉至本院。二审认为，苏××以高利贷款是违反国家法律的行为，不应受法律保护，于20××年××月××日以(××)×中民终字第××号民事判决：一、撤销××市××区人民法院(××××)西民初字第××号民事判决；二、驳回苏××之诉讼请求。终审判决后，苏××以二审判决认定自己以高利贷款不符合事实，肖××仍应偿还借款为由，向本院提出申诉。

经本院再审认为：马××以借贷方式进行诈骗犯罪，已受到国家法律制裁。苏××与马××、担保人肖××之间不是正当的民事借贷关系，原判认定苏××以高利贷款，证据不足，本院不予认定。苏××受骗借款，肖××受骗作保都应从此事中吸取教训。苏××要求肖××偿还借款，本院不予支持。综上所述，一审判决承认苏××与马××的借款关系,让肖××负连带偿还责任,二审判决认定苏××高利贷款均属不当,应予撤销。

据此,本院改判如下:一、撤销××市××区人民法院(××××)×民初字第××号民事判决和本院(××××)×中民终字第××号民事判决;二、驳回苏××的诉讼请求。

本判决为终审判决。

审判长:刘××

审判员:李××

代理审判员:郝××

20××年××月××日(院印)

本件与原本核对无异。

书记员:董××

第七节　第一审行政判决书

撰写要领

行政裁判文书,是人民法院在审理行政案件过程中,依照《中华人民共和国行政诉讼法》(以下简称《行政诉讼法》)规定的程序,对行政诉讼当事人因具体行政行为引起的行政争议,适用法律、行政法规和地方性法规,参照有关行政规章,从实体和程序两方面加以解决所制作的具有法律效力的司法文书。

第一审行政判决书,是第一审法院按照《行政诉讼法》规定的程序,对于审理终结的第一审行政诉讼案件,依照法律和行政法规、地方性法规,以及参照有关行政规章,就案件的实体问题作出处理的书面决定。

人民法院通过对行政案件的审理,并依法对国家行政机关的具体行政行为是否公正、合法做出正确的判决,可以及时解决民与官的纠纷,有力地监督制约行政机关的行政工作,这对于调整,稳定行政法律关系,保障行政机关依法行政,切实维护当事人的合法权益具有重要作用。

1.首部

(1)标题。标题分两行写明人民法院名称和文书种类。

(2)编号。在标题右下方写明案件编号,如:"(年度)×行初字第××号"。

(3)案件当事人及诉讼代理人的基本情况。如果有两个以上的共同原告或被告,则应在判决书中依次写明,判决书中第三人基本情况的写法与原告基本情况的写法相同。无第三人的案件,此项不写。

(4)案件由来、审判组织、审判方式和开庭审理过程。

根据不同案件情况,有的表述要作相应改变。可参阅第一审行政判决书的格式。如果是移送管辖或指定管辖的案件,还要写明"由××人民法院移送(或指定)本院管辖"。如果当事人经两次合法传唤拒不到庭的,则应写明:"×告×××经本院两次合法传唤无正当理由拒不到庭"。

2.事实

包括本案当事人争议的事实和人民法院认定的事实两个方面。

(1)本案当事人争议的事实。一般应概括写明行政机关所作的具体行政行为,简述原告诉称的事实和被告辩称的事实,如有第三人参加诉讼,则应简述第三人的意见。

(2)人民法院认定的事实。这里应写明人民法院依照法律程序经审理查明的本案事实,在行政诉讼中,被告对作出的具体行政行为负有举证责任,应当提供作出该具体行政行为的证据和所依据的规范性文件。对本案当事人向法庭提供的若干证据,合议庭经依法审查,应当将本案的定案证据从当事人提交的证据中凸显出来,表述清楚,据以证明已经发生的客观存在的本案事实的关键部分。

3.理由

理由包括判决的理由和判决所依据的法律、法规。

(1)判决的理由。针对行政诉讼的特点,要根据查明的事实和有关法律、法规和法学理论,就行政机关所作的具体行政行为是否合法,原告的诉讼请求是否有理进行分析论证,阐明人民法院的观点。说理要有针对性,具体问题具体分析,讲理讲法,恰如其分,合乎逻辑。

(2)判决所依据的法律、法规。根据我国《行政诉讼法》规定,人民法院审理行政案件,以法律和行政法规、地方性法规为依据,并可参照有关的行政规章。

4.判决结果

这是人民法院对本案当事人之间的行政争议在依法审理的基础上作出的司法结论。根据我国《行政诉讼法》规定,判决结果应当根据不同的情况作出准确的表述。

(1)维持行政机关具体行政行为的,表述为:

维持××××(行政机关名称)20××年××月××日(××××)×字第×号处罚决定。(复议决定或者其他具体行政行为)

(2)撤销行政机关具体行政行为的,表述为:

撤销××××(行政机关名称)20××年××月××日(××××)×××字第××号处罚决定(复议决定或者其他具体行政行为);

写明判决被告重新作出具体行政行为的内容。如不需要重新作出具体行政行为的,此项不写。

(3)部分撤销行政机关具体行政行为的,表述为:

维持××××(行政机关名称)20××年××月××日(××××)×××字第××号处罚决定(复议决定或者其他具体行政行为)的第×项,即××××(写明维持的具体内容);

撤销××××(行政机关名称)20××年××月××日(××××)×××字第××号处罚决定(复议决定或者其他具体行政行为)的第×项,即××××(写明撤销的具体内容);

撤销部分,写明判决被告重新作出具体行政行为的内容。如不需要重新作出具体行政行为的,此项不写。

(4)判决行政机关在一定期限内履行法定职责的,表述为:

"责成……(写明履行法定职责的内容和履行期限)"

(5)判决变更显失公正的行政处罚的,表述为:

"变更××××(行政机关名称)20××年××月××日(年度)×××字第××号处罚决定(或复议决定),改为……(写明变更后的处罚内容)"

(6)单独判决行政赔偿的,表述为:

"被告××××赔偿原告××××……(写明赔偿的金额,交付的时间,或者返还原物,恢复原状等)"

5.尾部

(1)诉讼费用的负担。根据《行政诉讼法》的规定,谁败诉,谁承担诉讼费用的原则,据此应明确写明败诉方承担的数额,如果均有过错的,可根据过错程序的大小,合理分担。诉讼费用不能与判决结果并列,因为它不属于争议的实体问题。

(2)交代上诉权。用一段固定的文字向当事人告知上诉期限、上诉方法和上诉审法院。

(3)合议庭成员署名。行政案件的审理,实行的是合议制,不存在独任审判。据此,在判决书右下角位置由审理该案的合议庭成员即审判长,审判员(或代理审判员,人民陪审员)按序署名。

(4)判决日期及用印。署名之下注明制发判决书的年月日,并在判决日期上加盖人民法院公章(在正本或副本上盖印)。

(5)书记员署名。在判决书正本及副本尾部左侧空白处,加盖"本件与原本核对无异"校对戳记。

经典范文

范例 1 第一审土地承包判决书

××省××市人民法院
行政判决书

(××××)×中行初字第××号

原告：张××，男，19××年××月××日出生，汉族，农民，住××省××市××区××组。

原告：张×，男，19××年××月××日出生，汉族，农民，××省××市××区××组。

委托代理人：赵×，××律师事务所律师。

被告：××市××区人民政府。

法定代表人：×××，区长。

委托代理人：×××，××省××律师事务所律师。

委托代理人：×××，××市××区国土资源管理局局长。

原告张××、张×诉被告××市××区人民政府要求履行协调法定职责一案，于20××年××月××日向本院提起行政诉讼。本院于20××年××月××日受理后，向被告××市××区人民政府送达了起诉状副本及应诉通知书。本院依法组成合议庭，于20××年××月××日公开开庭审理了本案。原告张××、张×及其委托代理人赵×，被告的委托代理人×××、×××到庭参加了诉讼。本案现已审理终结。

原告诉称：20××年××月××日经××市人民政府××(20××)××号批复，征用了原告所承包的全部集体土地。20××年××月实施征地补偿，原告对征地补偿、房屋拆迁安置补偿标准提出异议，依据《土地管理法实施条例》第二十五条第三款，国土资源部(××××)××号文等相关规定，于20××年××月××日通过挂号邮递方式向被告递交了《征地拆迁安置补偿协调申请书》。在该申请书中,原告对被告征用其承包的全部土地所实施的征地补偿、房屋拆迁安置补偿标准提出异议,要求区人民政府按照基本农田最高农业年产值倍率标准三十倍支付土地补偿安置费、青苗补偿费予以协调。被告于当日收到该申请后,迟迟不予回复。同年××月××日,原告向区人民政府信访办再次递交了该申请。但被告至今未对原告提出的申请组织协调,没有履行法定职责,故请求法院判令被告依法履行协调的职责。

被告××市××区人民政府辩称:1.被告依法对原告所在村社实施城地拆迁,符合相关法律、法规的规定。2.对原告所提出征地拆迁补偿安置标准异议,被告已依法履行宣传、解释、协调等职责。故请求法院判决驳回二原告的诉讼请求。

原告在起诉时向本院提交并当庭出示的证据有:20××年××月××日挂号邮件详情单,证明原告通过特快专递向被告送达了《征地拆迁安置补偿协调申请书》。被告于同日签收。

在庭审质证中,被告对原告提供的证据无异议,当庭认可被告收到原告的申请,但认为对原告提出的申请,被告于20××年××月××日、××月××日已进行了宣传、解释、协调。

经庭审质证,本院认为,原告提供的证据被告当庭予以认可,符合证据的关联性、合法性和真实性,本院予以采信。

本院根据以上有效证据认定如下事实:20××年××月××日,原告通过挂号邮递的方式向被告邮寄了《征地拆迁安置补偿协调申请书》,同年××月××日,原告到××市××区政府信访办再次递交了该申请书,在该申请书中,原告对征用其所在村庄的全部土地,以及××市××区国土资源管理局实施的征地补偿、房屋拆迁安置补偿标准提出异议,要求××市××区政府按照基本农田最高农业年产值倍率标准三十倍支付土地补偿安置费、青苗补偿费予以协调,被告于××月××日和××月××日收到原告的协调申请书后,未在法定期限内组织协调。20××年××月××日,原告向本院提起行政诉讼,要求判令被告履行协调的法定职责。

本院认为,二原告的诉讼请求是"请求判令被告履行协调的法定职责,即起诉被告××市××区人民政府不作为。根据《中华人民共和国土地管理法实施条例》第二十五条第三款规定："对补偿标准有争议的,由县级以上地方人民政府协调。"《湖南省土地管理规定》第三十七条第三款规定："被征地单位和个人对补偿安置方案提出异议的,由区县人民政府协调。"二原告对补偿标准提出异议,于20××年××月××日通过挂号邮递的方式,向被告××市××区人民政府提出进行协调的申请,并于同年××月××日再次递交了该书面协调申请。被告××市××区人民政府对原告的申请进行协调,是其应履行的法定职责。但被告于××月××日和××月××日收到原告的协调申请后,未在法定期限内予以组织协调,且至今未履行该职责。因此,原告请求判令被告××市××区人民政府履行法定职责的诉讼请求,本院应予支持。依照《中华人民共和国行政诉讼法》相关规定,判决如下：

责令被告××市××区人民政府在收到本判决书之日起30日内对原告张××、张×提出的协调申请依法履行法定职责。

本案受理费××元,由被告××市××区人民政府负担。

如不服本判决,可在判决书送达之日起15日内,向本院递交上诉状,并按对方当事人的人数递交上诉状副本,上诉于××省高级人民法院。

审判长：×××
审判员：×××
审判员：×××
20××年××月××日（院印）

本件与原本核对无异。

书记员：×××

第八节　第二审行政判决书

撰写要领

第二审行政判决书，是第二审人民法院依照我国《行政诉讼法》规定的第二审程序，对当事人不服第一审判决提起上诉的行政案件审理终结后，就实体问题依法作出的维持原判或者改判的书面决定。第二审行政判决书是人民法院对第一审行政判决书是否正确合法的再判定。

第二审人民法院通过对上诉案件的审理，不仅可以纠正第一审行政判决书中可能发生的错误，使当事人的合法权益得到及时的保护，而且有利于上级人民法院监督下级人民法院的行政审判工作。

《行政诉讼法》第五十八条规定："当事人不服人民法院第一审判决的，有权在判决书送达之日起十五日内向上一级人民法院提起上诉。"最高人民法院《关于执行〈中华人民共和国行政诉讼法〉若干问题的解释》第六十七条第一款规定，第二审人民法院对上诉案件的审理，必须全面审查第一审人民法院认定的事实是否清楚，适用法律、法规是否正确，有无违反法定程序，不受上诉范围的限制。第二审人民法院依照第二审程序审理行政案件所作的判决，是终审判决。

注意第二审行政判决书与第一审行政判决书的区别。第一审行政判决书是对被诉具体行政行为的合法性进行审查后作出的裁判文书，因此，在制作行政判决书时一要注意全面、准确表述诉辩主张，二要强调被告的举证责任。而第二审行政判决书是对第一审行政判决书的正确性和被诉具体行政行为的合法性进行全面审查后作出的裁判文书，制作该文书时应重点针对上诉人有异议的事实和证据进行重点分析和论证。只有这样，才能全面反映上诉当事人之间诉讼争议的实质问题,为后面的叙事、举证、阐述理由、适用法律和判决结果做好铺垫,使整个判决书更具针对性和说服力。

判决书所依据的法律条文的表述,要做到准确、具体、完整。根据行政诉讼法的规定,审理行政案件应以法律和行政法规、地方性法规为依据,参照国务院各部、委以及省、自治区、直辖市人民政府和较大的市人民政府制定、发布的行政规章。引用法律、法规要写到最具体的条、款、项、目。既要重视实体法,又要重视程序法。需要参照有关的规章时,应当写明"根据《中华人民共和国行政诉讼法》第五十三条,参照××规章(应写明条、款、项)的规定。

1.首部

首部的写法与第二审民事判决书基本相同,不同的是:

(1)文书编号要将"民"字改为"行"字。即"(××××)×行终字第×号"。

(2)当事人及其他诉讼参加人的身份事项。除当事人的称谓外,列项和基本情况与第一审行政判决书相同。

(3)案由、审判组织、审判方式。根据《行政诉讼法》第五十九条规定,人民法院对上诉案件认为事实清楚的,也可以实行书面审理。因此,第二审程序的审理方式有开庭审理和书面审理两种。

2.事实

第二审行政判决书的事实部分,由两个方面的内容构成。

(1)上诉争议的内容。概括写明原审认定的事实和判决的结果,上诉人的上诉请求及其主要理由,被上诉人的主要答辩内容。叙述要概括、简练,抓住争议焦点,防止照抄原审判决书、上诉状和答辩状,但又要不失原意。

(2)二审查明认定的事实和证据。要根据不同类型的案件来写。如果原审判决事实清楚,上诉人亦无异议的,就只需简要地确认原判认定的事实即可;如果原审判决认定的事实清楚,但上诉人提出异议的,则应对有异议的问题进行重点叙述,表明是否确认;如果原审判决认定的事实不清、证据不足,经二审查清事实后改判的,则应具体叙述查明的事实和有关证据,予以澄清。

3.理由

第二审行政判决书的理由部分,也由两个方面的内容构成。

(1)维持或者改判的理由。应针对上诉请求和理由,就原审判决认定的事实是否清楚,适用法律、法规是否正确,有无违反法定程序、上诉理由是否成立,上诉请求是否予以支持,以及被上诉人的答辩是否有理等,进行分析、论证,阐明维持原判或者撤销原判予以改判的理由。

(2)二审判决所依据的法律条款。应分别引用《行政诉讼法》第六十一条(一)、(二)、(三)项的规定。其中,全部改判或者部分改判的,除先引用《行政诉讼法》的有关条款外,还应同时引用改判所依据的实体法的有关条款。

4.尾部

(1)判决结果。《行政诉讼法》第六十一条规定,人民法院审理上诉案件,按照下列情形,分别处理:

原判决认定事实清楚,适用法律、法规正确的,判决驳回上诉,维持原判;原判决认定事实清楚,但适用法律、法规错误的,依法改判;原判决认定的事实不清、证据不足,或者由于违反法定程序可能影响案件正确判决的,裁定撤销原判,发回原审人民法院重审。

(2)署名和日期。

经典范文

范例1 第二审故意伤害罪判决书

××省××市中级人民法院
行政判决书

(××)×中行终字第××号

上诉人(原审原告):袁××,男,19××年××月××日生,汉族,××省××县人,住xx省xx县xx镇xx街xx号。

委托代理人：彭xx，xx律师事务所律师

被上诉人（原审被告）：xx县公安局

法定代表人：刘xx，该局局长

被上诉人（原审第三人）：xx县xx设备厂

上诉人袁xx因治安行政处罚一案，不服xx省xx县人民法院（xxxx）xx初字第xx号行政判决，向本院提起上诉。本院依法组成合议庭，对本案进行了审理，现已审理终结。

原审法院查明，原告袁xx20xx年xx月xx日上午x时许到xx县xx设备厂殴打法定代表人张xx等人，经xx县公安局xx镇派出所调解，双方达成谅解。当天上午x时许，原告又到xx县xx设备厂打人，损坏财物。被告xx县公安局xx镇派出所接到报案后，予以立案。并对原告进行了传唤，传唤时间从20xx年xx月xx日xx时xx分至20xx年xx月xx日零时xx分。被告对双方当事人进行了询问，调查了证人，履行了告知义务，认为原告的行为违反了《中华人民共和国治安管理处罚法》第二十六条规定，对原告作出了拘留xx日、罚款xx元的行政处罚，并将行政处罚决定书送达给原告。原告不服，于20xx年xx月xx日向本院提起行政诉讼，请求判决撤销被告xx县公安局20xx年xx月xx日作出的xx行决字（xxxx）第xx号行政处罚决定书，本案在诉讼过程中，被告主动撤销了xx行决字（xxxx）第xx号行政处罚决定书。

原审法院认为：20xx年xx月xx日原告袁xx到xx县xx设备厂殴打张xx等人，经xx县公安局xx镇派出所调解，双方达成谅解。而后，原告又到xx县xx设备厂骂人，损坏财物。xx县公安局xx镇派出所接到报案后，予以立案。依法对原告进行了传唤，对双方当事人进行了询问，调查了证人，原告袁xx在三份询问笔录、传唤证及公安行政处罚告知笔录上均签字。经庭审质证，原告在一天内两次故意殴打他人，损坏财物。被告在查清事实的基础上，根据《中华人民共和国治安管理处罚法》第二十六条的规定，对原告作出了拘留xx日、罚款xxx元的行政处罚。因此，被告认定事实清楚，原告诉称被告的行政处罚与事实不符的理由不能成立。

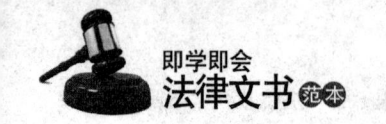

《中华人民共和国治安管理处罚法》第八十三条规定：对违反治安管理行为人，公安机关传唤后应当及时询问调查，询问调查的时间不得超过8小时；情况复杂，依照本法规定可能适用行政拘留处罚的询问调查的时间不得超过24小时。被告在20××年××月××日××时××分对原告进行传唤，结束时间为20××年××月××日零时××分，被告的传唤行为符合法律规定。原告诉称被告对原告的传唤时间超过8小时属程序违法的理由不能成立。

被告的行政处罚决定书在20××年××月××日送达给原告，原告在送达回证上签字认可，原告诉称是事发几天后送达的理由不能成立。原告诉称被告的行政处罚决定书未执行罚缴分离的规定，对此，根据《中华人民共和国行政处罚法》第五十七条规定，应由相关部门处理。被告的行政处罚程序经过了立案、调查询问、告知、审批、送达，符合法律规定。原告诉称被告行政处罚程序违法的理由不能成立。

被告××县公安局作出的××行决字（××××）第××号行政处罚决定书在适用法律时，载明根据《中华人民共和国治安管理处罚法》第二十六条的规定，但该条共四项，被告未指明原告具体违反了哪项规定，其适用法律表述不具体。被告在诉讼期间主动撤销了20××年××月××日作出的××行决字（××××）第××号行政处罚决定书。

综上所述，被告作出的××行决字（××××）第××号行政处罚决定书适用法律错误，原告要求撤销被告作出的××行决字（××××）第××号行政处罚决定书的诉讼请求应予支持，鉴于被告在诉讼过程中已主动撤销了××行决字（××××）第××号行政处罚决定书，本院判决撤销已无实际意义，根据《最高人民法院关于执行〈中华人民共和国行政诉讼法〉若干问题的解释》第五十条第三款规定，确认被告××县公安局于20××年××月××日作出的××行决字（××××）第××号行政处罚决定违法。

上诉人袁××不服××县法院的判决上诉称：1.原审法院认定上诉人违反治安管理的事实存在，而事实上上诉人并没有原审法院认定的事实，庭审中原审法院所采信的由被上诉人提供的证据有明显的瑕疵，即证人证言中证人的身份不明，依法应当不予认定其有法律效力。2.在被上诉人对上诉人进行传唤的过程中不但事实不清,而且程序违法,上诉人在被传唤时,被上诉人未履行其法定的通知家属义务,但原审法院对该法定程序未认定其违法,不置可否。3.原审判决认为被上诉人的传唤时间符合法律规定,而传唤证上载明的传唤起止时间与原判决认定的时间多二个小时,从而作出了错误的判决。故原判认定事实不清,请求二审法院依法撤销原判。

被上诉人××县公安局和原审第三人未向本院提交书面答辩状。

被上诉人××县公安局在原审中向法院提交的证据有：1.案件审批表、立案登记表；2.×××的情况说明；3.传唤证；4.袁××的询问笔录；5.行政处罚告知笔录；6.袁××的户口证明；7.寻衅滋事现场图片；8.对张××的询问笔录；9.担保书；10.对×××、×××、×××、×××的询问笔录；11.罚款收据；12.××县公安局城关镇派出所的情况说明；13.派出所民警×××、×××的情况说明。

上诉人袁××在原审中向法院提交的证据有：1.传唤证；2.××行决字（××××）第××号行政处罚决定书；3.××（撤）字（××××）第5号撤销行政处罚决定书；4.毛×××、×××、×××、×××的调查笔录；5.罚款收据。

经审查,上述证据已随案移送本院,原审法院对上诉人和被上诉人提交的证据分析、认定正确,本院予以确认。本院认定的事实与原判决认定的事实无异。

本院认为,上诉人袁××20××年××月××日到原审第三人××县××设备厂殴打张××等人,经××县公安局××镇派出所调解,双方达成谅解,同日,上诉人又到原审第三人处打人、损坏财物的事实成立,其行为违反了《中华人民共和国治安管理处罚法》的规定。被上诉人××县公安局接到报案后,予以了立案,并依法对上诉人进行了传唤询问,经调查取证,在向上诉人送达了行政处罚告知书后,根据《中华人民共和国治安管理处罚法》第二十六条的规定,对上诉人袁××违反治安管理的行为作出了拘留××天,罚款×××元的××行决字（××××）第××号治安管理行政处罚决定,并送达上诉人。袁××对该处罚决定不服提起行政诉讼,原审法院在审理过程中,被上诉人以作出的治安管理处罚决定适用法律不准确为由,以××（撤）字（××××）第×号决定书撤销了对上诉人作出的拘留××天,罚款×××元的行政处罚决定。上诉人袁××对被上诉

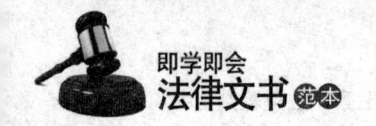

人改变具体行政行为不撤回起诉,原审法院根据《最高人民法院关于执行〈中华人民共和国行政诉讼法〉若干问题的解释》第五十条第三款规定,经审理认为,被上诉人××县公安局对上诉人袁××作出拘留××天,罚款×××元的××行决字(××××)第××号行政处罚决定未引用具体法律条款属适用法律错误,判决确认被上诉人××县公安局于20××年××月××日作出的××行决字(××××)第××号行政处罚决定违法并无不当。上诉人袁××提出的上诉理由不能成立,本院不予支持。依照《中华人民共和国行政诉讼法》第六十一条第一项之规定,判决如下:

驳回上诉,维持原判。

本案诉讼受理费50元由上诉人袁××负担。

本判决为终审判决。

审判长:×××

审判员:×××

审判员:×××

20××年××月××日

本件与原本核对无异。

书记员:×××

第九节　行政裁定书

撰写要领

行政裁定书属于诉讼法律文书的一种,它是指人民法院依照我国《行政诉讼法》规定的程序,在审理行政案件过程中,为解决有关诉讼的程序问题而依法作出的书面处理决定。在行政诉讼的不同阶段,针对不同的程序问题,都需要制作裁定书,以保障行政诉讼任务的实现。行政裁定书与行政判决书同样具有重要的作用,都是人民法院常用的主要的行政裁判文书。

1.首部

依次写明文书标题、编号、诉讼当事人及其他诉讼参加人的基本情况,以及案件由来和审理经过。

2.案件由来和申请事项

可表述为:"原告×××不服××××(行政机关名称)20××年×月×日×××字第××号处罚决定(复议决定或其他具体行政行为),向本院提起诉讼,本院已于20××年×月×日依法受理。现原告以××××(写明申请停止执行具体行政行为的理由)为由,向本院申请停止执行××××(写明申请停止执行具体行政行为的名称)"。

3.裁定结果

人民法院认为应准许撤诉或不准许撤诉的理由,引用据以作出裁定的法律条文。

4.尾部

写明诉讼费用的负担,告知上诉事项,合议庭成员署名,裁定日期,书记员署名,加盖印章等。

经典范文

范例 1　交通职权越权行政裁定书

××省××市人民法院
行政裁定书

(××××)×行初字第××号

原告:孙××,男,19××年××月××日出生,住××市××乡××村×组。

委托代理人：王××，男，19××年××月××日出生，住××市××街××号。

被告：××市公安局××派出所

法定代表人：赵××，该所所长

委托代理人：李××，该所副所长

原告孙××不服被告××市公安局××派出所作出的《关于道路交通事故责任认定》，于20××年××月××日向本院提起行政诉讼，在诉讼过程中，被告认为所作出的道路交通事故责任认定超越了职权范围，并撤销了原具体行政行为，原告于20××年××月××日向本院申请撤诉。

经审查，本院认为：被告撤销原具体行政行为，原告孙××同意并自愿申请撤诉，符合法律规定，依法应予准许，依照《中华人民共和国行政诉讼法》第五十一条的规定，裁定如下：

准予原告孙××撤回起诉。

案件受理费×××元由原告孙××承担。

审判长：×××

代理审判员：×××

代理审判员：×××

20××年××月××日（院印）

本件与原本核对无异。

书记员：×××

第八章
民事协议书篇

第一节 婚前、婚后财产协议书

撰写要领

婚前、婚后财产协议书,是指男女双方在结婚登记之前就双方各自婚前、婚后所得的财产的归属所作的规定。约定的内容可是婚前财产及婚后各自所得归各自所有,可以约定为共同所有,对双方具有约束力。

1.首部

(1)标题。以"婚前财产协议书"或者"婚后财产协议书"作为标题。

(2)写明签约双方姓名。

2.正文

写明婚前、婚后财产的范围,对于约定的财产,尽量写详细,如果约定不明确,婚后取得的财产将视为夫妻共同财产。

写明双方婚前、婚后财产的权利归属。

3.尾部

签约双方分别签字盖章,写明具体时间。

经典范文

范例 1　婚前财产协议书

婚前财产协议书

甲方(男方):×××,男,×族,19××年×月×日出生,住址:××市××县××村××号。

乙方(女方):×××,女,×族,19××年×月×日出生,住址:××市××县××村××号。

甲、乙双方于20××年××月××日办理了结婚登记手续,都愿共筑爱巢,白头偕老。但为防止今后可能出现的财产纠纷,基于公平、自愿的原则,经双方平等协调,对双方的婚前财产和婚后取得财产进行处理达成如下协议:

1.婚前个人财产约定

(1)甲方的个人财产有:

位于××县××村××号,房屋×间;桑塔纳轿车一辆,车牌号为:×××××;银行存款××万元。

(2)乙方的个人财产有:

银行存款××万元;××牌××立升冰箱一台;××牌立式空调机一台。

(3)甲乙双方对上述财产的认定均无异议。

2.婚后财产约定

(1)双方婚前的财产全部归各自所有,由夫妻各自管理、使用自己的财产;婚前债务各自承担。

(2)双方结婚之后袵夫妻财产个人所有制形式,即在夫妻关系存续期间,各自收入归各自所有,在各自名下的债务归各自承担,夫妻各自接受的赠与或继承的遗产归各自所有。

(3)平时的生活费用、孩子的抚养费、老人的赡养费用和日常开支费用由双方共同承担。

3.其他约定

(1)本协议约定未尽之事宜,双方应另行协商解决。

(2)本协议书一式三份,协议双方及公证机关各执一份,自协议被公证机关公证之日起生效。

甲方:×××　　　　　　　　　　　乙方:×××

20××年××月××日　　　　　　　20××年××月××日

第二节　离婚协议书

撰写要领

离婚协议书,是指解除婚姻关系的夫妻双方所签署的、关于财产分割、子女监护与探视、配偶赡养费以及子女抚养费等的书面协议。离婚协议书只适用于登记离婚,不适用诉讼离婚。

1.首部

以"离婚协议书"作为标题。

2.正文

(1)写明双方当事人的协商经过,离婚协议内容要有可操作性,不要过于简单,条款的约定不能过于宽泛,尽量要详细,详细是为了减少可能出现的纠纷。

(2)写明具体协议内容:包括未成年子女抚养和财产总额,具体分割方法等。对财产要进行分割时,要注意哪些是婚前个人财产,哪些是婚后共同财产。分割的应该是共同财产,如何进行分割都要在协议里面明确,避免协议离婚后因为财产问题再出现纠纷。在离婚后,如果发现一方在离婚时有隐瞒夫妻共同财产的情况,可以在发现时起两年内向人民法院提出来诉讼,要求对隐瞒的财产进行分割。

（3）写明请求婚姻登记机关认可。

3.尾部

双方当事人和证明人签字盖章,写明具体时间。

经典范文

范例1 离婚登记申请书

离婚登记申请书

我俩自愿离婚,并遵照《中华人民共和国婚姻法》关于双方自愿离婚的规定,对有关问题已作出妥善处理,请准予登记,发给离婚证。

姓名:×××,性别:×,民族:××,籍贯:××,出生日期:19××年××月××日,文化程度:××,职业:×××,工作单位:××××××,

居民身份证编号:××××××××××××××××

姓名:×××,性别:×,民族:××,籍贯:××,出生日期:19××年××月××日,文化程度:××,职业:×××,工作单位:××××××,

居民身份证编号:××××××××××××××××

离婚原因:夫妻不和。

子女安排:一子一女,儿子由男方抚养到18岁;女儿由女方抚养至18岁。

财产处理:按照婚前协议处理。

其他协议:××××××××

双方申请人签字或盖章、按指印

审查处理结果:××××

有关单位调解意见:××××××××

审查处理结果:××××

241

登记日期:20××年××月××日

离婚证字号:××字第××号

婚姻登记机关及婚姻登记员签字:×××　　领证人签字或盖章、按指印:×××

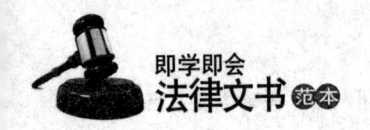

20××年××月××日　　　　　　　　　　20××年××月××日

范例 ② 离婚协议书

离婚协议书

男方:×××,男,×族,19××年××月××日生,现住××××,身份证号码:××××××××××××××××

女方:×××,女,×族,19××年××月××日生,现住××××,身份证号码:××××××××××××××××

双方于20××年××月认识,于20××年××月××日在××××登记结婚,婚后于20××年××月××日生育一儿子(女儿),名×××。现夫妻感情已经完全破裂,没有和好可能,经双方协商达成一致意见,订立离婚协议如下:

1.男女双方自愿离婚。

2.子女抚养、抚养费及探望权。

儿子(女儿)××由女方抚养,随同女方生活,抚养费(含托养费、教育费、医疗费)由男方全部负责,男方应于20××年××月××日前一次性支付××元给女方作为女儿的抚养费。

在不影响孩子学习、生活的情况下,男方可随时探望女方抚养的孩子。

3.夫妻共同财产的处理。

(1)存款:双方名下现有银行存款共××元,双方各分一半,为××元。分配方式:各自名下的存款保持不变,但男方女方应于××年××月××日前一次性支付××元给女方男方。

(2)房屋:夫妻共同所有的位于××的房地产所有权归××方所有。

(3)其他财产:婚前双方各自的财产归各自所有,男女双方各自的私人生活用品及首饰归各自所有(附清单)。

4.债权与债务的处理。

双方确认在婚姻关系存续期间没有发生任何共同债务,任何一方如对外负有债务的,由负债方自行承担。×方于20××年××月××日向×××所借债务由×方自行承担。

5.一方隐瞒或转移夫妻共同财产的责任。

双方确认夫妻共同财产在上述第三条已作出明确列明。除上述房屋、家具、家电及银行存款外,并无其他财产,任何一方应保证以上所列婚内全部共同财产的真实性。

6.经济帮助及精神赔偿。

因女方生活困难,男方同意一次性支付补偿经济帮助金××元给女方。鉴于男方要求离婚的原因,男方应一次性补偿女方精神损害费××元。上述男方应支付的款项,均应于20××年××月××日前支付完毕。

本协议一式三份,男、女双方各执一份,婚姻登记机关存档一份,自婚姻登记机关颁发《离婚证》之日起生效。

男方:(签名)   女方:(签名)

20××年××月××日   20××年××月××日

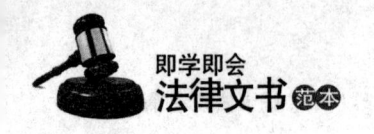

第三节　遗赠扶养协议书

撰写要领

遗赠协议,是指遗赠人与受赠人达成的在遗赠人死亡后将其财产赠送给受赠人,受赠人负责遗赠人生前生活费用或者其他附带条件的协议。遗赠协议是双务的,它是公民生前处理自己财产的行为。通常用于无生活来源的人与社会组织之间的互助扶养关系。

签订遗赠协议应当注意的问题有:

第一,遗赠协议的标的物必须是遗赠人自己所有的财产或者某种权利,遗赠人不能把不属于自己或者自己无权处理的财产和权利赠送他人,否则,构成侵害他人权益的行为。

第二,遗赠人有负责遗赠财产完好的义务。要明确终止、变更协议的条件。

第三,合同中要写清楚遗赠人有权处理财产的证明文件,确保遗赠行为的合法有效。

1.首部

(1)标题。以"遗赠扶养协议书"作为标题。

(2)遗赠人和扶养人基本情况。

写明遗赠人的姓名、性别、职业、年龄、籍贯、住址等;写明扶养人的姓名、性别、职业、年龄、籍贯、住址等,如是集体所有制组织的写明单位名称、地址、法人代表姓名及职务。

2.正文

(1)写明立遗赠扶养协议的原因;

(2)遗赠财产的名称、数额、价值等;

(3)遗赠扶养双方的权利、义务。

3.尾部

遗赠人、扶养人、证明人、代书人分别签字盖章,写明具体时间。

经典范文

范例1 产权遗赠扶养协议书

遗赠扶养协议书

遗赠方:王××,女,××岁,×族,××市××区人,无子女,现住××市××区××街××号。

扶养方:赵××,男,××岁,×族,××市××县人,××市××厂干部,现住××市××区××街××号。

当事人王××与赵××系邻居关系。王××年老体弱,没有子女,孤身一人,生活上需要人照顾。赵××自愿承担照顾老人的义务,直至老人去世。为了明确双方权利、义务关系,经共同商定,达成如下协议:

1.王××随赵××共同生活。在王××有生之年,由赵××负责照顾衣食、起居和医病等。王××去世后,由赵××负责丧葬事宜。

2.王××在××区××街××号有私房×间、厨房×间(房产所有证××号),赠与赵××名下为业。王××去世之日,赠与生效,房屋产权开始转移。

3.王××赠与之房产,在其有生之年不得转卖、出租、转赠等;赵××应尊敬老人,保证王××幸福地度过晚年。

4.此协议自签订之日起生效。在履行协议过程中,一方有违背协议的行为,另一方可以提出终止协议并提出赔偿损失的要求。

以上协议,当事人均属自愿,保证遵照执行。特委托××市××律师事务所律师王××代书协议书一式三份(当事人各执一份,律师事务所留存一份)。

遗赠人:王××(印)

扶养人:赵××(印)

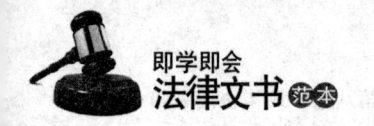

代书人:××市××律师事务所(章)

律师:王××(印)

20××年××月××日

范例 2　不动产遗赠扶养协议书

遗赠协议

甲方(遗赠人):×××(写明姓名、住址)

乙方(受赠人):×××(写明姓名、住址)

甲、乙双方就遗赠事宜达成协议如下:

1.甲方所有的××××××(写明遗赠财产的基本情况),在甲方死亡后赠送给乙方。其所有权的证明为:××××××(写明证明甲方拥有所有权的证据名称,如赠与房屋,就应有房产所有权证)。

2.乙方应于每月十日前给付甲方生活费××元,医疗补助费××元(可以约定其他费用)。

3.乙方应在甲方去世后30日内办理赠与财产的所有权转移手续。逾期不办的,视为拒绝遗赠,其遗产可按法定继承处理。

4.甲方应负对遗赠财产的维护责任,不得随意处理遗赠的财产。如果甲方故意将财产损坏或者送给他人的,乙方有权要求甲方修理、更换或者收回;甲方拒不修理、更换或者收回的,乙方有权终止协议。

5.乙方应当按时给付甲方费用。逾期给付的,甲方有权要求乙方履行协议。如果连续3个月不给付费用的,甲方有权终止协议。

6.本协议自××日起生效(可以写自公证之日起生效)。本协议一式两份,双方各执一份。

甲方:×××(签字盖章)

乙方:×××(签字盖章)

20××年×月×日

第四节　收养协议书

撰写要领

收养协议，是指收养人与送养人之间达成的有关收养被收养人的权利义务关系的协议。收养的依据是《中华人民共和国收养法》。根据《收养法》的规定，收养是确立拟制血亲关系的重要途径。因此，收养必须符合一定的条件，收养不得违背计划生育的法律、法规，以充分维护收养人与被收养人的合法权益。

根据《收养法》第四条规定，被收养人的条件是：下列不满14周岁的未成年人可以被收养：(1)丧失父母的孤儿；(2)查找不到生父母的弃婴和儿童；(3)生父母有特殊困难无力抚养的子女。

收养人应当同时具备下列条件：(1)无子女；(2)有抚养教育被收养人的能力；(3)年满30周岁。

送养人的条件是：(1)孤儿的监护人；(2)社会福利机构；(3)有特殊困难无力抚养子女的生父母；(4)生父母送养子女，须双方共同送养。生父母一方不明或者查找不到的可以单方送养；(5)送养人不得以送养子女为理由违反计划生育的规定再生育子女。

签订收养协议应当注意的问题有：

第一，收养协议由收养人和送养人双方签订。

收养人收养与送养人送养，须双方自愿。收养年满10周岁以上未成年人的，应当征得被收养人的同意。未成年人的父母均不具备完全民事行为能力的，该未成年人的监护人不得将其送养，但父母对该未成年人有严重危害可能的除外。监护人送养未成年孤儿的，须征得有抚养义务的人同意。有抚

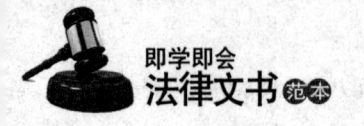

养义务的人不同意送养、监护人不愿意继续履行监护职责的,应当依照《中华人民共和国民法通则》的规定变更监护人。继父或者继母经继子女的生父母同意,可以收养继子女(见《收养法》第十四条)。

无配偶的男性收养女性的,收养人与被收养人的年龄应当相差40周岁以上,但如果收养人收养三代以内同辈旁系血亲的子女除外。华侨收养三代以内同辈旁系血亲的子女,还可以不受收养人无子女的限制。

第二,登记与公证。

收养查找不到生父母的弃婴和儿童以及社会福利机构抚养的孤儿的,应当向民政部门登记。收养应当由收养人、送养人依照《收养法》规定的收养、送养条件订立书面协议,并可以办理收养公证;收养人或者送养人要求办理收养公证的,应当办理收养公证。

第三,孤儿或者生父母无力抚养的子女,可以由生父母的亲属、朋友抚养。

配偶一方死亡,另一方送养未成年子女的,死亡一方的父母有优先抚养的权利。收养人、送养人要求保守收养秘密的,其他人应当尊重其意愿,不得泄露。

收养协议的基本内容如下:

1.首部

(1)标题。以"收养协议书"为标题。

(2)被收养人和收养人的基本情况。

主要是写明被收养人的姓名、性别、年龄、健康状况、现在住址等。

写明收养人的工作单位、职务、年龄、住址、健康状况、财产状况等。写清楚收养人的条件符合收养的条件。

2.送养人的基本情况及送养理由

写明送养人的姓名或者名称以及为什么要送养。

3.收养人保证条款

收养人保证在收养关系存续期间,尽抚养被收养人之义务。

4.尾部

署上名,写上具体日期。

经典范文

范例1 收养赡养协议书

收养协议书

送养人：赵××，男，19××年××月××日出生，×族，××市××区人。农民，住××区××镇××村；

送养人：李××，女，19××年××月××日出生，×族，××市××区人，农民，住所同上。赵××与李××系夫妻。

收养人：张××，男，19××年××月××日出生，×族，××市××区人。农民，住××区××村；

收养人：王×，女，19××年××月××日出生，××市××区人，农民，住所同上。张××与王×系夫妻。

被收养人：原名赵×，改名张×，女，19××年××月××日出生，赵××与李×之女。

收养人因结婚多年无生育，又特别喜欢孩子，欲收养子女；送养人因有两个子女，认为将赵×送养给收养人抚养，对赵×的成长教育更为有利，所以愿意将女儿赵×送给收养人做养女。被收养人也表示愿意。

经协商达成如下协议：

1.被收养人赵×于20××年××月××日起为收养人的养女，随收养人共同生活。

2.被收养人以"父母"称呼其养父母。

3.被收养人的姓名改为张×。

4.协议生效后，上列三方共同遵守法律中关于收养关系的规定，包括：

（1）收养人对被收养人承担父母对子女的抚养教育义务；

（2）被收养人将来对收养人尽子女对父母的赡养扶助义务；

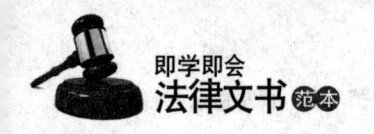

(3)被收养人听从养父母(收养人)的教育,好好学习,养成良好品德。

5.被收养人的户口,由收养人与被收养人共同办理迁移事宜。

6.本协议经公证机关公证后生效。

送养人:赵××

李××

收养人:张××

王××

被收养人:赵××

证明人:赵××

张××

20××年××月××日

附件:本协议一式四份,送养人、收养人各执一份,证明人执两份。

范例 ② 收养义务协议书

收养协议

甲方(收养人):×××(姓名、住址)

乙方(送养人):×××(姓名、住址)

甲、乙双方就收养×××(被收养人姓名)达成协议如下:

1.被收养人的基本情况。

被收养人本名×××、性别×、××岁、健康状况××××、现住址××××××。

2.收养人基本情况。

收养人×××是××单位的××(职务),现年××岁(已婚的,收养人为夫妻双方),住在×市×区(县)××街××号。

3.送养人的基本情况及送养理由。

送养人×××,得三胞胎,然而其妻子在生产过程中不幸大出血死亡,送养人家境贫寒,无力供养,希望其中一女被家境优越之人收养。

4.收养人×××保证在收养关系存续期间,尽抚养被收养人之义务。

5.甲、乙双方在本协议签订后×日内,到××民政局办理收养登记手续。

6.本收养协议自×××公证机关公证之日起生效。

甲方:×××(签字盖章)
乙方:×××(签字盖章)
20××年××月××日

第五节 解除收养协议书

撰写要领

解除收养协议书,是指原建立收养关系的各方就解除收养关系而达成的书面协议。

1.首部

(1)标题。以"解除收养协议书"作为标题。

(2)送养人、收养人和被收养人基本情况。

2.正文

(1)写明送养人的姓名、性别、职业、年龄、籍贯、住址和被送养人的关系;

(2)写明收养人的姓名、性别、职业、年龄、籍贯、住址等,如收养人是夫妻应分别写明;

(3)写明被收养人的姓名、性别、职业、年龄、籍贯和住址。

3.尾部

署名和具体日期。

经典范文

范例 1　解除收养子女协议书

解除收养协议书

收养人：孙××，男，××岁，国家××部离休干部，住××市××区××小区××号楼××室。

收养人：韩××，女，××岁，××市××企业退休职工，住址同上。韩××与孙××是夫妻。

被收养人：孙×，男，××岁，××市××公司职工，住址同上。

19××年××月××日，收养人孙××、韩××夫妇共同从××市××医院收养了弃婴（男），后取名为孙×，经有关部门同意报上了户口。从此，孙×与孙××、韩××夫妻成立了养子女与养父母关系，至今已有20年。

20年来，收养人对被收养人视同亲生子一样，完全履行了自己的收养义务。孙×幼年时，收养人对其精心抚养照看；到其青少年时期，收养人对其耐心培养和教育。为了孙×的健康成长，收养人付出了全部心血和精力。孙×现年已20岁，具有了独立生活能力，因此，收养人已完成了自己的抚养义务。

收养人夫妇二人，均已年高体弱，本应由养子孙×对养父母尽赡养义务；但由于养父母与养子之间关系不够和谐，无法共同生活，双方自愿达成协议，解除双方的收养关系。依据《中华人民共和国收养法》的有关规定，双方协议如下：

1.收养人与被收养人经协商同意，该协议自双方签字之日起生效，双方解除收养关系。

2.解除收养关系后，双方互不干涉各自的事务，养父母与养子之间的权利、义务关系即随之解除。

3.收养关系解除后,原养父母有权随时要求原养子孙×补偿收养期间支出的生活费和教育费(鉴于孙×工作不稳定,收养人暂不提出补偿要求)。

4.双方涉及其他债权债务等问题另行协商处理。

收养人:孙××(签字)韩××(签字)
20××年××月××日
被收养人:孙×(签字)
20××年××月××日

第六节 遗嘱

撰写要领

遗嘱是立遗嘱人按法律规定和自己的意愿,将自己的全部财产或一部分财产指定由法定继承人或其他人继承的承诺性文书。

1.标题

以"遗嘱"作为标题。

2.正文

(1)写明立遗嘱人的姓名、性别、出生年月日、籍贯、住址等;

(2)写明立遗嘱的原因;

(3)要处理的财产的名称、数额、价值等;

(4)对财产的具体处理决定(详细写明有关继承人分得的具体数额)。

3.尾部

立遗嘱人、证明人、代书人分别签字盖章,写明立遗嘱时间。

经典范文

范例 1　财产分配遗嘱

遗嘱

立遗嘱人:陈××,女,××岁,×族,××市××区人,市民,现住××市××区××路××号。

我已××岁,患有××病,近来时常发作,更觉体弱身虚。为防止我去世后家属对遗产争执,故邀叔侄高××,内弟赵××作证,并委托××市××律师事务所律师×××代书遗嘱,望我家属遵守,勿生争执。

1.我有两个女儿,长女××(××岁,系养女)、次女××(××岁,系养女)。都早年出嫁,与我家很少往来。我丈夫于19××年病故时,全部丧葬费用由次女××一人承担。我丈夫去世后,我的生活及看病所需费用,全部由次女××一人供给。为此,我决定,我去世以后,属于我所有的不动产由次女××继承;其他人不得争执。

2.属于我的不动产地址和范围如下:坐落在××市××路××号的两层楼房一幢,共×间房。楼房为砖石结构,木楼板,居住面积为××平方米。

3.我去世后,后事由次女××负责料理。

4.本遗嘱一式两份,存××市××律师事务所一份,一份由次女××收执。两份内容完全一致,具有同等的法律效力。

立遗嘱人:陈××(盖章)

证明人:高××(盖章)

赵××(盖章)

立遗嘱地点:××市××路××号

立遗嘱时间:20××年××月××日

范例2 不动产遗嘱

遗嘱

1.立遗嘱人：×××男，××岁，××省××市人，住××市××街××号。

2.立遗嘱原因：我现在身患绝症，不久将离开人世，现有不动财产予以分配，特立遗嘱。

3.立遗嘱人的所有财产的名目、特征：有私宅一栋，上下两层共×间，位于××市××街××号；另有名下××轿车一辆，停放私宅中。

4.立遗嘱人对身后所有财产的具体处理意见：我死后私宅以及轿车全部转到女儿×××名下。

5.所立遗嘱的份数：××份

立遗嘱人：×××

见证人：×××、×××

20××年×月×日

第七节 合伙协议书

撰写要领

个人合伙是指两个及其两个以上公民按照协议，各自提供资金、实物、技术等，共同经营、共同劳动、共担风险、共负盈亏的自愿联合。个人合伙的法律特征有以下几点：

第一，合伙须有两个及其以上的公民；

第二，合伙是按合伙合同联合起来的经济单位；

第三，合伙人必须共同出资、共同经营、共同劳动、共担风险；

第四，合伙财产归全体合伙人共有，合伙人对合伙债务承担连带责任；

个人合伙应当签订合伙协议。合伙协议是指明确合伙人之间权利义务关系的协议。《民法通则》规定，合伙人应当对出资数额、盈余分配、债务承担、入伙、退伙、合伙终止等事项，订立书面协议。当事人未订立书面协议，但具备合伙条件，又有两个以上无利害关系人证明有口头协议的，人民法院可以认定其具有合伙关系。

签订合伙协议应当注意的问题有：

第一，个人合伙可以起字号，依法经核准登记，在核准登记的经营范围内从事经营。

合伙人应当对出资数额、盈余分配、债务承担、入伙、退伙、合伙终止等事项，订立书面协议。合伙人的权利有：一是合伙事务的经营权、决定权和监督权，合伙的经营活动由合伙人共同决定，无论出资多少，每个人都有表决权；二是合伙人享有合伙利益的分配权，归合伙人共有；三是合伙人分配合伙利益应以出资额比例或者合同的约定进行，合伙经营积累的财产；四是合伙人有退伙的权利。合伙人的义务有：按照合伙协议的约定维护合伙财产的统一；分担合伙的经营损失和债务；为合伙债务承担连带责任。

第二，个人合伙的经营活动，由合伙人共同决定，合伙人有执行或监督的权利。

合伙人可以推举负责人。合伙负责人和其他人员的经营活动，由全体合伙人共担民事责任。合伙的债务，由合伙人按照出资比例或者协议的约定，以各自的财产承担清偿责任。合伙人对合伙的债务承担连带责任，法律另有规定的除外。偿还合伙债务超过自己应当承担数额的合伙人，有权向其他合伙人追偿。

合伙协议书的具体格式如下：

1.首部

以"合伙协议书"作为标题。

2.正文

要明确合伙人之间的权利和义务关系。

(1)各自出资比例；

(2)经营范围及期限,各自应承担的责任；

(3)什么情况下终止合伙协议。

3.尾部

双方签字盖章,写明订立协议的日期。

经典范文

范例 1　合伙经营协议书

合伙协议书

合伙人:甲(×××),男(女),19××年××月××日出生,现住址:××市××街道××号。

合伙人:乙(×××),男(女),19××年××月××日出生,现住址:××市××街道××号。

合伙人本着公平、平等、互利的原则订立合伙协议如下:

1.甲乙双方自愿合伙经营×××(项目名称),总投资为××万元,甲出资××万元,乙出资××万元,各占投资总额的×%、×%。

2.合伙人依法组成合伙企业,由甲负责办理工商登记。

3.合伙企业经营期限为×年。如果需要延长期限的,在期满前×个月办理有关手续。

4.合伙双方共同经营,共同劳动,共担风险,共负盈亏。企业盈余按照各自的投资比例分配,企业债务按照各自投资比例负担。任何一方对外偿还债务后,另一方应当按比例在 10 日内向对方清偿自己负担的部分。

5.他人可以入伙,但须经甲乙双方同意,并办理增加出资额的手续和订立补充协议。补充协议与本协议具有同等效力。

6.出现下列事项,合伙终止:

(1)合伙期满。

(2)合伙双方协商同意。

(3)合伙经营的事业已经完成或者无法完成。

(4)其他法律规定的情况。

7.本协议未尽事宜,双方可以补充规定,补充协议与本协议有同等效力。

8.本协议一式××份,合伙人各一份。本协议自合伙人签字(或盖章)之日起生效。

合伙人:×××(签字或者盖章)

合伙人:×××(签字或者盖章)

20××年××月××日

第八节　和解协议书

撰写要领

和解协议书是指当事人在处理民事纠纷或者刑事自诉案件过程中,依法自行和解达成一致的书面意见。该协议书必须是当事人意思自治的充分体现。其主要内容,应写明当事人争议的焦点和在互谅互让基础上达成处理争议的具体办法。是非应明确,措施须具体,语意应真诚。

1.首部

(1)标题。以"和解协议书"作为标题。

(2)当事人双方基本情况。写明当事人双方的单位全称、地址、法定代表人姓名及职务。

2.正文

首先,简要写明当事人双方发生争议的事项、原因和经过;其次,写明双方自行和解的原则并逐条写清楚解决纠纷的具体内容;最后,写明和解协议生效的方式和时间以及和解书的份数。

3.落款

协议人双方签字;注明协议签订的年月日。

经典范文

范例 1 合同纠纷和解协议书

和解协议书

申请人:××××有限责任公司;

地址:××市××区××路××号;

法定代理人:陈××,董事长。

被申请人:××××××有限责任公司;

地址:××市××区××路××号;

法定代表人:高××,总经理。

申请人××××有限责任公司(以下简称申请人)与被申请人××××有限责任公司(以下简称被申请人),于20××年××月××日在被申请人所在地签订一份《购销合同》。合同约定,由申请人将其生产的"××牌"白酒供给被申请人经销。申请人售给被申请人"××牌"白酒每件价格为××元人民币,全年供货不得少于××件。产品质量由申请人负责。第一次供货时间是20××年×月×日,数量为××件。被申请人于20××年×月×日付清第一次供货价款的60%以后,申请人应于收到货款的××天内供应第二批白酒,交货地点为被申请人所在地××路××号的××仓库。合同还约定,合同签订后一周内由被申请人付定金×万元人民币。因本合同发生的纠纷经协商不能解决时，由××市仲裁委员会仲裁。20××年××月××日，因履行本合同发生纠纷，申请人向××市仲裁委员会申请仲裁。××市仲裁委员会依法组成仲裁庭进行了审理，并主持了调解。

申请人和被申请人本着互谅互让的原则，自愿达成如下和解协议：

1.解除20××年××月××日签订的《购销合同》。

2.被申请人退还未售出的"××牌"白酒××件，由被申请人负责运送到申请人所在地的××仓库，运输中的风险由被申请人承担。

3.申请人收到被申请人×万元人民币的定金，由申请人返还×万元人民币，其余部分充抵申请人的货款和其他费用。依次结算，申请人和被申请人之间的债权债务得以清结。

4.本案的仲裁费和财产保全费共××元人民币已由申请人支付，申请人负担××元人民币，被申请人负担××元人民币。被申请人负担部分从申请人应返还给被申请人的×万元人民币中扣除。扣除后的××元人民币由申请人在验收被申请人退还"××牌"白酒的当日以现金方式支付。

5.本协议书自双方当事人签订之日起生效，一式三份，双方各执一份，由被申请人送仲裁庭一份。申请人在本协议书生效后的3日内撤回仲裁申请。

申请人：××××有限责任公司

法定代理人：陈××

被申请人：××××有限责任公司

法定代表人：高××

20××年××月××日

第九节　代理协议书

撰写要领

代理是指代理人在代理权限内,以被代理人的名义实施民事法律行为,由此产生的法律后果由被代理人承担。公民为了及时、正确地行使民事权利,可以通过代理人实施民事法律行为。

代理分为委托代理、法定代理和指定代理三种。法定代理是指依照法律规定而直接产生的代理。法定代理以代理人与被代理人之间存在的一定的社会关系为前提和依据。法定代理无须当事人的意思表示,也不需人民法院的指定。法定代理人主要为无民事行为能力人和限制行为能力人而设立。法定代理人依照法律的规定行使代理权,代理被代理人参加民事活动。

代理协议书的撰写要领如下：

1. 首部

（1）标题。以"委托代理书"为题。

（2）代理人和被代理人的基本情况。

2. 正文

代理人和被代理人双方达成的委托协议,写明委托的权限、委托权限的期限、违约责任等内容。

3. 尾部

双方签字及具体日期。

经典范文

范例1 委托代理协议

委托代理书

代理人：×××，男，×××岁，职业××，现住于××××。（如果是法人单位的，则应写明法人名称、法定代表人、住址）

被代理人：×××，男，×××岁，职业××，现住于××××。（如果是法人单位的，则应写明法人名称、法定代表人、住址）

代理人与被代理人经过协商，达成委托代理协议如下：

1. 被代理人授代理人在下列范围内以被代理人的名义从事活动。（委托代理的权限和具体内容）

2. 代理人必须按照被代理人的授权委托的范围和内容，认真履行职责，维护被代理人的合法权益。

3. 代理人超越代理权实施的民事行为，由代理人自己承担法律责任。如果是为了被代理人的利益而实施的行为，事后经过被代理人的追认，视为在代理权限内。

4. 代理人不履行职责或者其他违法行为而给被代理人造成损害的，应当赔偿被代理人的实际损失。

5. 被代理人按照双方约定的条件，在×××期限内，支付代理费××元。

6. 本协议自双方签字之日起生效。本协议一式两份，当事人各执一份。

代理人：×××（签字或盖章）

被代理人：×××（签字或盖章）

20××年××月××日

第九章

仲裁篇

最新适用版

第一节 仲裁协议书

撰写要领

仲裁协议书,是指经济纠纷双方当事人根据合同中订立的仲裁约定或者其他协商方式达成提交仲裁机构进行仲裁的一致性意见的书面文书。这是仲裁机构受理争议的法律依据,也是强制执行仲裁裁决的前提条件之一。

1.首部

(1)标题。以"仲裁协议书"作为标题。

(2)当事人双方基本情况。写明当事人双方的单位名称全称、地址、法定代表人姓名及职务。

2.正文

简要写明当事人双方发生争议的事项、原因以及双方约定提交仲裁。

3.尾部

立协议人双方签字;注明协议签订的年月日。

经典范文

范例 1 联营业务仲裁协议书

仲裁协议书

甲方:××××有限公司,位于××市××路××号。

法定代表人:×××,男,××岁,系该公司总经理。

乙方:××××××有限公司,位于××市××路××号。

法定代表人:×××,男,××岁,系该公司经理。

双方于20××年××月××日签订并经××市公证处公证了××联营汽车运输××业务的《联营协议书》,联营的×年期限已经届满,双方未获得利润;又实际联营半年多,仍未见利润。有鉴于此,双方一致同意选择×××仲裁委员会确认联营业务终止,解除联营协议,分割联营投资购置的固定资产,分担债务,分享债权,彻底清算双方的联营业务。双方一致接受×××仲裁委员会依据我国《仲裁法》和国家的示范仲裁规则以及该会自己的仲裁规则,对上述纠纷所作的一次性终局裁决结果。

甲方:×××(盖章)　　　　　　　乙方:×××(盖章)

法定代表人(签字):×××　　　　　法定代表人(签字):×××

20××年××月××日　　　　　　　20××年××月××日

第二节　仲裁申请书

撰写要领

仲裁申请书,是指合同一方当事人为了解决发生的经济、技术、财产关系争议,根据合同中订立的仲裁条款或者事后达成的仲裁协议,提请仲裁委员会进行仲裁,保护自己合法权益的法律文书。

1.首部

(1)标题。以"仲裁申请书"作为标题。

(2)申请人和被申请人基本情况。

申请人:写清楚申请人的姓名、性别、年龄、民族、籍贯、职业及住址;如

果申请人是法人或者其他组织,则应当写明单位的全称和所在地址及邮政编码,法人代表的姓名、职务和电话号码;企业性质、工商登记和账号、经营范围和方式,开户银行账号等。

如果是委托他人代为诉讼的,若代理人非律师时,应当写明委托代理人的基本情况,具体包括姓名、性别、年龄、职业、住址和与原告关系;若代理人是律师时,只需写明律师的姓名、××××律师事务所律师即可。

被申请人:写法和内容与申请人的情况相同。

2.仲裁请求

仲裁请求是申请人对有关民事权益的基本主张,反映申请人仲裁的目的。如果属于申请财产权益的,要写明具体数额。这一部分写法上要求简洁明确,有多项请求的,要分项列写。

3.事实和理由

这一部分是仲裁申请书的关键部分。

(1)事实。应该清楚地陈述纠纷产生的时间、地点、原因及给申请人造成的损害。着重论述双方争执的焦点,双方对民事权益争执的具体内容,被告侵权行为造成的后果以及应当承担的法律责任。

(2)理由。分析被申请人行为是侵权还是违法,分析被申请人行为造成的后果,证明其应当承担的民事责任,分析权利、义务关系,论证诉讼请求的合理性和合法性,并准确引用有关法律条款,为其诉讼确立法律依据。

(3)证据和证据来源、证人姓名和住所栏目中写明证据材料的种类、名称、件数、来源何处、证人的名称、单位、住所等。

4.尾部

包括致送机关名称、申请人(或单位)、具状日期。

经典范文

范例 1　购销合同纠纷仲裁申请书

仲裁申请书

申请人：××××有限公司，位于××市××路××号。

法定代表人：×××，该公司董事长。

委托代理人：×××，××××律师事务所律师。

被申请人：××××家具中国制作销售中心，位于××市××区××路××号。

法定代表人：×××，总经理。

案由：购销合同纠纷。

仲裁请求：

1.被申请人返还申请人货款××万美元。

2.被申请人承担仲裁全部费用。

事实和理由：

20××年××月，申请人与被申请人订立家具生产机械设备购销合同，约定被申请人于20××年××月××日前供给申请人该国产木制家具生产设备一套，申请人分别于同年××月××日之前和收到设备之日支付被申请人该套设备款的60%和40%，共计××万美元。此后，双方各自分别履行了上述约定。

20××年××月，申请人在对上述设备安装调试时得知，该套生产设备的国际公平市场价格只有××万美元，远远低于被申请人在订立合同时的报价，遂委托××市进出口商品检验局对该套生产设备进行价值鉴定，鉴定结果表明，该套生产设备属于全新状态时的公平市场鉴定总金额为××万美元。被申请人在为申请人购买这套生产设备时索取的货款明显高于其实际价值。

为公平解决这套设备的款额问题，减少申请人经济损失，申请人多次以

友好的态度与被申请人协商,希望在确保被申请人合法利润的前提下由被申请人退回多付的部分货款,但被申请人以"合同已经履行完毕"、"设备价款系双方约定"为由予以拒绝。为使申请人与被申请人之间的争议得到公正地解决,确保申请人的合法利益,特依据申请人与被申请人之间订立的仲裁协议向仲裁机构提出仲裁申请,请依法仲裁。

证据和证据来源:

1.购销合同书,由争议双方共同订立。

2.生产设备明细表,被申请人提供,申请人核查签收。

3.生产设备付款单据,被申请人给付。

4.鉴定证书,××市进出口商品检验局提供。

此致

中国国际经济贸易仲裁委员会

申请人:××××有限公司(加盖公章)

20××年××月××日

附:1.申请书副本×份。

2.仲裁协议书×份。

3.证据材料:合同书×份;鉴定证书×份;其他材料×份。

范例 2 买卖合同纠纷仲裁申请书

仲裁申请书

申请人:××××有限公司

地址:××市××区××大厦××号楼××号

电话:××××××××;传真:×××××××

负责人姓名、职务:×××,销售经理

申请人代理人:×××

地址:××市××区××大厦××号楼××号

电话:xxxxxxx;传真:xxxxxxx

被申请人:xxx

住址:xx市xx区xx大厦xx号楼xx号

电话:xxxxxxx;传真:xxxx

案由:买卖合同纠纷。

申请仲裁所依据的仲裁协议:申请人xxxx有限公司与被申请人xxx于20xx年x月x日签订的买卖xx的合同(见附件)中的仲裁条款——该合同第十五条——约定:xxxxxx

仲裁请求:

1.被申请人向申请人支付货款xx万元;

2.被申请人向申请人支付违约金xx万元;

3.被申请人向申请人支付xx元以补偿申请人花费的律师费;

4.被申请人向申请人偿付为办理本案支出的差旅费;

5.被申请人承担本案仲裁费。

事实和理由:

20xx年xx月xx日,申请人与被申请人在xx签订了买卖xx的合同(见附件),约定由申请人向被申请人出售xx若干,总价款为xx万元,付款方式为xxxx。

合同签订后,申请人按照被申请人选定的xx、指定的xx款式、xx附料等进行了制作。被申请人验货后签署了检验合格证书(见附件),xx省进出口商品检验局出具了检验证书(见附件)。申请人在合同规定的装运期内把货物及时装运。货到后,被申请人到银行承兑了汇票,提取了货物。在合同规定期内,被申请人未对货物的质量提出异议,也未提供合同规定的提出质量异议所要求的检验报告。

申请人多次通过传真、信函等方式催要货款。被申请人拒不履行合同规定的付款义务,已经构成严重违约。在此期间,申请人曾多次发函(见附件)、通电话,并以各种方式谋求和解,因被申请人并无诚意,一直未果。

此致

中国国际经济贸易仲裁委员会

申请人/或申请人授权的代理人签名/或盖章

20××年×月×日

附：1.双方签订的合同文本复印件。

2.被申请人验货后签署的检验合格证书复印件。

3.进出口商品的检验证书复印件。

4.申请人致被申请人的函件复印件。

5.证人证言复印件。

第三节　仲裁调解书

撰写要领

仲裁调解书，是指仲裁庭根据《仲裁法》规定的程序，依据当事人自愿达成的调解协议依法制作的，记载当事人之间调解协议内容的具有法律效力的文书。

仲裁调解书自双方当事人签收之日起生效，与裁决书具有同等的法律效力，可作为执行的依据。若一方当事人不改选调解书，对方当事人可依据《民事诉讼法》向有管辖权的人民法院申请执行。

1.首部

（1）标题。注明文书制作机关名称、文书名称和文书编号。文书名称为"××仲裁委员会仲裁调解书"并在其右下方标明文书的编号(××××)×仲调字第×号"。

（2）写明申请人和被申请人的基本情况。区分公民、法人或其他组织的写法。当事人为法人或其他组织,应写明详细名称和地址、法定代表人或代表人的姓名与职务。当事人为公民,应写明其姓名、性别、年龄(出生年月日)、民族、籍贯、职业与职务以及住址。法定代理人除写明与当事人相同事项外,还需写明其与当事人的关系。有委托代理人的,委托代理人的情况一并注明,律师则写明其姓名和所在律师事务所名称及职务。

(3)仲裁委员会受理案件的依据、仲裁庭的产生和组成情况,以及仲裁庭对案件的审理情况。

2.正文

(1)注明双方当事人之间订立的合同、发生争议的有关经过与争议事项。主要用叙述方式。

(2)写明申请人的仲裁请求和当事人的结果。在仲裁庭的主持下,双方达成调解协议的内容应与事实相符,不得自相矛盾。协议不止一项的应分别列明,并记载履行的具体期限和方式,使调解内容具有可操作性。

(3)仲裁费用的分担情况。

3.尾部

(1)首先注明"本调解书与裁决书具有同等法律效力,自双方当事人签收之日起生效"。

(2)由仲裁员签名在调解书右下方。

(3)加盖仲裁委员会印章。

(4)制作调解书的年月日。

经典范文

范例 1　购销合同纠纷仲裁调解书

仲裁调解书

申请人：××××塑料制品厂，位于××市××路××号。

委托代理人：×××，××律师事务所律师。

被申请人：××××有限公司，位于××市××区××号。

法定代表人：××，女，××岁，经理。

案由：购销合同纠纷。

申请人20××年××月与被申请人签订一份××购销合同后，申请人依约交货，被申请人收货后拒付贷款。申请人要求被申请人立即付款并继续改选合同。被申请人辩称，拒付货款是因为申请人所供货物先是不符合合同规定而无法使用，要求退货并终止履行合同。

本仲裁委员会依当事人的仲裁协议和仲裁申请受理此案，经双方共同选定，由××仲裁员仲裁本案。

现查明：双方于20××年××月××日订立合同，申请人向被申请人供塑料管××根，内径为×厘米和×厘米各半，每根×元，×、×月份各交货一半，货到付款。申请人于×月份所交货为×厘米和×厘米的塑料管各×根，被申请人收货后未付款。此合同有效，双方均未完全履行合同，应承担相应的法律责任。

经本会主持调解，双方达成如下协议：

1. 申请人按合同所交货物，被申请人按合同价格付款，共计××元；不符合合同规定的货物，由申请人拉回。

2. 合同约定而双方未履行部分，由双方按合同继续履行。

3. 本案仲裁费××元，申请承担××元，被申请人承担××元。

本调解书自双方签收之日起,与裁决书有同等的法律效力。

仲裁员:×××
20××年××月××

第四节　仲裁裁决书

撰写要领

仲裁裁决书是仲裁庭对仲裁纠纷案件作出裁决的法律文书。根据仲《裁法》第五十四条的规定,仲裁裁决书应当写明仲裁请求、争议事实、裁决理由、裁决结果、仲裁费用的负担和裁决日期。如果当事人协议不愿写明争议事实和裁决理由的,可以不写。

仲裁裁决书由仲裁员签名,加盖仲裁委员会印章。对仲裁裁决持不同意见的仲裁员,可以签名,也可以不签名。劳动争议案件,经过调解达不成协议时,应及时裁决。裁决书是劳动争议仲裁机关根据已查明的事实依法对争议案件作出裁决的书面文书。制作裁决书应做到事实表述要清楚,引用法律、法规和政策准确适当。

1.首部

(1)标题和编号。写明文书制作机关、文书名称和文书编号。文书名称为"××仲裁委员会仲裁裁决书"并在其右下方标明文书的编号(××××)×仲裁字第×号"。

(2)写明申请人和被申请人的基本情况。当事人为法人或其他组织,应写明详细名称和地址、法定代表人或代表人的姓名与职务。当事人为公民,应写明其姓名、性别、年龄(出生年月日)、民族、籍贯、职业与职务以及住址。

(3)引言。主要是说明案件的全部程序性事项。

2.案情

说明案件的基本事实、争议发生的经过、当事人的主张和观点,申请人仲裁请求和反诉及其依据的主要事实和理由;被申请人的答辩要点及其所依据的主要事实和理由;反请求的主要事项及其所依据的主要事实和理由;申请人对反请求的答辩要点及其所依据的主要事实和理由。

3.裁决理由

这一部分是仲裁庭依据事实和法律,明确当事人是非责任并作出裁决的依据,是裁决书的核心部分。

4.裁决

根据仲裁庭的意见,简明扼要写明仲裁决定,并且注明裁决的终局性。

5.尾部

(1)注明"本裁决为终局裁决,自作出之日起生效"。

(2)在裁决书的右下方由仲裁员签名并加盖仲裁委员会印章,注明制作裁决书的年月日。

经典范文

范例1 经济补偿金争议仲裁裁决书

仲裁裁决书

申请人:×××,男,19××年××月××日出生,汉族,住××省××市××××。

被申请人:××××有限公司,位于××市××区××号。

法定代表人:×××。

委托代理人:×××,××××有限公司职员;×××,××××百货有限公司职员。

20××年××月××日本委受理申请人××与被申请人××××有限公司经济补偿金争议一案,依法组成仲裁庭,于××月××日公开开庭审理。申请人××、被申请人公司委托代理人×××、×××到庭参加仲裁，本案现已审理终结。

　　申请人略称：申请人于20××年××月到被申请人公司从事××工作，双方于20××年××月××日签订劳动合同，合同期限为20××年××月××日至20××年××月××日止，月工资××××元。20××年××月××日，被申请人公司以严重违反公司相关规章制度为由书面通知辞退申请人。申请人不服，于20××年××月××日来我委申请，要求裁决被申请人公司支付经济补偿金××××元及工资××××元。

　　被申请人辩称：申请人离职前的职务为资产保护部门的组长。20××年××月至××月期间，申请人在工作时间利用职务巡场便利共××多次盗用公司时间，已经严重违反被申请人的规章制度，同年××月××日被申请人以书面形式通知申请人解除劳动关系，依法无须支付其经济补偿金。双方的劳动合同关系已于20××年××月××日依法解除，后申请人没有付出劳动，被申请人无须向申请人支付20××年××月××日~××日所谓的"工资"。

　　经审理查明：被申请人公司于20××年××月××日成立，申请人自20××年××月××日起与被申请人签订劳动合同，20××年××月××日签订最后一份劳动合同，申请人离职前的职务为资产保护部门的组长。20××年××月至××月期间，申请人在工作时间利用职务巡场便利多次盗用公司时间，违反了被申请人的《资产保护部员工行为规范》第四条、《员工须知》第六条第二项以及《道德操守规范》等规章制度的相关规定。20××年××月××日，被申请人以人力资源部的名义向申请人发出《解除劳动合同关系》通知，但申请人拒签，之后即离开公司。当月××日，被申请人以公司名义向申请人送达《解除劳动合同关系》通知，鉴于申请人"在合同履行期间严重违反公司相关规章制度"，决定解除劳动合同关系。申请人的工资结算至20××年××月××日。

　　本委认为，申请人与被申请人公司依法建立了劳动合同关系，双方当事人应按《劳动法》和《劳动合同法》的有关规定、被申请人公司依法订立的规章制度及劳动合同的约定履行各自义务。被申请人提交的《资产保护部员工行为规范》等规章制度、申请人本人的"陈述书"、证人×××与×××的"陈述书"等，印证申请人存在严重违反本公司规章制度的违纪行为，被申请人公司根

据规章制度可以解除与劳动者的劳动合同关系,对申请人关于要求支付经济补偿金的请求,本委不予支持。关于申请人要求支付20××年××月××日~××日工资的请求,因20××年××月××日双方当事人已事实解除劳动合同关系,××月××日~××日申请人没有付出劳动,被申请人无须向其支付工资,对申请人该项请求本委不予支持。

经本庭主持调解,当事人双方未能达成协议。现根据《劳动法》第二条、第十六条、第十七条,《劳动合同法》第二条第一款、第三条、第四条、第三十九条第二项等规定,裁决如下:

驳回申请人的申请请求。

当事人如不服本裁决,可在收到本仲裁裁决书之日起15日内向人民法院起诉。一方当事人期满不起诉又不执行的,另一方当事人可以向人民法院申请强制执行。

仲裁员:×××
20××年××月××日
书记员:×××

第五节　仲裁答辩书

撰写要领

仲裁答辩书,是指仲裁被申请人针对仲裁申请方的仲裁申请书的内容,依法提出的答复和辩驳性的一种法律文书。

1.首部

(1)标题。以"仲裁答辩书"作为标题。

(2)答辩人和被答辩人的基本情况。

写明答辩人的姓名、性别、年龄、籍贯、职业及住址。答辩人如属法人或其他组织的,则应写明单位的全称、所在地地址、法人代表的姓名、职务和联系电话。

被答辩人基本情况的写法和答辩人相同。

2.正文

(1)案由。简要写明答辩人(被申请人)针对申请人(被答辩人)所提出的仲裁案件进行答辩。可以表述为:"我方就被答辩人×××因与我方发生的××争议,向你会提出的仲裁请求,现提出答辩如下:××××××"

(2)答辩意见。答辩人应当针对申请人的仲裁请求,逐项给予明确答复或辩驳,清楚地表明自己的态度,写明自己对案件的主张和理由,做到有理有据。具体写法要因案而异。认为申请人在仲裁申请书中列举的事实有误的,就应先澄清事实;认为其理由不当的,则辩驳其理由;认为有必要说明情况的,则说明有关情况。但都必须言之有理,持之有据。

3.尾部

写明受理仲裁申请的仲裁委员会的名称;签署答辩人的姓名,注明年月日。

4.附项

在附件目录中注明答辩书副本的份数以及提交证据的名称、份数。

经典范文

范例 1　工程合同纠纷仲裁答辩书

仲裁答辩书

答辩人:××××包装工业联营公司,位于××市××区××街××号。

法定代表人:马××,该公司经理。

被答辩人:××××××工程设计研究院,位于××市××区××街××号。

法定代表人:王××,该院院长。

×××××工程设计研究院申请仲裁设计合同,追索设计费,并赔偿损失纠纷一案,我方现答辩如下:

我公司与申请人于20××年××月××日签订了《(××××)设计合同》,根据合同条款即付申请人×万元定金(是设计费总额的20%)。后因工程建设投资较大,我公司只能是入股经营,与我公司合资的另一方要求从设计到施工完全由他们负责。因此,我公司于20××年××月××日向申请人说明情况提出终止设计合同。事后双方经过多次磋商,由于申请人索取费用太高,双方未能达成协议,于是申请人向仲裁委员会申请仲裁,现就申请人提出的请求和理由作出如下答辩:

1.申请人要求我公司支付方案设计费××万元是没有法律根据的。

根据国家计委编印的《工程设计收费标准》总说明中第十七条的规定,"设计费按设计进度分期拨付,设计合同生效后,委托方应向设计单位预付设计费20%作为定金,初步设计完成后付30%,施工图完成后付50%"。申请人向我方提交的《方案意见书》,并不是初步设计书,这是我们双方之间的分歧意见之一。根据规定,初步设计书应具有初步设计说明书、初步设计概算书及设备、结构、电器三个专业的图纸。而申请人只交付方案意见书由我公司审批,没有初步设计说明书、概算书及三个专业图纸,我公司认为申请人没有完成初步设计,因此不能按规定支付设计费。

另外,就我公司与申请人签订的设计合同第八条第二款规定:"方案设计完成后×天内,甲方即向乙方支付设计费×万元。"此合同之规定也是指初步设计书完成后付设计费×万元,并不是指"方案意见书"完成后即付×万元。作为申请人来说,他们完全懂得"方案意见书"和"初步设计书"的不同概念和内容。而申请人却把两个概念及内容混为一谈,向我公司追索×万元,既不符合国家的有关规定,也不符合设计合同条款的规定。因此,我公司拒绝申请人的请求是有道理的。据此,申请人请求我公司支付延期款×万元也是没有根据的。

2.申请人要求我公司赔偿经济损失×万元(施工图设计费×万元;逾期违约金×万元),这个请求是毫无根据的。

根据双方签订的设计合同中规定"写字商住楼的基础图,是在设计方案认可后两个月及收到勘探资料后一个月后交付施工图",而申请人在我公司对方案意见书尚未认可的情况下,违反双方签订的设计合同条款规定,这种不履行合同的行为属于无效行为,我公司不承担任何经济损失,因此我公司不能承担申请人提出的施工图设计费×万元及其他经济损失。

3.《建设工程勘察设计条例》第七条规定:"按规定收取费用的勘察设计合同生效后,委托方应向承包方付给定金。勘察设计合同履行后,定金抵作勘探、设计费。"又规定:"委托方不履行合同的,无权请求返还定金。"依据以上条款规定,我公司与申请人签订合同后,按规定支付×万元定金,并且申请人也提交"方案意见书",双方均在履行合同,所以申请人毫无理由扣我公司的×万元定金,还另收取方案设计费×万元。我公司认为该定金应抵作申请人所提供的"方案意见书"的设计费用。

4.我公司与申请人在友好合作的基础上,接受申请人的要求,以设计赶工费的名义支付现金××元,作为奖金使用,该款项在双方签订的合同中没有明文规定,我公司要求申请人如数返还。

以上意见,请求仲裁委员会公正裁决。

此致

××市仲裁委员会

答辩人:××××包装工业联营公司(加盖公章)

20××年××月××日

范例 2　拒付货款仲裁答辩书

仲裁答辩书

答辩人:××××贸易公司,位于××市××路××号。

法定代表人:×××,总经理。

委托代理人:×××,本公司××商场经理。

委托代理人：×××，××××律师事务所律师。

案由：因申诉人××××设备厂（以下简称设备厂）诉我公司拒付加油机货款一案，提出答辩如下：

合同未成立，拒付货款有理；仓储费只能由设备厂承担。申诉方认为该厂向社会发出的加油机广告是一种要约，而我公司的要货电报是一种承诺。至此双方合同即已成立，这种说法不能成立。

首先，看本案的主要事实。20××年××月××日，我公司从××月××日××报广告得知申诉人×县石油设备厂有××型自动控制计量加油机现货供应，并代办运输。我公司于当月××日发电报给该厂，同意报上登载的条件，要求接电后即以快件发运×台加油机到××北站。××月××日，设备厂回电："加油机有现货，快件不能发，只能发慢件，请回电。"在我公司未回电情况下，设备厂以慢件向我公司发来加油机×台，随即办理托收。××月××日货才到××北站，我公司拒收货物，也拒付货款。

其次，看合同成立的程序。《经济合同法》第九条规定："当事人双方依法就经济合同的主要条款经过协商一致，经济合同就成立。""协商一致"是指当事人双方意思表示一致。在法律上，就把这种意思表示分解为要约（或订约提议）和承诺（或接受提议）的程序。签订经济合同必须经过要约和承诺两个阶段。要约是当事人一方以缔结合同为目的而向对方提出的意思表示，提出要约的一方称为要约人。要约必须包括合同成立所具备的主要条款，一般向特定的对方提出。承诺，是指接受要约的一方对要约人提出的签订经济合同的内容表示完全同意的一种表示。接受要约的一方叫做承诺人。所谓完全同意，是指承诺人对要约人提出的各项条款不附带任何条件表示赞同。

再次，从本案的事实和合同成立程序结合看。本案涉及的设备厂向社会发出的有加油机供应的广告没有特定的对象，因此只能视为要约人的一种引诱。其本身不具备要约的条件。我公司见广告后，向设备厂发出要货电报，这是我公司的要约行为。退一步说，假定该厂发出的广告为要约，而我公司复电提出附加"必须发快件"，这也只能是新要约。所以说我公司要货的电报属承诺是没有根据的。没有承诺，当然合同也就不成立了。如前所述，我公司向该厂发出要货电报是要约行为,而该厂及时回电,提出"快件不能发,只能发慢件",显而易见,这不是表示完全同意的意思,而是设备厂新的要约。我公司对××月××日设备厂回电不作答复,正说明了我公司对其新的要约没有作出承诺,而绝非我公司默认设备厂的要求,因为默认必须符合法律规定的要约。由于这宗买卖合同未能依法成立,当然我公司就没有权利收货,也没有义务付款。另外,由于合同并未成立,申诉人要求我公司承担加油机在车站的仓储费,也理所当然是无理要求。最后,还要说明一点,我公司之所以要求该厂用快件发货,是因为我公司与某单位口头约定供应加油机,时间为××天内交货。设备厂如用慢件发货,势必影响我公司的利益,这就是我公司对设备厂新要约不作承诺的主因。

此致

××市仲裁委员会

答辩人:××××贸易公司(公章)
法定代表人:×××(签字)
20××年××月××日

附:1.本答辩书副本 1 份。

2.书证 3 件。

第六节　仲裁反请求书

撰写要领

仲裁反请求书,是指被申请人对仲裁申请书中有关合同争议内容持有完全不同的认识,从而也以仲裁申请人的身份向同一仲裁委员会提出相反请求的法律文书。我国《仲裁法》规定,被申请人可以承认或者反驳仲裁请求,有权提出"反请求"。仲裁反请求书与仲裁申请书提交的时间先后不同,但其性质、作用和目的与仲裁申请书并无区别,而且同样应当预交仲裁费。

仲裁反请求书的作用体现在以下几个方面:(1)用以抵消或吞并申请人的仲裁请求。(2)使双方当事人真正处于平等地位。(3)增加谈判筹码,促使双方达成和解。

1.首部

(1)标题。以"仲裁反请求书"为标题。

(2)反请求人和被反请求人的基本情况。

法人的要写明单位全称、法定代表人、性别、职务、地址、邮编、电话。

2.案由

按照主次顺序列明各项反请求、反请求的对象要写清楚,金额要具体,币种要明确。

3.事实与理由

简明扼要地叙述本案的案情,要条理清楚,重点突出。在叙述过程中涉及的相关证据材料应注明在附件材料中的序号。

4.尾部

致送仲裁委员会的名称,签署反请求人的姓名,注明年月日。

经典范文

范例 1　经济损失仲裁反请求书

仲裁反请求书

反请求人:××市××商场,位于××市××区××街××号。

法定代表人:×××,总经理。

被反请求人:××市××服装厂,位于××市××区××街××号。

法定代表人:×××,厂长。

仲裁反请求：

一、要求裁定被反请求人赔偿因其不按期交货和货物质量不符合合同规定而给我商场造成的经济损失××万元。

二、仲裁费用由被反请求人负担。

事实和理由：

我商场与××市××服装厂于20××年××月在本市签订订购男毛涤西装500套，款式按××式制作。女毛涤西装300套，款式按××式制作。交货日期为20××年××月××日。签约之日，我方已付定金××万元，其余货款××万元约定于全部货物交齐后一次付清。合同规定，如对方延误交货时间或产品质量发生问题，则根据给我方造成的损失情况，经有关部门作出鉴定意见，根据鉴定意见，降低货价数额付给服装厂。在合同执行过程中，××市××服装厂对女西装300套按期交货，但存在较严重的质量问题，现已经本市技术监督局作出质量鉴定。而男西装则延误一个月交货，错过了最佳销售季节。因此，我商场未能付给该服装厂所余货款。现××市××服装厂依据合同中仲裁条款向贵仲裁委员会提出申请，而我商场亦依法对××市××服装厂提出反请求。一是我商场预定的300套女式西装因存在严重质量问题（详见我市技术监督局的鉴定意见）；二是500套男西装迟延交货一个月，给我商场造成了一定的经济损失。目前仍积压该西装近100套。请求仲裁委员会依法裁决被反请求人承担给我们造成的经济损失。

此致

××市仲裁委员会

反请求人：××商场
法定代表人：×××
20××年××月××日

附：1.反请求状副本×份。

2.我商场经济损失明细表×张。

第七节　劳动仲裁申请书

撰写要领

劳动仲裁申请书,是指劳动争议当事人认为自己的权利受到侵害,要求劳动仲裁机关予以维护时,就劳动争议事项提出仲裁请求的法律文书,也是劳动仲裁机关立案的依据和凭证。

1.首部

(1)标题。写"劳动仲裁申请书"。

(2)申请人基本情况。申请人基本情况这一部分主要是申请人和被申请人的基本情况。自然人应当写明姓名、性别、出生年月日、民族、籍贯、职业、住址;法人、其人组织应写明其名称、所在地址、法定代表人的姓名、职务和联系电话。

2.请求事项

明确写出当事人请求劳动仲裁机构予以评断、解决的具体事项。有多个请求的须分项列出。

3.事实与理由

该部分主要是陈述为何要申请劳动仲裁,阐述具体的事实情况。其中,事实和理由都要写清楚、透彻。另外,在事实理由之后,如有证据,则要写明提请仲裁所依据的证据的名称、来源、证据线索、证人的姓名和地址。

4.尾部及附项

致送仲裁委员会名称;申请人签名;申请人为法人或其他组织的,应加盖单位公章,并由其法定代表人签名;注明申请日期;附项附上相关证据及材料。

经典范文

范例 1 劳动仲裁申请书

劳动仲裁申请书

申请人：×××,女,19××年××月××日出生,汉族,住所地：××市××县××路××号,电话：××××××××

被申请人：×××有限责任公司,地址：××市××县××路××号

法定代表人：×××,男,董事长,联系电话：××××××××

仲裁请求：

1.裁令被申请人支付申请人经济补偿金××元;

2.裁令被申请人因违法解除劳动合同而应支付申请人赔偿金××元;

3.裁令被申请人按社会保险经办机构规定的缴费比例补办补缴申请人××年××月至××年××月养老保险、医疗保险及失业保险,若补办补缴不能,则一次性赔偿申请人××元。

事实与理由：

申请人于20××年××月进入被申请人处工作。在工作期间,被申请人未依法为申请人办理各项社会保险。申请人多次要求被申请人为其办理各项社会保险,被申请人一直拒绝。20××年××月期间被申请人要求申请人每月支付××元,以为申请人办理保险之用。申请人拒绝了被申请人的违法要求。同月××日被申请人以申请人拒绝其违法要求为由将申请人开除。

现申请人为维护自身合法权益,特向贵委依法提起仲裁。恳请贵委依法裁决。

此致

××劳动争议仲裁委员会

申请人：×××
20××年××月××日

第八节　撤销仲裁裁决申请书

撰写要领

　　撤销仲裁裁决申请书,是指由当事人向人民法院提交的,请求撤销某仲裁裁决的法律文书。

　　仲裁庭作出的仲裁裁决具有终局性,一经作出即约束双方当事人,不得随意更改。但为了保证仲裁机构裁决的正确性和合法性,保护当事人的合法权益,使得错误的而又具有法律效力的裁决得到纠正,法律赋予了申请人撤销不合法作出的仲裁裁决的权利。

　　1.首部

　　(1)标题。写"撤销仲裁裁决申请书"。

　　(2)撤销仲裁裁决申请人的基本情况。申请人是公民的,应当写明姓名、性别、出生年月日、民族、职业、籍贯和住址;申请人是法人、其他组织的,应写明其名称、所在地址、法定代表人的姓名、职务和联系电话。

　　2.申请撤销事项

　　明确写了请求人民法院予以撤销的具体事项,要清晰、简练,有多个请求的须分项列出。

　　3.事实和理由

　　该部分主要是陈述为何要申请撤销仲裁裁决,其中,事实和理由都要写清楚、透彻,并注意申请撤销仲裁裁决应符合法定的理由。

　　4.证据和证据来源

　　写明申请撤销仲裁裁决所依据的证据的名称、来源、证据线索、证人的姓名和地址。

5.尾部及附项

致送仲裁委员会名称；申请人签名，申请人为法人或其他组织的，应加盖单位公章，并由其法定代表人签名；注明申请日期；附项附上相关证据及材料。

经典范文

范例1 撤销仲裁裁决申请书

撤销仲裁裁决申请书

申请人：××服装厂，位于××市××街××号。

法定代表人：×××，经理。电话：×××××××

申请撤销事项：

××仲裁委员会(20××)仲字第×号仲裁裁决不符合仲裁法规定，请求人民法院依法撤销该裁决书。

事实和理由：

申请人与某商场于20××年××月××日签订服装买卖合同。后因履行合同发生纠纷而依法向××仲裁委员会申请仲裁。但在裁决过程中，申请人发现仲裁员×××在仲裁该案时有索贿受贿、徇私舞弊的行为，直至最后在未查明事实真相的情况下作出了枉法裁判。由此作出的裁决严重侵害了申请人的合法权益，特请求贵院依法撤销该裁决书。

证据：

申请人于20××年×月×日××时拍到的仲裁员×××受贿的照片。

此致

××市中级人民法院

申请人：××××公司

20××年×月×日

附：1.本申请书副本×份。

2.××仲裁委员会(××××)仲字第×号仲裁裁决书。

3.仲裁员×××受贿的照片×张。

第十章
公正法律文书篇

第一节　学历公证书

撰写要领

公证是指公证机构根据法律、行政法规的规定,对法律行为、事件和文书的真实性、合法性的证明。公证文书是指公证机关依照《公证法》的规定,对当事人申请公证的法律行为、有法律意义的文书和事实进行审查后,确认其真实性、合法性而出具的具有特殊法律效力的证明文书。

学历公证文书是指国家公证机关根据当事人申请,依法证明当事人在学校学习的经历和毕业或肄业的事实真实、合法的证明活动。学历公证主要用于当事人出国求学、进修、谋职等活动。申请办理学历公证的,当事人应向其住所地或学校所在地公证处提出申请,填写公证申请表,并提交身份证、所在单位出具的证明、毕业证书或肄业证书的原件和复印件、近期免冠照片若干张。公证处进行审查后,出具公证书。

1.首部

(1)标题。写明"学历公证书"。

(2)编号。标题右下角写明:"(××××)××字第××号"。

2.正文

根据××大学(或学院)20××年××月××日发给××的第×××号毕业(或肄业)证书(或××号学位证书),兹证明×××(男,20××年××月××日出生)于20××年××月××日至20××年××月××日在××大学(或学院)××系本科(或专科或双学位或研究生班或硕士研究生)××专业学习,学制×年,于20××年××月毕业(或肄业),并被授予××学位。

3.尾部

(1)公证处及公证员的签名章。

(2)公证日期。

在撰写学历公证书有几点要特别注意：

第一，一般只证明当事人的最高学历，也可以证明当事人的全部学历，具体视当事人的要求和有关国家的规定而定。

第二，有些国家要求申办赴该国留学人员提供在校期间所学课程和取得的成绩，当事人在申请办理学历公证的同时，还可申请办理成绩单公证。

第三，学历公证只能证明国家承认的学历，否则不能办理公证。

第四，为出国留学办理学历、学位公证，申请人应向其住所地的具有涉外公证业务的公证处提出申请。办理学历、学位公证须向公证员提供以下材料：①申请人的身份证、户口簿；申请在国外的，须提供复印件。②申请人的学历、学位证书(毕业证、学位证、成绩单)的原件及身份证复印件。③委托代理人代为申请的，须提供授权委托书和居民身份证。

---经典范文---

范例 1　大学学历公证书

学历公证书

(××××)××字第××号

根据××大学(或学院)20××年××月××日发给×××的第××号毕业证书，兹证明×××(男,20××年××月××日出生)于20××年××月至20××年××月在××大学××学院××专业学习,学制××年,于20××年××月毕业,并被授予××学士学位。

中华人民共和国××省××市公证处

公证员(签名章):×××

20××年××月××日

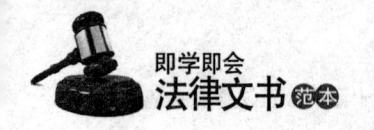

第二节 遗嘱公证书

撰写要领

遗嘱是公民生前处理自己所有的财产及其他事务,并在其死后发生法律效力的行为。遗嘱公证是公证机关根据遗嘱人的申请,依法证明其立遗嘱的行为真实、合法的行为。经过公证的遗嘱一般不得变更或者撤销。如果有几份遗嘱同时存在,以最后的公证遗嘱为准。

公证遗嘱有两种方式:一种是遗嘱人在公证员面前口述遗嘱,由公证员记录的方式;另一种是遗嘱人将自书、代书、录音等形式的遗嘱,申请办理公证,公证机构对其真实性、合法性审查后,出具公证书。

遗嘱人申请遗嘱公证应填写公证申请表,并且需要提交:

一是,居民身份证或户口簿及其复印件,以及其他能够证明身份的证件;

二是,遗嘱涉及的财产清单及所有权证明。

三是,遗嘱书。

公证员需要对以下事项进行审查:

一是遗嘱人在立遗嘱时是否具有完全民事行为能力;

二是遗嘱是否是立遗嘱人的真实意思表示;

三是遗嘱内容不得违背国家的法律、政策。

遗嘱不得取消继承人中无劳动能力又缺乏生活来源的人包括胎儿应得的遗产份额;遗嘱不得处分他人所有的财产。

遗嘱公证书的基本内容如下:

1.首部

(1)标题。公证书的标题一般有事项和文种。

(2)编号。公证书的编号由年份、公证单位代称、文种简称和序号组成。如"××市公证处20××年制作的第××号公证书表述为(××××)长公证字第××号"。

(3)当事人的基本情况。应写明当事人的姓名、性别、出生年月日和现住址等身份事项。

2.正文

公证书的正文就是公证证词,它是公正书的核心部分。公证证词应根据证明事项来写,当事人申请公证的事项不同,因而其证词的写法也不尽相同。一般来说,正文内容包括:公证证明的对象、公证证明的范围和内容、证明所依据的法律、法规等。公证证明对象、范围不同,公证的条件、内容和适用的法律也不同,这些都要在证词中有所反映。公证证词所涉及的组织名称第一次出现时必须使用全称;所涉及的日期要采用公历、需涉及农历时应采用括号注明。

此外,有强制执行效力的公证文书应在公证证词中注明,并注明债务人履行债务的期限、强制执行标的的名称、种类、数量等。

3.尾部

(1)写明公证单位、承办公证员的签名或盖章。制作单位的名称必须用全称,不能用简称,如"中华人民共和国××市公证处"。涉及中国香港、澳门、台湾地区的公证文书要加盖公证单位的钢印,公证员签名一般可用公证员的签名章来代替,但发往阿根廷使用的文书必须要有承办公证员亲自签名。签名章为横排式,长4.5厘米,宽2厘米,必须使用蓝色印油。另外,承办公证员处不要添加其他职称和职务,如"高级公证员"等。

(2)写明公证日期。一般来说,公证日期以公证处审批人审核批准的日期为准。但不需要审核人审核的,应依照司法部于2006年5月10日修订,2006年7月1日施行的《公证程序规则》第44条规定:"公证书自出具之日起生效"。

在撰写遗嘱公证文书应该注意的事项:

第一,遗嘱是立遗嘱人单方的法律行为,因此,必须由立遗嘱人亲自到

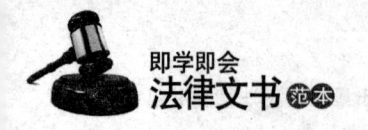

公证处办理。无行为能力人不能立遗嘱；限制行为能力人立遗嘱必须与其能力相适应，并经法定代理人同意，才是有效的。

第二，立遗嘱人应当到遗嘱行为发生地或者遗嘱人住所地的公证处办理公证。遗嘱人所处分的财产必须为遗嘱人所有，其财产的范围包括动产、不动产和其他有价证券。立遗嘱人可以要求见证人在场见证。

第三，遗嘱公证申请人应当提交的文件包括：(1)立遗嘱人的身份证明，如身份证、户口簿等；(2)立遗嘱人处分的财产所有权的证明；(3)遗嘱的草稿等。

第四，从立遗嘱人提出申请、设立遗嘱到制作出公证书之前，如果立遗嘱人死亡，该遗嘱不具有公证遗嘱的效力。但是，在办理遗嘱公证时有两个人在场，即使立遗嘱人在公证证明批准之前死亡，该遗嘱也可以自书或代书遗嘱的形式发生法律效力。

第五，公证机关应当由两名公证人员共同办理，并由其中一名公证员在公证书上署名。公证机关也应当为遗嘱人的遗嘱内容保密。遗嘱公证的卷宗应当列为密卷单独保存，不能对外借阅。

经典范文

范例 1　财产遗嘱公证书

遗嘱公证书

(××××)××字第××号

兹证明×××(应写明姓名、性别、出生年月日和现住址)于20××年××月××日在×××(地点或者公证处)，在我和×××(可以是其他公证员，也可以是见证人)的面前，立下了前面的遗嘱，并在遗嘱上签名(或者盖章)。

经查,遗嘱人的行为和遗嘱的内容符合《中华人民共和国继承法》第十六条的规定,是合法有效的。

中华人民共和国××市(县)公证处
公证员(签名):×××
20××年××月××日

第三节　拍卖公证书

撰写要领

　　拍卖公证是指公证机关根据拍卖人的申请,依法对拍卖活动进行现场法律监督,并证明拍卖活动真实、合法的活动。公证机关在此过程中所制作的具有证明效力的文书即拍卖公证书。制作拍卖公证书是公证机关办理拍卖公证的产物,二者密不可分。

　　公证机关办理拍卖公证大体可分为4个步骤:第一,受理申请。第二,拍卖前的审查。第三,公证员亲临拍卖活动现场进行法律监督。第四,宣读公证词。

1.首部

(1)标题。写"拍卖公证书"。

(2)申请人全称或姓名、申请日期及申请事项。

2.正文

(1)对委托人、拍卖人、拍卖师及竞买人资格的审查情况。

(2)拍卖标的的基本情况及对其所有权或处分权的审查结果。

(3)拍卖公告及拍卖标的的展示情况。

(4)对拍卖规则内容的审查结果。

(5)拍卖活动是否得到有关部门的批准或许可。

(6)承办公证机构名称、承办公证人员姓名及公证的法律依据。

(7)拍卖的时间、地点及拍卖过程(含拍卖方式、竞价形式)是否符合拍卖规则。

3.尾部

拍卖结果及公证结论,应包括以下内容:当事人的资格是否合法,意思表示是否真实;拍卖程序是否真实、合法;对拍卖结果的确认,包括:买受人姓名、拍卖成交价格、成交标的物名称、成交时间等。

另外,除了以上必须要素外,拍卖公证书的撰写有时也需要有选择性地撰写以下内容。

(1)申请人提供的主要证据材料的真实性、合法性。

(2)拍卖人对拍卖标的来源、瑕疵及相关责任的说明。

(3)如有调查取证情节,可据查证时间对查证认定的事实在公证书中逐项列出。

(4)拍卖活动有见证人的,应将其民事主体资格状况连同"见证人×××、×××在场见证"字样一并在公证书中加以描述。

(5)公证员认为需要认定的其他事实或情节。

(6)公证生效日期。

(7)附件。

经典范文

范例 1　自行拍卖公证书

拍卖公证书

(××××)××字第××号

兹证明×××(拍卖单位全称)于20××年××月××日,在××(地点)对×××(拍卖物名称)举行了公开拍卖。竞买人×××(性别、出生日期、身份证号码、现住址)[或竞买人×××(单位全称)]以人民币(或外汇人民币)×××元中买。经审查和现场监督,拍卖单位和竞买人均具有合法的拍卖、竞买资格,拍卖物符合国家规定,拍卖程序符合《××××》(相应的法律、法规、规章和拍卖规则)的规定,拍卖结果合法、有效。

中华人民共和国××市(县)公证处
公证员(签名):×××
20××年××月××日

范例 2　委托拍卖公证书

拍卖公证书

(××××)××字第××号

兹证明×××(拍卖单位全称)受出卖人的委托,于20××年××月××日在××(地点)对××(拍卖物名称)举行了公开拍卖,竞买人×××(性别、身份证号码、现住址)或竞买人×××(单位全称)以人民币(或外汇人民币)×××元中买。经审查和现场监督,拍卖活动有出卖人合法委托,拍卖单位和竞买人均具有合

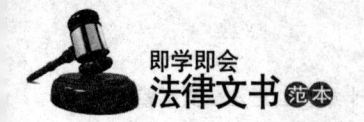

法的拍卖、竞买资格,拍卖物符合国家规定,拍卖程序符合《×××》(相应的法律、法规、规章和拍卖规则)的规定,拍卖结果合法、有效。

中华人民共和国××市(县)公证处

公证员(签名):×××

20××年××月××日

第四节　招标公证书

撰写要领

招标公证是国家公证机关根据招标方的申请,依法证明招投标行为的真实性和合法性的活动。招标公证,由招标方所在地或招标行为发生地公证处受理。

招标公证书的基本内容如下:

1. 首部

(1)标题。以"招标公证书"为题。

(2)申请人基本情况。

2. 正文

(1)公证事项。

(2)公证情况及法条。

3. 尾部

(1)公证处及公证员的印章。

(2)公证日期。

撰写招标公证书,应注意下列事项:

第一,公证处应告知评标组织成员,如与投标方有利害关系应回避。

第二,联合招标或委托招标,注意审查联合的形式和各方关系及责任承担、委托行为是否属实有效。

第三,注意掌握招标文件规定的无效标书的条件。

第四,在招标活动进行过程中出现下列情况之一者,应终止公证活动:招标文件、资料不真实、不合法的;招标方擅自变更原定招标文件内容,违背招标程序、原则和其他有关规定,经指出不予纠正的;招标中出现舞弊行为的。

第五,公证人员在开标现场宣读公证词,七日内出具公证书,现场宣读公证词的时间为公证书的生效时间。

经典范文

范例1 项目招标公证书

招标公证书

(xxxx)xx证字第xx号

申请人:xxx股份有限公司,位于xx省xx市xx路xx号。

法定代表人(代理人):xxx,董事长。

公证事项:招标。

申请人于20xx年xx月xx日向本处提出申请,对(招标项目全称)进行现场监督公证。

经查,招标项目已得到xx(审批机构名称)批准,招标人向本处提交的xx(营业执照、委托书、招标资质、项目审批书、招标文件等文件名称)均真实、有效。招标人具有《中华人民共和国招标投标法》第二章规定的招标资格。招标文件于20xx年xx月xx日以xx(方式)送达投标方,招标人于20xx

年××月××日主持召开了项目答疑会,组织勘验了项目现场等,符合法定程序。招标文件及评标原则合法、有效。

根据《中华人民共和国招标投标法》、《中华人民共和国公证法》的规定,本处公证员于20××年××月××日在××(地点)出席了招标现场。经现场监督认为:投标方具有《中华人民共和国招标投标法》第三章规定的投标资格(或不具有投标资格),标箱及标书密封完好,(投标单位全称)所投标书均符合招标文件的规定,为有效标书(或所投标书因无效),开标、评标、定标活动均符合《×××法》(相应法律、法规、规章)和招标文件的规定。经评标委员会评议,×××(中标单位全称)中标。

兹证明(或本公证员在此证明)本次招标活动及招标结果真实、合法、有效。

附件:1.××××。
  2.××××。

×××公证处
公证员(签章或签名):×××
20××年××月××日

第五节　有奖活动公证书

撰写要领

开奖公证是公证机构通过事前审查、现场监督的方式,依法证明面向社会发行彩票或者其他有奖活动的开奖行为真实、合法的活动。开奖公证是现场监督公证的一种形式。现场监督公证包括招标、拍卖、开奖、股份公司创立大会、股票认购证抽签公证。

现场监督公证书有以下特点：第一，证书对抗第三人的广泛性。公证书作为一种证据，在使用中对抗的是广泛群体或不特定第三人的质疑。第二，具有公开性。现场活动体现了多数人在平等条件下的竞争，强调机会均等，也决定了现场监督公证具有公开性。第三，活动的阶段性与证词发布的即时性。就该类公证活动所涉及的经济活动而言，一般包括通知、回应、现场活动的实施和确认结果几个环节，公证词要在活动现场即时发布。

公证机构办理开奖公证，应当严格按照国家有关有奖活动的规定、有奖活动主办单位向社会公布的有奖活动规则和公证程序规定对开奖行为进行审查、监督。公证机构办理开奖公证，应按公证特别规定由二人共同办理（承办公证员必须参加），在开奖现场对开奖活动的全过程进行监督，对开奖活动的过程和结果予以证明，并在开奖活动结束时由公证员当场宣读公证词，现场情况及中奖结果应当记录并存档。办理开奖公证的主要依据是《开奖公证细则》。

1.首部

（1）标题、编号。标题即"公证书"，不用写具体名称"××公证书"。

（2）编号。在公证书名称的右下方，(××)字第×号。

（3）申请人基本情况。申请人通常为有奖活动的主办单位，写明法人或非法人组织的全称、住所地，法定代表人或代理人的姓名、性别、出生日期。申请人有数人时，应一并列明，有代理人还要写明代理人的情况。

（4）公证事项。即有奖活动的名称或类别。如体育彩票的开奖、××有奖销售活动等。

2.正文

（1）对有奖活动主办单位资格的审查情况。如申请人提交的营业执照、委托书、项目审批书等文件名称是否真实、有效。

（2）有奖活动名称、开奖方式是否得到有关部门的批准。说明××有奖活动已获项目主管部门批准，申请人具有举办该项活动的合法资格。

（3）对有奖活动规则的审查结果。

（4）奖券发行总额、回收的有效奖券数额、未发出的奖券封存、销毁等情况。

(5)开奖时间、地点及对开奖器具的查验结果。

(6)承办公证机构名称、承办公证人员姓名及公证的法律依据。

(7)对有奖活动程序及开奖方式的监督结果。

(8)开奖结果及公证结论。应包括以下内容:当事人的资格是否合法,意思表示是否真实;开奖程序是否真实、合法;对中奖结果的确认。包括:中奖号码、中奖等级、中奖人姓名、奖品名称。

另外,除了以上必填要素外,还有一些有选择性的要素:

(1)申请人提供的主要证据材料的真实性、合法性。

(2)有奖活动通知(公告)的发布情况,主办单位对有奖活动规则的澄清或说明。

(3)需要进行评奖的,应写明对评奖人资格、评奖原则、标准、方法的审查结果,以及对评奖程序的监督结果。

(4)对开奖活动中形成的重要工作记录及视听资料真实性及封存情况的证明。

(5)有调查取证情节,可据查证时间对查证认定的事实在公证书中逐项列出。

(6)开奖活动有见证人的,应将其民事主体资格状况连同"见证人、在场见证"字样一并在公证书中加以描述。

(7)公证员认为需要认定的其他程序事项。

(8)公证生效日期。

(9)附件。

3.尾部

公证处及公证员的印章,以及公证日期。

经典范文

范例1 参赛有奖活动公证书

公证书

(××××)××证字第××号

申请人：×××（单位全称及基本情况）

法定代表人（代理人）：×××（姓名及基本情况）

公证事项：开奖

×××于20××年××月××日向本公证处提出申请，对××大奖赛进行现场监督公证。

经查，×××向本处提交的×××（营业执照、委托书、项目审批书等文件名称）均真实、有效。大奖赛已获项目主管部门批准，其具有举办该项活动的合法资格。

根据《中华人民共和国公证法》及《×××》（有关规章）的规定。本处公证员×××、×××对（×××主办单位）举办的大奖赛的全过程进行了监督。经过初审、复赛、决赛，大会评委会于20××年××月××日在××（开奖地点）评出，参加决赛选手名次为：第一名×××，第二名×××，第三名×××……

兹证明大奖赛的比赛程序真实、合法，大赛评比结果有效。

×××公证处

公证员（签名）：×××

20××年××月××日

第六节　收养公证书

撰写要领

收养是公民按照法律程序领养他人子女作为自己的子女，建立拟制血亲关系的民事法律行为。

收养公证是指公证机构根据法律规定和当事人的申请，依法证明收养、领养他人子女行为及收养协议的真实性、合法性的证明活动。

我国《收养法》规定，收养应当由收养人和送养人依照本法规定的收养条件、送养条件订立书面协议，方可办理收养公证。办理收养公证，由收养人或被收养人住所地公证处管辖。

办理收养公证的，必须先向民政机关办理收养登记。但是在我国第一部《收养法》实施前（即1992年4月1日之前）收养人与被收养人已共同生活，相互以父母子女相称并形成了事实收养关系的，按事实收养的有关规定办理。

1.首部

(1)标题、编号。标题即"收养公证书"。

(2)收养人和被收养人的具体信息，包括：姓名、年龄、家庭住址。

2.正文

(1)公证收养事项。

(2)具体的公证情况及法条。

3.尾部

(1)公证处及公证员的印章。

(2)公证日期。

但是，在进行收养公证时应注意以下事项：

第一,收养人应当向收养人所在地的公证机关提出申请收养公证。

第二,收养人与送养人之间应当有收养协议。收养人与送养人必须亲自到公证机关办理公证,不得由他人代理。

第三,必须由生父母双方共同送养,生父母一方不明或者找不到的可以单方送养。有配偶者收养子女,须夫妻共同收养。配偶一方死亡,另一方送养未成年子女的,死亡一方的父母有优先抚养的权利。监护人送养未成年孤儿的,需征得有抚养义务的人的同意。未成年人的监护人不具备完全行为能力,该未成年人的监护人不得将其送养,但父母对该未成年人有严重危害可能的,允许监护人将其送养。不得以违反计划生育的规定为理由送养子女,不得借收养名义买卖儿童。

第四,收养人还应当要提供:收养人、送养人和被收养人的身份证明;收养人的经济能力的证明;被收养人的出生证明或者户籍证明;收养人和送养人的婚姻状况;收养人的健康证明和生育能力证明;收养人无子女的证明以及收养协议(或草稿)以及公证机关规定的其他证明。

经典范文

范例1 收养子女公证书

收养公证书

(××××)××字第××号

收养人:×××,男,××岁,先住于××省××市××路××号。

收养人:×××,女,××岁,先住于××省××市××路××号。

被收养人:×××,女,生于20××年××月××日,住于××省××市××路××号。

兹证明被收养人×××的生父母自愿将×××(被收养人姓名)送给他人收养,收养人×××、×××愿意收养×××为养女。

经审查,该收养关系符合《中华人民共和国收养法》第××条的规定,其收养关系自公证之日起成立。

中华人民共和国××市(县)公证处

公证员×××(签名)

20××年××月××日

第七节　继承公证书

撰写要领

继承公证书是公证机关对继承人的继承身份准予的公证的书面文件。

1.首部

(1)标题、编号。标题即"遗产继承公证书"。

(2)继承人和被继承人的具体信息,包括:姓名、年龄、家庭住址,以及继承人与被继承人之间的关系。

2.正文

(1)公证继承事项。

(2)具体的公证情况及法条。

3.尾部

(1)公证处及公证员的印章。

(2)公证日期。

但是,在进行继承权的公证时应注意以下事项:

第一,不动产继承,应到不动产所在地的公证处申请公证;如果是多个继承人的,则必须到同一个公证处申请公证。如果是几个公证处都有管辖权,当事人可以协商去一个公证处公证。

第二，当事人应提供必要的证明文件，包括：当事人的身份证明，如工作证、居民身份证、户口簿等；被继承人死亡的证明，如医院出具的死亡证明书等；被继承人的遗产产权证明，如房产证等；如果被继承人生前立有遗嘱的，应提交遗嘱；当事人与被继承人的关系证明，如父子关系、夫妻关系等，以证明继承人是否属于法定继承人的范围。

第三，代位继承的，应当提供继承人先于被继承人死亡的证明。

经典范文

范例 1　遗产继承公证书

遗产继承公证书

被继承人：×××，男，××岁，先住于××省××市××路××号。

继承人：×××，男，××岁，先住于××省××市××路××号，系被继承人长子。

继承人：×××，男，××岁，先住于××省××市××路××号，系被继承人次子。

经查明，被继承人×××于20××年××月××日因×××在××地死亡。死后留有遗产计：×××。死者生前无遗嘱。根据《中华人民共和国继承法》的规定，被继承人的遗产应当由其长子及次子×××、×××共同继承。

中华人民共和国××市(县)公证处
公证员：×××(签名)
20××年××月××日

第八节　提存公证书

撰写要领

提存是清偿债务的一种特殊方式,是指债务已到清偿期限,但因债权人的原因而使债务无法履行给付标的的义务时,债务人可将标的交由法定的机关保管,视为已经履行了债务,提存之物的风险全部转移给债权人。公证机关是我国法定的提存机关。

1.首部

(1)标题、编号。标题即"提存公证书"。

2.正文。

(1)公证提存事项经过。

3.尾部

(1)公证处及公证员的印章。

(2)公证日期。

在办理提存公证应注意的问题有:

第一,债务人应当向履行地的公证机关提出申请提存公证。

第二,申请人应当提供下列材料:

(1)债的依据,是合同之债还是侵权之债;

(2)债的内容;

(3)债权不接受履行的证明;

(4)交付标的物。

第三,未到期债务,不得办理提存。

第四,公证机关在办理提存公证、接受提存标的以后,应当向债权人发出提存通知书,通知债务已经被提存。

第五,此格式适用于债务人无法直接向债权人给付到期债务的提存。

第六,当事人为自然人的,应写明其姓名、性别、出生年月、身份证号码、住址。

经典范文

范例 1 债务提存公证书

提存公证书

(××××)×字第××号

兹证明债务人×××,男,××岁,男,××岁,先住于××省××市××路××号,先住于××省××市××路××号,身份证号:××××××××××××××××因×××××,于20××年××月××日将债务标的××××提交我处。从即日起,债务人×××所欠债权人×××的上述债务已经履行。

××公证处

公证员:×××(签名)

20××年×月×日

参考文献

1. 张鸣芳等编著:《常用法律文书写作》,民主与建设出版社,2009年版
2. 平云旺编著:《新编常用法律文书全书》,中国法制出版社,2011年版
3. 冷罗生编著:《新编常用法律文书写作》,北京师范大学出版集团,2010年版
4. 潘艳红等主编:《最新法律文书写作》,广西人民出版社,2010年版
5. 陈永平等编著:《常用法律文书写作实例规范文本》,法律出版社,2008年版
6. 陈晓军编:《公司法律文书范本与制作详解》,中国法制版社,2008年版
7. 宁致远主编:《法律文学》,高等教育出版社,2011年版
8. 范兰德主编:《公司法律方案金典》,2006年版
9. 吴革主编:《农村常用法律文即学即用》,法律出版社,2010年版
10. 马宏俊编:《法律文书制作》,北京大学出版社,2007年版
11. 陈建民主编:《常用法律文书教程》,清华大学出版社,2010年版
12. 韦锋著:《法律文书规范写作》,重庆出版社,2008年版